本书是教育部人文社会科学重点研究基地重大项目"英国社会转型研究"（项目批准号：16JJD770026）的成果之一，得到南开大学世界近现代史研究中心资助；本书是教育部人文社会科学研究规划基金项目（项目批准号：19YJA770018）、广东省哲学社会科学"十三五"规划项目（项目批准号：GD17XLSO4）和中国博士后科学基金面上资助项目（项目批准号：2017M611091）的阶段性成果

国家出版基金项目
国家"十三五"重点图书出版规划项目
教育部人文社会科学重点研究基地重大项目

英国社会转型研究丛书

主　编　钱乘旦

英国治安防控与警察发展

吴铁稳　著

南京师范大学出版社

图书在版编目(CIP)数据

英国治安防控与警察发展/吴铁稳著.—南京:南京师范大学出版社,2021.3
(英国社会转型研究丛书/钱乘旦主编)
ISBN 978-7-5651-4756-2

Ⅰ.①英… Ⅱ.①吴… Ⅲ.①警察-制度-研究-英国-16-19世纪 Ⅳ.①D756.135

中国版本图书馆 CIP 数据核字(2021)第 045164 号

丛 书 名	英国社会转型研究丛书
丛书主编	钱乘旦
书 名	英国治安防控与警察发展
著 者	吴铁稳
策划编辑	郑海燕 朱海榕
责任编辑	郑海燕
出版发行	南京师范大学出版社
地 址	江苏省南京市玄武区后宰门西村9号(邮编:210016)
电 话	(025)83598919(总编办) 83598412(营销部) 83598712(编辑部)
网 址	http://press.njnu.edu.cn
电子信箱	nspzbb@njnu.edu.cn
照 排	南京开卷文化传媒有限公司
印 刷	上海雅昌艺术印刷有限公司
开 本	787毫米×1092毫米 1/16
印 张	19
字 数	298千
版 次	2021年3月第1版 2021年3月第1次印刷
书 号	ISBN 978-7-5651-4756-2
定 价	882.00元(第1辑9册)
出 版 人	张志刚

南京师大版图书若有印装问题请与销售商调换

总　序

钱乘旦

《英国社会转型研究丛书》由南京师范大学出版社出版,这是英国史研究领域的又一项成果,通过这项研究,我们希望对英国工业革命以来社会方面的各种变化进行深入的探讨,进而寻找一些对中国现代化有益的启迪。

作为世界上第一个完成现代转型的国家,英国确实很值得了解。工业革命改变了社会结构,原有的社会体系容不下新的变化,于是冲突就出现了,造成了许多社会问题,比如劳工问题、妇女问题、犯罪问题、贫穷问题、教育问题、儿童问题、人口结构问题等等。这些问题在传统的农业社会是被自然消化的,溶解在农村共同体之中。工业革命把它们分解成一个一个单独的问题,而且每一个问题都可能变得非常严重,影响国家的整体发展。由于英国是现代化的先行者,它是在茫然中逐步意识到这些问题的,用了很长的时间才发现在经济迅速发展的情况下社会也是快速变化的,单凭积累财富无法解决社会问题;而社会问题不予解决,就会引发混乱,影响国家大局稳定,造成严重后果。在弄清楚这个道理后,英国又用更长的时间去设法解决这些问题,而解决的过程又非常艰难曲折,充满挑战,绝非一蹴而就。所以,了解这些过程和解决问题的办法就很有必要了,它能提供很好的知识参照,为思考中国的问题开启路径。

我们这套丛书的目的就是通过深入的学术研究,了解英国的那些问题,探讨其解决方案,评估其结果。从历史的发展看,英国在解决社会问题方面是基本成功的,工业革命造成的一系列严重的社会问题到20世纪下半叶差不多都解决了,从那个时候起,英国社会就一直相对稳定,很少发生严重冲突。当然,新的问题也会产生,比如英帝国解体遗留的有色人种移民问题,由此引发的种族隔阂和文化差异问题等,这些问题又需要人们寻找新的解决方案。

我曾多次说过:任何国家的现代化必须完成三项任务,一是建立现代国家,二是发展现代经济,三是建设现代社会。建立现代国家是现代化的前提,没有这个前提,便不能展开现代化。发展现代经济是现代化的关键内容,由此而形成工业社会。建设现代社会是现代化过程中最艰巨的任务,随着工业社会的出现,整个社会都要发生变化,引发一系列深刻的社会变革;而现代化能否成功,往往取决于社会现代化能不能完成。在英国,建立现代国家的过程从都铎王朝就开始了,经历漫长的变化到18世纪才基本结束。接下来就进入了经济快速发展的时期,启动了工业革命,使英国成为世界上第一个工业化国家。第三项任务几乎与工业革命同时出现,但人们的认识非常滞后,一直到19世纪下半叶才认真执行,进入了所谓的"改革年代"。由此,我们看到了一系列的社会改革,逐一解决了工业革命带来的许多问题。经过大约一个世纪的努力,第三项任务才大体完成了,一个比较清晰的现代国家在英国出现。为完成这三项任务,英国差不多用了五百年时间!

英国是第一个进入现代转型过程的国家,因此它不慌不忙(事实上是**不知不觉**)地完成了这三项任务;而且,这三项任务几乎是一项接一项出现的,因此相比于其他国家,英国的发展过程相对悠闲(**而且缓慢**)。然而对其他国家来说,就不能如此不慌不忙、不紧不慢了,因为作为现代化的后来者,它们必须"追赶",才能跟上时代的步伐。所以在其他国家,现代化的三项任务经常是重叠的,也就是一项任务套一项任务,也许同时呈现在人们面前。如此之下,英国的经历就相当重要了,我们看一看英国的经历,就应该知道现代化需要解决哪些问题,以及会碰到哪些问题,还有英国是如何解决的。后起国家的领导者们尤其需要了解这些,以便他们在领导国家的过程中多有远见,少走弯路。

中国现代化面对着这种情况,中国的现代化有一种紧迫感。就目前而言,中国现代化大体上处在第一项任务基本完成、第二项任务成绩斐然、第三项任务刚开始被人们意识到并开始打算去完成的阶段上。为此,这套书就把重点放在英国社会转型研究方面了,以期对读者们有所启示。

2020 年 2 月 2 日,于北大

目 录

1　总　序/钱乘旦

6　导　论

25　**第一章　英国传统治安制度与18世纪社会失序困局**

27　一、英国传统治安制度的概况和特征

39　二、社会经济变革与传统治安制度危机

62　**第二章　建立职业警察制度的探索与尝试**

64　一、个人建立职业警察制度的探索

88　二、政府建立职业警察制度的尝试

111　**第三章　调整传统治安制度与治安状况恶化**

113　一、强化传统治安力量的措施

142　二、19世纪上半叶治安状况恶化

169	**第四章　1829—1856年现代警察制度的建立**
171	一、大伦敦警察的建立与发展
197	二、英国现代警察在地方的建立

236	**第五章　英国现代警察制度的影响与特征**
238	一、新警察的主要职能与影响
253	二、英国现代警察制度的特征

264	**结　语**
275	**参考文献**
288	**译名对照**
303	**后　记**

导　论

警察(police)是国家维护社会秩序,预防和打击犯罪,实现社会稳定的最主要力量之一。世界各国无不重视警察制度的建设,都建有自己的警察制度,而且每个国家的警察制度无不伴随着社会的变化和历史的进步而不断发展与完善。自人类进入阶级社会,有了国家后便产生了警察,"警察和国家一样古老"①。纵观历史,古今中外所有的国家,都毫无例外地设有维护国家安全和社会治安秩序的机构和人员,执行警察的职责。在现代社会中,警察对于维护法纪、打击犯罪、维持秩序、保障人权等负有重要的责任,成为社会整体必不可少的一部分,人们几乎很难想象没有警察存在的状况。因此,英国著名的法官和法学家丹宁勋爵指出:"在对我们的自由进行保卫时,警察发挥着关键的作用。社会为保障自身的安全,需要有一支得到社会信任、遵循正确指导、受过良好训练、执行严明纪律的警察队伍。他们应该能够在犯罪发生前就阻止犯罪行为,或者,如果犯罪发生,他们能够侦破并将罪犯送交法院审判。"②

英国警察被认为是现代职业警察的开端。1829年英国建立的大伦敦警察(Metropolis Police),是在代议制政府的国家建立的第一支现代警察力量。③ 大伦敦警察厅作为现代世界第一个依据资产阶级法律建立的警察组织,它专门的、单一的、完整的组织系统,使国家、社会的治安控制效能大幅提高;它专事预防、打击犯罪及维护公共秩序的警察职能,而不再履行审判、军事等其他的国家职能;它录用的专职警察人员身着配有专门标识的制式服装,它率先实行了警察特有的警衔、晋升、纪律和奖惩等管理制度,使警察人员不再混同于国家其他机关的人员以及普通民众;它率先确

---

① [德]恩格斯:《家庭、私有制和国家的起源》,参见《马克思恩格斯选集》(第4卷),中共中央马克思恩格斯列宁斯大林著作编译局编译,北京:人民出版社,1995年,第116页。
② [英]丹宁勋爵:《法律的正当程序》,李克强、杨百揆、刘庸安译,北京:群众出版社,1984年,第86—87页。
③ Wilbur R. Miller, *Cops and Bobbies: Police Authority in New York and London*, 1830 – 1870, Chicago: University of Chicago Press, 1977, p.ix.

立的以有组织、有计划的着装公开巡逻为核心的警察勤务制度,奠定了巡逻勤务制度在各国警察业务制度中的重要地位;其创始人罗伯特·皮尔(Robert Peel)率先制定的"礼貌、克制、最小武力、公平执法、公众满意及预防犯罪为本"等九条警察原则,作为警察行为准则和警务原则,对警察人员的管理和警务工作具有永恒的价值,一直为英国乃至西方各国警察所尊崇。[①]

因此,英国警察[②]在世界警察史中占有极其特殊的地位。多年来,英国警察成为维护治安的成功典范,苏格兰场(Scotland Yard)的侦探和警察成为民众在犯罪调查及维护治安方面努力的榜样。苏格兰场是英国大伦敦警察厅的总部,负责整个大伦敦地区[伦敦城(City of London)除外]的治安及交通的维持等,位于伦敦的威斯敏斯特区,离上议院约200码[③]。1885年,大伦敦警察厅的总部迁到泰晤士河边的一栋楼房里;1967年,又迁至维多利亚大街的一栋新建筑物中,但这些地方都继续借用了"苏格兰场"这一旧称,只是在前面加了一个"新"字,称作"新苏格兰场"(New Scotland Yard)。美国警察史学家菲利普·瑟蒙德·史密斯(Philip Thurmond Smith)指出:"在我们这个时代,当人们听到'英国警察'这个词时,想到的警察部队是一支非武装力量,他们通常对游客彬彬有礼,并且在面对人群时能够有耐心、保持克制。"[④]英国警察的这种形象,成为其他国家评价治安的标准。自大伦敦警察创立之日起,英国警察就成为世人关注

---

① Keith L. Williams, "Peel's Principles and Their Acceptance by American Police: Ending 175 Years of Reinvention", *The Police Journal*, Vol.76, No.2(2003), pp.97-120.
② 目前所能接触到的有关英国警察的专著,其文中的"英国"基本上只是指英国本土范围内的英格兰及威尔士,而非整个大不列颠。英格兰、苏格兰虽早在1707年已经合并,但苏格兰一直拥有自己独立的司法体系和警察系统;爱尔兰直到19世纪初才并入不列颠,北爱尔兰的警察事务单独归英国北爱尔兰事务大臣管理;威尔士的警察制度则与英格兰的一样。本研究中所指称的英国,也是这样处理的。
③ 英美制长度单位,1码等于3英尺,合0.9144米。
④ Philip Thurmond Smith, *Policing Victorian London: Political Policing, Public Order, and the London Metropolitan Police*, Westport: Greenwood Press, 1985, p.5.

及学者研究的焦点之一。

1. 英国警察史研究概述

英国警察史研究经历了一个渐进的过程。虽然英国警察史的书写早在20世纪初就已开始①,但真正的英国警察学术研究起始于20世纪60年代早期。研究英国警察的推动力来自犯罪学、社会学和法学领域的刑事司法政治学及其理论发展。这一时期,人们对犯罪和混乱秩序的关注不断增强,公众对政府权威的质疑不断增大。目前,英国警察研究来源于各种群体,包括学术机构、官方的政府机构、智库、压力集团和新闻工作者。② 自1829—1856年英国警察建立后,国外学术界特别是英美学术界对英国警察起源和发展的阐述,可概括为以下三种观点。

第一种,传统学派观点或辉格学派观点(The Orthodox or Whig Interpretation)。这种观点以政治学观点为主,颂扬警察制度在政治、经济生活中的作用。该观点的持有者可以追溯到最早的警察史学者,他们曾从事过与警察相关的职业,或是与警察有密切联系的爱好者们。相关学者及其代表作如下:英国陆军上尉W.L.梅尔维尔·李(W. L. Melville Lee)的《英国警察史》③;茶叶和橡胶种植园主查尔斯·里思(Charles Reith)的《十八世纪以来英国警察思想史及其演变》《英国警察与民主理想》《警察简史》等④;剑桥大学教授、犯罪研究所创始所长利昂·拉齐诺维可爵士(Sir

---

① 1901年,梅尔维尔·李上尉出版《英国警察史》(*A History of Police in England*, London: Methuen, 1901),这是书写英国警察史的第一本专著。
② 关于这些研究英国警察的相关群体的具体情况,参见 Robert Reiner, *The Politics of the Police*, Oxford: Oxford University Press, 2010, pp.8 - 11.
③ W. L. Melville Lee, *A History of Police in England*, London: Methuen, 1901.
④ Charles Reith, *The Police Idea: Its History and Evolution in England in the Eighteenth Century and After*, Oxford: Oxford University Press, 1938; *British Police and the Democratic Ideal*, Oxford: Oxford University Press, 1943; *A Short History of the Police*, Oxford: Oxford University Press, 1948, etc.

Leon Radzinowicz)的《1750年以来的英国刑法及其行政史》①；内政部副部长秘书助理 T.A.克里奇利(T. A. Critchley)的《英国警察史》②等。这些警察史学者认为,在其生活的时期,英国民众对警察的社会认同感达到顶峰。这种观点实际上采取的是一种社会共识模式(a consensual model of society),认为英国警察是一种单一、直线的发展。这种解释认为,警察的发展是对社会问题最恰当、最进步、最有效的回应。新警察首次在大伦敦出现,就是对当时社会问题作出的合乎逻辑的回应,大伦敦模式很快在英国其他地区被采用,得到民众的普遍认同。

辉格学派的警察史观点以现代化理论为基础,因此其在许多重要的方面都不能给出合理的解释。这种观点只体现了一种过于简单的警察发展史情况,没有充分考虑到警察改革的反对者及支持者之间意见的多样性和合法性,没有充分重视警察改革发展的不断变化的社会环境、短期和"偶然"因素的影响。此外,这种观点夸大了新警察与旧警察之间的差别,对新警察从最初建立到发展成为有效的警察力量的过程估计不足,从而对公众接受新警察的速度产生误解。

第二种,修正学派观点(The Revisionist Interpretation)。20世纪60年代末期及70年代初期,以阶级冲突为视角的警察角色修正主义的历史研究以及警察研究机构对警察制度建设和运行方面的研究兴起。这种观点以公众对新警察的各种抵制甚至暴力反应为中心内容,是在 E.P.汤普森(E. P. Thompson)、埃瑞克·霍布斯鲍姆(Eric Hobsbawm)等学者的新社会史学派基础上发展而来,对长期以来赞美式的传统警察史观点进行了自觉批判。修正学派观点抛弃传统解释中的假设,常常从马克思和恩格斯的论著中寻找观点,提供了一种与辉格学派观点完全不同的解释。这种观点

---

① Leon Randzinowicz, *A History of English Criminal Law and Its Administration from 1750*, Vol.1 - 5, London: Stevens and Sons Ltd., 1948 - 1986.
② T. A. Critchley, *A History of Police in England and Wales*, Montclair: Patterson Smith, 1972.

以社会冲突模式为基础,强调工人阶级在道德上、现实中造成的威胁,认为新警察的出现及其影响,是出于资产阶级对工人阶级控制的需要。社会控制被认为是警察改革者、警察局长及其支持者们主要考虑的因素。与此同时,警察扮演着传教士的角色,充当先锋形象,在"粗俗"的社会中执行"高雅"的行为原则。①

修正学派观点以更明确的方式,将新警察的出现和影响同不断变化的经济和政治环境联系起来,从而为警察发展的研究提供了更深入的分析。修正学派对"因19世纪初期深刻迅速的变化引发冲突"的观点及价值观的认识,与传统"以正义战胜邪恶"的简单解释相比,是一次十分重大的进步。然而,修正学派观点也存在过于简化的缺点。"粗俗"与"高雅"之间的区别绝非泾渭分明,社会控制的概念也受到相当多的批判。正如F.M.L.汤普森(F. M. L. Thompson)所指出的那样,这一概念不加区分、不加批判地解释一切,却无法解释任何有关社会关系的问题。② 更具体地说,社会控制的概念意味着有产阶级中根本不存在某种程度的一致。此外,社会控制的主张也因混淆目的与结果而遭到批判,虽然这一主张并不存在于修正主义历史学家中,他们强调公众对新警察"国内传教士"角色的反对与抵制。最后,这种观点把警察看作阶级卫士,努力传播资产阶级的价值观,从而忽视了公众对警察的各种不同态度。毫无疑问,一些警察局长明确表示他们想净化警区,但另一些警察局长则采取了更务实的做法,对酗酒、卖淫等不道德行为视而不见,除非这些行为涉及暴力和街头公然不雅。至于普通警

---

① Robert D. Storch, "The Plague of Blue Locusts: Police Reform and Popular Resistance in Northern England, 1840 - 1857", *International Review of Social History*, Vol.20(1975); Robert D. Storch, "The Policeman as Domestic Missionary: Urban Discipline and Popular Culture in Northern England, 1850 - 1880", *Journal of Social History*, Vol.9, No.4 (1976); Wilbur R. Miller, *Cops and Bobbies: Police Authority in New York and London, 1830 - 1870*; Michael Ignatieff, "Police and People: The Birth of Mr. Peel's Blue Locusts", *New Society*, Vol.49 (1979), etc.

② F. M. L. Thompson, "Social Control in Victorian Britain", *Economic History Review*, Vol.34, No.2 (1981).

员,他们在许多场合的行为清楚地表明:他们不仅同情而且参与了一些他们本应制止的活动。

第三种,兼具辉格学派和修正学派观点的综合学派观点。20世纪80年代以来,随着对英国警察研究的不断深入,学者们对辉格学派及修正学派的观点的真实性产生了很大怀疑。英国警察史研究采用了一种更加综合的方法,开始承认建立的新警察不仅在英国不同地区之间存在差异性,而且在各阶级之间、同一阶级内部对新警察的态度也存在一定差异。① 20世纪80年代以来,英国地方各郡、自治市警察局开始编撰各自的警察史,对地方警察研究的不断深入大大促进了人们对新警察演进的认识,从而对英国警察的整体研究产生了很大影响。20世纪90年代,有两位学者努力综合当时英国警察研究的成果。一位是英国伦敦政治经济学院法律系的教授罗伯特·雷纳(Robert Reiner),他更多地关注20世纪后期的英国警察,对历史文献进行了精辟批判,提出了一种"新里思综合法"(Neo-Reithian Synthesis),认为虽然警察改革由警察改革者们最后成功完成,但同时警察根植于社会秩序,这种社会秩序由于是以结构性的冲突而不是以基本一体化为基础,从而产生了分裂;此外,在维护治安过程中也表现为一定的融洽相处或公开的镇压。② 英国开放大学的教授克莱夫·埃姆斯利(Clive Emsley)以大量的档案材料为基础,进行更为宽广的全面考察,对辉格学派观点进行了批判,同时对修正学派把警察完全理解成阶级权力工具的观点表示怀疑。他承认警察及法律的强制性,但又认为警察及法律是"英国各不同阶级的人相互对抗、相互合作、相互妥协的制度"③。

---

① Carolyn Steedman, *Policing the Victorian Community: The Formation of English Provincial Police Force, 1856-1880*, London: Routledge and Kegan Paul, 1984.
② Robert Reiner, *The Politics of the Police*, Hemel Hempstead: Harvester Wheatsheaf, 1992, p.5.
③ Clive Emsley, *The English Police: A Political and Social History*, London and New York: Longman, 1996, p.6.

20世纪70年代以来,对英国警察的整体研究和地区性研究的成果都十分丰富。在对英国警察的地区性研究之中,对伦敦警察的研究尤为突出。这是由于伦敦是英国的政治、经济和文化中心,1829年建立的大伦敦警察是英国建立的第一支新警察力量,并且成为以后新警察改革的一种模式。1977年,罗纳德·C.索佩诺弗(Ronald C. Sopenoff)的博士论文《伦敦警察:1829—1856年大伦敦警察的早期史》[1],是一项关于大伦敦警察早期发展史的研究成果。作者论述了在大伦敦警察建立的27年中,民众对大伦敦警察的反应和大伦敦警察在行政上、工作中及组织上面临的考验。作者认为,正是在这十分关键的时期,由苏格兰场所确立的警务原则和传统得到有效执行,并一直不断地对英国的警务本质产生影响。伊莱恩·A.雷诺(Elaine A. Reynold)的著作《警察诞生之前:1720—1830年大伦敦的巡夜看守及警察改革》[2],介绍了英国现代职业警察诞生以前,伦敦为改进巡夜看守和治安制度而做出的努力。他认为,新警察诞生以前的原有治安力量并非人们传统认为的那样低效、腐败、无能;相反,在新警察诞生之前的近100年的时间里,各方一直在为改进当时的治安制度、提高当时警务员和巡夜看守人员的效率进行着各种探索,正是在这一基础上,才最终促成了新警察的诞生。以色列海法大学的教授海·施耶尔-马科(Haia Shpayer-Makov)的《警察的形成:1829—1914年大伦敦劳动力的社会史》[3],是一部关于警察职业初期发展的重要历史著作。该书分为两个部分:第一部分为创建警察的设想,涉及理想的警察定义、招募方式以及警察队伍构成的实际状况;第二部分为对警察的控制与管理,涉及警察的日常生活、晋

---

[1] Ronald C. Sopenoff, "The Police of London: The Early History of the Metropolitan Police, 1829–1856", Unpublished Ph.D. Thesis, The Temple University, 1977.
[2] Elaine A. Reynolds, *Before the Bobbies: The Night Watch and Police Reform in Metropolitan London, 1720–1830*, Basingstoke: Macmillan, 1998.
[3] Haia Shpayer-Makov, *The Making of a Policeman: The Social History of a Labour Force in Metropolitan London, 1829–1914*, Burlington: Ashgate, 2001.

升、监督等。此外,还有许多对大伦敦警察厅即苏格兰场的介绍与研究,撰写这些著作的作者大多是大伦敦警察厅的警官,如约翰·菲茨杰拉德·莫伊伦(John Fitzgerald Moylan)[①]、哈罗德·斯科特爵士(Sir Harold Scott)[②]、詹姆士·普莱斯特德·伍德(James Playsted Wood)[③]等。

此外,这一时期学术界出现了对英国警察与其他地区警察的对比研究,对19世纪警察的整体研究及对各地区警察的个案研究。如德克萨斯大学阿灵顿分校教授斯坦利·H.帕尔默(Stanley H. Palmer)的《1780—1850年英国及爱尔兰的警察与抗议》[④],这是一部关于1780—1850年英国及爱尔兰警察发展的历史专著,提出了两个主要观点:一是英国及爱尔兰警察的发展主要是对抗议和骚乱而不是对犯罪的回应;二是现代警察部队的先驱是爱尔兰警察,而不是英国警察。戴维·泰勒(David Taylor)的《19世纪英国的新警察:犯罪、冲突与控制》[⑤],对1829—1919年英国警察的发展作了深入探讨,对警察逐渐成为一个长期职业的过程和原因等进行了详细说明。地方警察研究的代表性著作有:卡罗琳·斯蒂德曼(Carolyn Steedman)的《1856—1880年维多利亚社区警察:英国地方警察力量的形成》[⑥];大卫·菲利普斯(David Philips)与罗伯特·D.斯托奇(Robert D. Storch)的《1829—1856年英国地方警察:改革的政治》[⑦],不仅对1829—

[①] 莫伊伦曾是大伦敦警区及大伦敦治安法庭(Metropolitan Police Courts)的财政主任,其著有:*Scotland Yard and the Metropolitan Police*, London: Putnam, 1929.
[②] 斯科特曾在1945—1953年担任大伦敦警察厅厅长,其著作为: *Scotland Yard*, Middlesex: Penguin, 1957.
[③] James Playsted Wood, *Scotland Yard*, New York: Hawthorn Books, 1970.
[④] Stanley H. Palmer, *Police and Protest in England and Ireland, 1780-1850*, Cambridge and New York: Cambridge University Press, 1988.
[⑤] David Taylor, *The New Police in Nineteenth-Century England: Crime, Conflict and Control*, Manchester: Manchester University Press, 1997.
[⑥] Carolyn Steedman, *Policing the Victorian Community: The Formation of English Provincial Police Force, 1856-1880*, 1984.
[⑦] David Philips and Robert D. Storch, *Policing Provincial England, 1829-1856: The Politics of Reform*, London and New York: Leicester University Press, 1999.

1856年英国地方的犯罪及治安史进行了论述,还对这段时期地方警察的改革及其政治背景做了详细梳理;戴维·泰勒的《维多利亚城镇警察:1840—1914年米德尔斯伯勒警察的发展》①,对1840—1914年米德尔斯伯勒警察的发展做了阐述;等等。

与国外英国警察史研究的丰硕成果相比,国内学术界对英国警察的关注还不足。21世纪前,国内对英国警察的研究基本上属于介绍性质。1934年,商务印书馆出版了英国学者 C. C. H.莫雷德(C. C. H. Moriarty)的《英国警政新编》②,书中从警察手续(包括警察之任用、警察之训练、巡逻之任务、罪犯之侦察、报告陈述及案件、简易裁判权、公诉罪之简易审判、公诉罪、罪犯之引渡、检事长和私人之权利义务等11章)和警察行政(包括警察之组织、警察之责任、警察之酬报、警察之过失、警察之服务、养老金制度、警察之经费、特别警察等8章)两大部分对英国警察的相关情况进行了详细介绍。1937年,南京拔提书店出版了李士珍主编的《英国警察》③,书中从英国最高警察长官之沿革史、首都警察与地方警察、首都警察厅之组织法、警察之各种问题、侦探警察之历史、侦缉局之组织、特种警察、警察与民众等8个方面介绍了英国警察的有关情况。早在1946年,警风出版社出版了徐励的《英国警察制度之研究》④,书中对英国警察之职责、沿革、组织、中央警察官厅、地方警察官厅、特种警察、警察人事制度、警察勤务制度、警察配置、警察教育、警察待遇、警察抚恤、警察经费、警察联合会与警察会议、警察与民众等方面进行了简要介绍。1995年,王大伟教授编著的《英美警察科学:热点、改革与启迪》⑤全面介绍了当时英美警察科学的理

---

① David Taylor, *Policing the Victorian Town: The Development of the Police in Middlesbrough, c.1840 - 1914*, Basingstoke: Palgrave, 2002.
② [英]C. C. H.莫雷德:《英国警政新编》,陈朗秋译,上海:商务印书馆,1934年。
③ 李士珍主编:《英国警察》,南京:南京拔提书店,1937年。
④ 徐励:《英国警察制度之研究》,台北:警风出版社,1946年。
⑤ 王大伟编著:《英美警察科学:热点、改革与启迪》,北京:中国人民公安大学出版社,1995年。

论流派与热点,从实践层面描绘了世界警务变革的趋势和以社区警务为核心的第四次警务革命的有关情况,并且从研究的角度介绍了警察科学的教学。此外,在世界警察概览和综述等相关论著中,如《世界警察概览》[①]等;《世界警察大全》[②]、《世界警察导论》[③]、《世界警察概论》[④]等;《中国人民公安大学学报》《现代世界警察》及各地警察院校的学报中,也有部分介绍英国警察的文章,但基本上属于介绍性质,且主要是对近期英国警察状况的介绍。

近年来,对英国警察相关问题的研究引起国内学者的关注,相关专题性研究成果亦不断问世。如吴必康主编的《英美现代社会调控机制:历史实践的若干研究》[⑤]一书,对英美社会调控理论、调控机制及其演变做了分析,部分内容涉及英国治安体制的演变。程汉大、李培锋的《英国司法制度史》[⑥],自付梓以来多有好评,对近代英国的法官制度、警察制度和刑罚制度梳理详致,颇具参考价值。李温的《英国警察法历史发展与当代改革研究》[⑦],从立法的角度考察了英国现代警察制度的建立及发展。夏菲的《论英国警察权的变迁》[⑧],从职权的角度梳理了英国警察权制度的发展脉络及其制度存在和发展的社会原因。陈晓辉的《英国警察制度研究》[⑨],对当代英国警察的组织形式、执法制度、职权与权力和人事制度等进行了介绍。李涛的《警察职业变革与警察教育:英国现代警察教育的形成与演变》[⑩],从教育视角对英国现代警察职业变革与警察教育变革进行了历史分析。

---

① [美]贝克尔:《世界警察概览》,刘植荣译,太原:山西人民出版社,1991年。
② 朱建敏等编译:《世界警察大全》,北京:警官教育出版社,1992年。
③ 马亚雄编著:《世界警察导论》,北京:中国人民公安大学出版社,2003年。
④ 陈真、陈合权主编:《世界警察概论》,成都:四川大学出版社,2008年。
⑤ 吴必康主编:《美英现代社会调控机制:历史实践的若干研究》,北京:人民出版社,2002年。
⑥ 程汉大、李培锋:《英国司法制度史》,北京:清华大学出版社,2007年。
⑦ 李温:《英国警察法历史发展与当代改革研究》,哈尔滨:黑龙江人民出版社,2009年。
⑧ 夏菲:《论英国警察权的变迁》,北京:法律出版社,2011年。
⑨ 陈晓辉:《英国警察制度研究》,长春:吉林大学出版社,2012年。
⑩ 李涛:《警察职业变革与警察教育:英国现代警察教育的形成与演变》,北京:中国人民公安大学出版社,2013年。

薛向君的《英国现代警察的治理与问责》①,从治理与问责的角度对英国 1829 年现代警察建立以来的警察制度进行了探讨。刘锦涛的《中英创建近代警察制度比较研究》②,以中英近代警察制度的创建史为基本依据,探讨和比较了二者的异同。论文方面,谢闻歌在《英美现代警察探源及其社会调控职能透析》③、《英美现代警察调控职能和调控手段变化的历史考察》④这两篇专题文章中,对英国警察制度的起源和发展做了梳理分析。程汉大、李培锋在《社区自保·专业警察·警民联防——英国治安制度演进三部曲》⑤中,从警务模式角度对英国治安制度的演进进行了探讨。

2. "警察"的词源考察及英国人的初步认识

要考察英国社会转型时期警察制度的发展与演进,首先要面对一个问题,即英国人头脑中的"警察"概念。虽然现在大部分国家都已经建立了各式各样被称为"警察"的机构,但直到 18 世纪末 19 世纪初,使用"警察"一词或其他不同的词来表述这种机构的现象才开始出现。

从历史上来说,"警察"一词有两种来源:一是源自希腊语"Polis",二是源自拉丁语"Politia"。在古希腊,公有奴隶被地方官员用于维持秩序。在雅典,一支由 300 名塞西亚奴隶(Scythian Slaves)组成的队伍被用来维护公开会议的秩序和控制人群,协助抓捕罪犯、镇压囚犯。与现代治安工作类似的任务,如调查犯罪,则由雅典公民自己负责。到古罗马帝国时期,已经有一个比较有效的执法体制。奥古斯都(Augustus)统治时期,首都罗马

---

① 薛向君:《英国现代警察的治理与问责》,北京:知识产权出版社,2013 年。
② 刘锦涛:《中英创建近代警察制度比较研究》,北京:法律出版社,2014 年。
③ 谢闻歌:《英美现代警察探源及其社会调控职能透析》,《世界历史》2000 年第 6 期。
④ 谢闻歌:《英美现代警察调控职能和调控手段变化的历史考察》,《世界历史》2004 年第 2 期。
⑤ 程汉大、李培锋:《社区自保·专业警察·警民联防——英国治安制度演进三部曲》,《山东科技大学学报》2006 年第 2 期。

人口达到近100万。他把罗马分成14个行政区,由7队共1 000名所谓的"维吉尔斯"(Vigiles)承担警戒、防范火灾和充当巡夜看守的任务;如有需要,他们可以请求禁卫军(Praetorian Guard)的援助。① 14世纪末,法语中首先吸收了"La Police"一词,用以指称当时在法国出现的骑警和宪兵,意为使国家趋于稳定和有秩序的一支无情的秘密保安力量。

到18世纪早期,法国的法律学者和从业人员的著作中出现了现代由政府支付工资的警察概念。1705年,尼古拉斯·德拉马尔(Nicolas Delamare)在其著作《论警察》(*Treatise on the Police*)中首次使用警察概念。此外,还有德国人的《警察学科》(*Science of Police*)也是一本有关警察理论形成方面的重要著作。在《警察学科》中,作者指出警察负有经济和社会责任(获得财富)。警察负责与人口统计及管理相关的事务,而根据重商主义理论,这些职责是政府的最主要权力。这样,警察的职责就大大超出了执行法律范围,还包括与公共卫生有关的事务、城市规划及价格监督。②

18世纪时,英国人还不熟悉"警察"这一制度。他们把强大的"警察"与欧洲大陆的国家特别是法国联系起来。这在1763年一位匿名作家写给《大众广告报》(*Public Advertizer*)的信中得到很好的证实:

> 为了使"警察"这个词确定下来,已经做了许多大胆的尝试,但由于该词及事物本身都不是很清楚,我想,要使它流行起来需要相当长的时间;或许,从法语中借用该词,出于对法国的厌恶……③

在西方世界,法国是第一个建立起强大警察制度的国家。在法国的警察体制中,许多欧洲大陆国家对其中的两点极为赞同:巡逻法国地方主要大道

---

① Philip John Stead,"The Rome Police",*Police Studies*,Vol.6,No.4(1983 - 1984),pp.3 - 5.
② http://en.wikipedia.org/wiki/Police.
③ David Ascoli,*The Queen's Peace: The Origins and Development of the Metropolitan Police,1829 - 1979*,London:Hamish Hamilton,1979,p.7.

的骑兵部队——宪兵队和管理巴黎的警察总监。①

在法国乡村地区,由宪兵队负责维持治安。这支部队最早可以追溯到十字军东征时期法国国王的皇家卫队,到 16 世纪初期骑警队承担起保护乡村的人们免遭王室军队劫掠的职责时,这支力量正式形成。1720 年前,骑警队的发展带有很大的随意性。1720 年,克劳德·雷·布兰克(Claude Le Blanc)对各骑警队进行了改革,将其发展成为一种全国性的体制,由国防部长(The Minister of War)领导。② 此后,法国地方各财政区都有一支骑警队,其任务包括对道路、集市及庆祝活动进行巡逻,逮捕流浪者、逃兵及刑事犯罪分子,对外国人进行监管。在 1789 年法国大革命爆发前,骑警队的人数维持在 3 000—5 000,由老兵组成,统一着装,全副武装。这支力量由巴黎的中央政府(国王)统一控制,并仅对其负责。法国大革命后,新政府对这支警察力量改变甚微,仅于 1791 年将其更名为国家宪兵队,并将其人数增加到 11 000。拿破仑帝国时期,法国的这种治安模式扩展到欧洲其他国家。到 19 世纪中期,宪兵队人数达到 25 000。③

巴黎警察是另一支由法国国王创立的治安力量,可追溯到 14 世纪初期国王菲利普四世建立的警长(Commissaire)。1667 年,法王路易十四颁布诏令,创设了一个专门的警察官员——警察总监(Lieutenant of Police),并在 1708 年增加了 40 名(后来是 48 名)督察(Inspecteur)。1698 年,法国开始建立警署(Police Station)。到 18 世纪 20 年代,法国每隔半英里就有一警署。18 世纪初,法国的治安巡逻力量为 600 人;18 世纪 80 年代,增加到 1 100 人。巴黎警察承担的任务十分广泛,包括照明、处理垃圾、征税、火灾警戒、检查房屋、监管集市交易及管理食品供应等。1788 年,巴黎市的 3 100 名警察中仅有 1/3 的人员是身穿统一的蓝色制服、全副武装的半

---

① Clive Emsley, *Policing and Its Context*, 1750-1870, London: Macmillan, 1983, p.8.
② Clive Emsley, *Policing and Its Context*, 1750-1870, p.13.
③ Stanley H. Palmer, *Police and Protest in England and Ireland*, 1780-1850, p.12.

军事化巡逻力量——近卫军；大部分巴黎警察则被派去承担调查、情报、勤务、审查、司法、行政及通讯工作。① 正是警察的这些非巡逻工作使英国人感到特别恐惧。据18世纪60年代曾到法国旅行的英国人威廉·迈尔德梅爵士(Sir William Mildmay)记载,法国每10名警察中就有1名从事调查及情报工作。有20位督察专门负责监管任务,成为领薪的密探,或许还有500名其他人员不在警察在职人员的名单之列,但他们也是领薪的告密者。此外,他们还承担对书籍、报纸、小册子及剧院的审查工作；法国大革命前夕,178名警察中就有6%的人员承担这一工作。②

由于英语中的"警察"一词来自法语的"police",因此英国人把"警察"与法国联系在一起。法国警察力量实行的中央集权化管理,它们所承担的对公民的控制和监视、对书籍报纸的审查,使英国人把"警察"同专制统治等同起来,警察成为法国国家家长式统治的一部分。③ 此外,17世纪英国革命期间,奥利弗·克伦威尔(Oliver Cromwell)所领导的新模范军承担了维护国内治安的职责,这也使英国人对集中控制的治安力量心存恐惧。1655—1657年,克伦威尔把英格兰划分成12个军区,每个军区由一位将军(Major-General)控制。克伦威尔的6 200名骑兵忙碌于政治、道德及预防犯罪。他们逮捕流浪者、拦路强盗、徒步拦路贼；征收税收,对全国住户登记造册；监管穷人救济；监视艾尔啤酒馆,取缔赌博场所；鼓励提高"虔诚和美德"。这种福音派新教会的警察禁止大量的公众娱乐：斗熊、斗鸡、赛马、职业拳击赛、跳舞、酗酒、唱歌及去剧院。克伦威尔的这些革新措施使人们对于镇压的印象即使到皮尔时代仍然记忆犹新。④ 克伦威尔时期的

---

① Sir William Mildmay, *The Police of France*, London: E. Owen and T. Harrison, 1763, pp.65 - 69.
② Stanley H. Palmer, *Police and Protest in England and Ireland*, 1780 - 1850, p.13.
③ Stanley H. Palmer, *Police and Protest in England and Ireland*, 1780 - 1850, pp.72 - 73.
④ Douglas G. Browne, *The Rise of Scotland Yard: A History of the Metropolitan Police*, London: George G. Harrap, 1956, p.20.

警察及复辟的斯图亚特王朝时期的常备军(The Standing Army),使英国人格外看重自由超过权威和控制。

1714年,苏格兰任命了警察局长(Commissioner of Police),"警察"一词正式在英文中出现。1775年,约翰逊(Johnson)将"警察"定义为"对城镇和乡村及其居民进行管理和治理的人"①。到18世纪末期,该词开始流行起来,指几乎完全抽象意义上的"地方治理"或者更宽泛的"政策"。在这一语境下,伯克(Burke)和皮特(Pitt)多次使用该词。1796年,帕特里克·科洪(Patrick Colquhoun)发表其著名的《论大伦敦警察》(*A Treatise on the Police of Metropolis*),该词才获得现代意义上的用法,指"维护公共秩序,为预防、惩罚违法行为执行法规,侦查犯罪的一支非军事力量"②。1829年9月,英国内政大臣罗伯特·皮尔创建大伦敦警察,这是历史上第一个统一指挥、穿制服、专职、集中控制的警察部队,许多研究警察历史的专家因此把1829年视为"真正的"警察历史的开端。在英国民众对警察的称呼中,还有:亲切的称呼,如"皮尔们"(Peelers)、"宝贝"(Bobbies)或者"警察"(Coppers);讨厌的称呼,如"皮尔的血腥帮凶"(Peel's Bloody Gang)、"肥猪"(Pigs)或者"绒毛"(Fuzz)。

3. 研究视角和基本框架

本书以英国治安制度中国家(政府)与社会力量(社会精英、市民及市民武装)二者责任的关系变革为背景,以现代警察制度的建立为主线,对1750—1856年英国社会治安制度的演进进行研究,以探讨这段时期英国

---

① Leon Radzinowicz, *A History of English Criminal Law and Its Administration from 1750*, Vol.3, London: Stevens and Sons Ltd., 1956, p.2.
② David Ascoli, *The Queen's Peace: The Origins and Development of the Metropolitan Police*, 1829–1979, p.7.

国家、社会力量与社会治安之间的关系。笔者认为：经济结构的变化导致治安制度中国家与社会二者责任关系的变革。18世纪以前，英国是一个农业社会，其治安制度以社区自保为基础，强调社会力量（个人）集体维护社会秩序；18世纪中期以后，伴随着工业革命和城市化的不断推进，英国逐渐由农业社会进入工业社会，社区自保治安制度的基础逐渐遭到破坏，出现困境。在重新认识和定位英国社会治安领域中国家与社会之间、国家与个人之间责任关系的基础上，现代警察的出现改变了自中世纪以来社会力量在英国治安领域中承担主要责任的现象，国家开始介入社会治安领域。而现代警察制度在英国的建立，说明此后社会力量在社会治安方面的地位逐渐淡化，而政府则成为维护社会治安的责任主体。

导论部分旨在说明写作目的，重点介绍国内外研究状况、相关概念的界定和本书基本框架。

第一章主要论述了英国传统治安制度与18世纪社会失序困局。在英国传统社会，社会控制实际上是私人事务，强调个人在维护社会治安中的主导地位，当时的治安体制实行的是一种以社区自保为基础的治安模式。自18世纪以来，英国的政治、经济、社会发生了结构性的变化，改革传统的治安制度成为时代的迫切需要。此外，18世纪以来，传统治安制度本身出现危机，因而陷入困境，日渐式微。伴随着经济、社会的发展，18世纪的英国社会出现了一系列新的治安问题，如犯罪浪潮、公众骚动等，尤其是戈登骚乱期间的混乱及其代价给人们带来极大震撼，传统治安制度的弊病暴露无遗，旧制度从结构上难以适应社会发展的需要。因此，人们开始对传统以社区自保为基础的治安制度进行反思，希望通过采取有效的措施对存在的问题加以解决。

第二章主要论述了1750—1829年间英国对建立中央集中管理的法国式职业警察制度的探索。菲尔丁兄弟、帕特里克·科洪等治安法官提出了建立新的治安制度——法国式警察制度——的思路，并进行了一定程度的实践；议会、政府开始成立委员会审议警察改革问题，在小范围内建立了新的警察机构。但由于自由主义思想和权利保护意识浓厚、对法国警察制度的恐惧、教区和地方政府的反对及财政经费问题等因素的影响，建立职业警察制度的探索没有取得实质性的进展。

第三章主要论述了1750—1829年间对传统治安制度的调整和治安状况的进一步恶化。面对严重的犯罪问题，英国政府采取了改进巡夜看守制度，加重刑法处罚、实行惩戒性刑罚，实行悬赏制度等措施；私人采取了一些自保的补救措施，自愿组成巡逻队及一些与治安有关的协会；针对不断发生的民众抗议，利用社会力量（临时警察、义勇骑兵队）和军队共同维护社会秩序。但这些措施效果不大，19世纪以来，英国的犯罪率仍不断增长，人们的财产及人身安全得不到保障，普遍缺乏安全感；而针对民众抗议采取的措施虽在短期内有效，但利用军队进行控制及镇压有违英国宪法精神，不仅费用昂贵，而且造成巨大的人员伤亡，甚至产生悲剧。

第四章主要论述了1829—1856年英国现代警察制度的建立。19世纪以来，面对犯罪浪潮和传统治安力量受到持续不断的民众抗议的状况，英国开始建立现代警察制度。1829年，内政大臣罗伯特·皮尔创建了大伦敦警察，这是历史上第一个统一指挥、穿制服、专职、集中控制的警察部队。经过1835年《市镇自治机关法》、1839年《郡警察法》、1856年《郡和自治市警察法》，英国建成了大伦敦警察、伦敦城警察、自治市警察和郡警察四种类型的警察部队，形成了一整套从中央到地方覆盖全国的现代警察制度。从此，社会大众逐渐淡出治安领域的主体地位，政府成为承担治安工作的责任主体。

第五章主要论述了英国现代警察制度的影响及其特征。19世纪，英国新警察建立后，逐渐担负起预防和打击犯罪、维持秩序（控制阶级秩序、实施新的道德标准）、提供辅助服务的职能，为维多利亚时期的繁荣与稳定做出了重要贡献。经过几十年的发展，以新警察为中心的治安制度逐渐形成了执法力量统一化、警察工作职业化、警察职权法治化的特征。

结语部分总结全书,指出英国经济与社会的发展变化是英国治安制度演进的根本原因,政治哲学的渐变是演进的思想基础,社会精英对犯罪和民众抗议的认识及恐惧是演进的直接动力,这些因素共同促进了治安制度的演进。虽然治安制度的演进总是落后于社会发展的实际要求,显得非常缓慢,但却比较平稳,呈现出连续性、渐进性和原创性的特点。因此,英国现代警察制度的建立过程实际上就是通过自由与秩序之间(宪政问题)、传统与现实之间、传统势力与新兴阶层(中产阶级)之间、中央与地方之间(究竟由谁来控制新警察,新警察职能、费用及其效率)的博弈与融合,最终在英国建立起一套新型的现代警察制度。这种新型的警察制度既不同于传统社会中强调社会集体维护治安的制度,也不同于法国式的警察制度,是一种新型的英国式的治安制度。同时,以新警察为基础的现代治安制度具有执法力量统一化、警察工作职业化、警察职权法治化的特点,确保了英国自由与秩序能够保持动态平衡,对英国政治、经济和社会生活产生深刻影响。它为英国在19世纪最终建立自由秩序的现代社会,为英国的社会转型提供了一个稳定的社会秩序。

本书所用资料主要源自南京大学图书馆、南京大学历史系资料室及世界史专业特藏室,中国国家图书馆,北京大学图书馆及历史系资料室,武汉大学图书馆,部分来自美国乔治·华盛顿大学、英国约克大学、南开大学、四川大学、中国人民大学、中国社会科学院等的图书馆,还有部分源自一些数据库及网站。所有这些资料大致可以被分为以下几类:① 国外档案材料;② 国外研究英国警察、治安的英文专著;③ 中文专著及译著;④ 中英文学位论文、期刊论文;⑤ 相关数据库及网站。

第一章

英国传统治安制度与 18 世纪社会失序困局

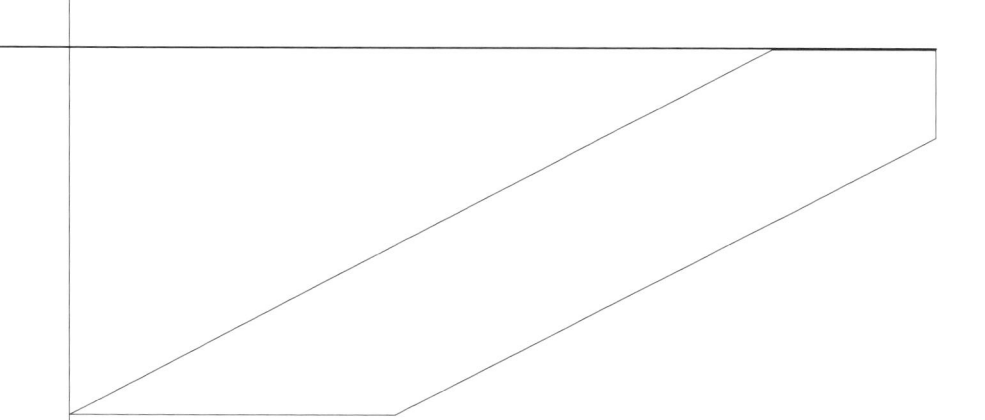

在等级森严的英国传统社会里,犯罪还没有发展成严重的社会问题,社会控制的权力主要集中在市民社会而非政府手中,社会控制实际上是私人事务,强调个人在维护社会治安中的主导地位。自18世纪开始,英国政治、经济和社会发生的巨大变化给社会秩序带来严峻考验,以社区自保(Cammunal Self-Policing)为基础的传统治安制度陷入困境,治安出现严重问题,政治统治和经济生产呼唤良好的社会秩序,尤其是戈登骚乱(The Gordon Riots)期间的混乱及其代价给人们带来了极大的震撼,暴露出传统治安制度从结构上难以适应社会发展需要的问题,人们开始对传统治安制度提出了质疑,因此改革传统治安制度成为时代发展的迫切需要。

一、英国传统治安制度的概况和特征

控制和打击犯罪、维护社会治安是国家的基本职能之一。尽管1829年以前没有如同现代职业警察的形式存在,但依旧存在维护治安秩序的基本制度和承担维护社会公共治安秩序职责的人员。英国的治安制度不同于任何一个欧陆国家的,其自身的地理环境和历史文化塑造了别具一格的英国特色的治安体制。当时英国的治安体制具有明显的地方性和非正式的特征,实行的是一种以社区①自保为基础的治安模式。在乡村地区,当时担负治安任务的主要是未领薪的教区警务员(Parish Constable),其接受未领薪的治安法官(Justice of the Peace)的松散监督;而在城市,教区警务员则有巡夜看守(Watchman)协助,共同维护治安。

1. 传统社区自保治安制度的形成

在罗马人统治不列颠时期,维护治安秩序主要依靠执行法律的文职和军职官员进行,治安成员主要来自军队。军队的士兵被派去履行治安职责,维护秩序,逮捕犯罪分子,并将他们押解到法官处。这种治安制度带有

---

① 本书的"社区",指包含了社区最基本要素即一定的地域和一定的人口的地域性社会共同体。

浓厚的军事化色彩,但这种主要由军人来维护治安的做法随着5世纪初罗马人的撤离就消亡了,对英国后来的治安制度没有产生任何影响。

罗马人撤离不列颠后,盎格鲁—撒克逊人陆续到达不列颠岛,建立了众多部落小国,纷争不断,他们摧毁了原罗马人在不列颠岛建立的各种制度。9世纪末,阿尔弗雷德大帝(Alfred the Great)大体结束了英格兰列国纷争的局面。为了加强统治,阿尔弗雷德把英格兰划分成郡,郡又划分成百户区(Hundred),百户区再划分成十户组(Tithing)。郡是政府的基本管理单位,郡的最高长官是郡长,由国王指定,由那些自愿承担某些义务并有权势的地方贵族担任,其"主持郡内军事、司法及其他事务,执行王的各种命令"①。百户区和十户组是基层组织,每位男性自由民都被组织在十户组和百户区的建制中。每位男性自由民,除非有身份、财产或其他人可做担保而享有豁免权,否则只要年满12岁均被编入一个十户组内。十户组内每一位男性自由民都需要作出承诺,其个人将为他所在的十户组其他每位成员的良好行为负责。这意味着如果他所在的十户组内任何一位成员犯罪,其他成员都将受到惩罚。因此,阻止其他成员犯罪符合每位成员的利益。这样,每位成员都是治安人员,并且他所作的承诺被称为"连带担保"(Frankplege),这种治安体制被称为"十户联保制"(The System of Frankpledge)。② 在阿尔弗雷德的统治下,英格兰治安良好,秩序井然,据说"把金链挂在路边,也没有任何胆大妄为的人敢碰"③。此后,埃德加(Edgar)、爱德华和克努特国王的法律中,都有关于百户区以及十户组负有治安责任的明确规定。如埃德蒙(Edmund)或埃德加制定的法令中规定,百户区每四周聚会一次,但"如果情况紧急,就应当先通知百户区负

---

① 马克垚:《英国封建社会研究》,北京:北京大学出版社,2005年,第9页。
② Richard Cowley, *A History of the British Police: From Its Earliest Beginnings to the Present Day*, Stroud: The History Press, 2011, pp.9 - 10.
③ [英]大卫·休谟:《英国史》(第1卷),刘仲敬译,长春:吉林出版集团有限责任公司,2012年,第65页。

责人,然后再由他通知十户组负责人,所有人都必须出动,上帝会指引他们找到窃贼"①。

在法庭或正式会议上,每个十户组推选出为他们发言的男性,其被称为"十户组长"(Tithingman)或者"首保"(Headborough)。在盎格鲁—撒克逊时期,十户组长作为村庄的代言人,逐渐被看作该村庄的首领。1066年后,十户组长被诺曼征服者赋予新的名称——"警务员"(Constable)。对诺曼人来说,警务员原来是社会地位高的人的一种职位,仅授予最值得信任的人。到诺曼征服时期,虽然这一职位的社会地位降低,但仍然被认为是值得信任的行政人员,需具备与十户组长一样的品质。后来,随着教区(Parish)逐渐取代日益衰落的百户区与村镇而成为基层行政单位,警务员也发展成为教区官员。

教区警务员直接对地方法官(Magistrates)负责,地方法官通过教区警务员传达法令。因此,教区警务员成为村民与直接对国王负责的地方法官之间联系的纽带,但此时教区警务员还不是其村庄中的官方警员。直到1252年,亨利三世(Henry Ⅲ)统治时期的一项法令才赋予其维护村庄法律和秩序的职责,该法令规定,"在每个城镇,根据人口数任命一名或两名警务员,负责检查武器和维护社会秩序"②。教区警务员每年由村民选举产生,主要来自村中有名望的商人,这意味着他们白天仍有生意要忙,在业余时间担任警务员。警务员的工作只有付出,没有任何报酬。这样,地方的治安职责由兼职的业余人员承担。

警务员治安体制不单实行于乡村地区,也覆盖了城市,只不过城市警务员的治安责任通常借助于巡夜看守的辅助来完成。巡夜看守是执法的

---

① Dorothy Whitelock, *English Historical Documents*, Vol.1, London: Routledge, 1996, pp.429-430.
② H. B. Simpson, "The Office of Constable", *The English Historical Review*, Vol.10, No.40 (1895), p.630.

地方人员，他们通常是从城市居民中招募产生。12、13世纪，随着经济发展，英国出现了一批新兴城市。早期城市居民多是来自周边农村的逃亡农奴或行踪不定的商人，成分复杂，流动性强，所以城市的抢劫、盗窃等刑事犯罪率高于乡村地区的。为加强城市治安、减少罪案的发生，英国在13世纪设立了"巡夜看守"一职作为警务员的助手。巡夜看守负责夜晚巡逻，同时缉捕盗贼，维护安宁。根据1253年的国王御令，"按照习惯，要在若干城镇中选举那些诚实和能干的人当巡夜看守，每个百户区都要从那些最强壮的人中推出两位守法公民，以维持本地区的法律秩序"①。巡夜看守这一职务一开始由各户的户主担任，但不久就发现，此举对居民来说是一件麻烦事，居民往往找人代替，于是付钱雇佣的巡夜看守取代了他们的位置。开始由居民本人付钱雇佣，随后由教区付钱雇佣。

为规范各地区尤其是各城市的治安制度，英王爱德华一世（Edward Ⅰ）于1285年制定了《温彻斯特法令》（*The Statute of Winchester*），试图通过重申旧的治安规则和创造新的治安制度来解决犯罪问题。该法的主要内容包括：① 建立日夜守卫制度（The System of Watch and Ward）。每座城市晚间要在各个城门分别安排一个人担当巡夜看守，进行值勤；巡夜看守有权逮捕可疑的陌生人，并于第二天一早将被捕者交付警务员，由警务员转交治安法院审判；每位市民都有义务担任巡夜看守，由警务员事先登记造册，随时应召服务，拒绝应召者将被处以枷刑。② 重申"呼喊追捕"（Hue and Cry）。一旦可疑的陌生人拒绝接受巡夜看守的逮捕，邻近市民就有义务参加"呼喊追捕队"，帮助巡夜看守进行抓捕，如有人听到呼喊而拒绝响应，则被视为支持逃犯，也将被追捕抓获。③ 为了确保以上措施的实施，制定了《武器保有法令》（*Assize of Arms*），即15—60岁的男子，每人都要在家中备置一副铠甲和弓箭，社会经济地位较高者还须备置一套锁子甲、头

---

① T. A. Critchley，*A History of Police in England and Wales*，p.6.

盔、长矛、剑及马匹,以备应急追捕罪犯时所用。在每个百户区,由百户区法庭任命两名高级警务员,每半年检查一次武器是否配备到位。① 1285 年的《温彻斯特法令》是 19 世纪以前英国颁布的最重要、最正规的一部治安法规。它确立了其后近 600 年的英国警察制度的基本原则,这些原则包括:每个公民都有维护王国秩序的责任,都有权逮捕违法者;没有报酬、业余性质的警务员在维护治安、逮捕违法者方面负有更大的责任,巡夜看守要给他们以协助;如果没有抓住违法者,那么追捕时要发出呼喊;其他民众听到呼喊,必须马上放下手中的工作,带上武器参加到追捕的行列;警务员有责任将违法者送交法官审理。② 此外,在 1285 年的《温彻斯特法令》中并没有提及十户联保制,因此可以认为到这时它已不再被使用,这时每个人都愿意将维护法律和秩序的权力赋予教区警务员。

1327 年,即《温彻斯特法令》颁布 42 年后,爱德华三世(Edward Ⅲ)加冕为英国国王。为了加强控制,爱德华三世于 1361 年通过《治安法官法》(*The Justices of the Peace Act*),规定了治安法官一职。治安法官的起源至少可以追溯到 12 世纪的理查德一世(Richard Ⅰ)时期。1189 年理查德一世即位之后,就致力于十字军东征,而留在英格兰国内的贵族趁机叛乱,严重破坏了社会秩序。首席摄政官(The Chief Justiciar)休伯特大主教(Archbishop Hubert)积极镇压反叛,稳定社会,恢复英格兰的统治秩序。1195 年,休伯特大主教为维护王国秩序发布公告,规定:

> 要求所有的男子都遵守王国的治安规定,协助抓捕违反法律和秩序的罪犯;为此目的特别指派的骑士要召集所有年满 15 岁的男子在他们面前宣誓,不违法、不抢劫、不偷窃、不接受赃物和不教唆他人犯罪,听到"呼喊追捕"时无论何时都要积极参与抓捕罪犯,将其逮捕并

---

① "The Statute of Winchester", in Owen Ruffhead, ed., *The Statutes at Large: From the Magna Charta to the End of the Reign of King Henry the Sixth*, Vol.1, London, 1786, pp.112-115.
② T. A. Critchley, *A History of Police in England and Wales*, p.7.

移交至指派接收嫌犯的骑士手中；骑士应接收被抓获的罪犯并将罪犯押送给郡长。①

这项措施大胆起用了地方骑士来维护社会稳定，虽是临时举措，但开启了一个重要的先例，被认为是治安维持官（Custodes Pacis）的萌芽，即治安法官的雏形。②

休伯特大主教的这项措施并没有立即形成一种制度，其随着社会的发展日益得以完善。约翰王（King John）至爱德华二世（Edward Ⅱ）统治时期，国王通过颁发委任令的形式委任一定人士担任特殊使命，如处理地方上紧急的军事、治安等事宜。这些人中有的是从中央委派，有的是从地方上委任，被称为"治安维持官"。治安维持官通常由地方乡绅担任，至13世纪中期已基本形成定式。该历史阶段的治安维持官制度具有三个较为明显的发展特征：一是治安维持官职位由临时任命演变成固定官职；二是治安维持官的权力与职责从治安、军事扩展到司法领域；三是治安维持官头衔常常被授予给地方的乡绅、骑士。③ 到1327年爱德华二世统治末期，治安维持官已经成为爱德华政权的重要组成部分。④

爱德华三世时期，治安维持官的选拔和任命制度较之前有了很大发展，他们的职责与权力也有所扩大。治安维持官制度逐渐向治安法官制度演变。1327年颁布的《威斯敏斯特法》，第一次以法律的形式赋予了国王在各郡委派治安维持官维持社会秩序的权力。1330年的一项法令规定，被治安维持官起诉或逮捕的人，不得被保释，从而进一步扩大了治安维持官的权力。1332年，英国又进一步赋予治安维持官审理、判决被指控犯有

---

① Charles Austin Beard, *The Office of Justice of the Peace in England: In Its Origin and Development*, New York: The Columbia University Press, 1904, pp.17-18.
② Charles Austin Beard, *The Office of Justice of the Peace in England: In Its Origin and Development*, p.18.
③ 顾荣新：《英国治安法官研究》，中国人民大学未刊博士学位论文，2007年，第11页。
④ Sir Thomas Skyrme, *History of the Justices of the Peace*, Chichester: Barry Rose, 1994, p.55.

重罪之人的权力。① 1361 年,爱德华三世颁布了《治安法官法》,治安法官这一职位获得法律的完全承认,正式被赋予审理和判决郡内的各类刑事案件的权力。在该法中,明确规定:

> 英格兰各郡都将委派一名贵族、郡中三或四名最有声望者和一些精通法律的人来维护治安。他们有权拘押罪犯、暴乱者和其他所有挑唆争端者,并且根据他们的过失或罪行进行追捕、逮捕、打击和惩罚;根据王国法律和惯例、他们的自由裁量权和充分考虑,对他们进行监禁和应有惩罚;还要警诫自己,询查那些曾在海外从事掳掠和抢劫的人,他们现在已经回国四处流浪,并且不像过去那样经常劳作;凡他们所遇见的,无论是被控告的,还是被怀疑的,都要打击、抓捕,并将其关进监狱;对那些名声不好的人,无论在什么地方,只要他们对国王及其人民表现良好,就要给予其足够的肯定和保释;他们必须充分地惩罚罪犯,不致因这些暴乱者或叛乱者而使人民受到骚扰或伤害,危及治安,商人或其他经过王国大道的人受到干扰……
>
> 根据法律和惯例,他们还将进行诉讼审理并决定在该郡内所犯的各种重罪和罪行,听审并裁决的令状应根据与之有关法令予以批准,但应由法庭而非当事人指定法官。
>
> 国王决定,由于这种调查对人民所造成的灾难和压迫,在此之前授予的任何爵位上的一切一般调查都应完全停止,并被废除。任何人所犯的罪行,在法官面前裁定的惩罚,无论是从量上,还是因什么缘故,都要视为合理、公正。②

因此,1361 年《治安法官法》的意义不仅仅是在称谓上将"conservator"或"keeper"变为"justice",更为重要的是,治安法官成为固定的职位,其司法权最

---

① A. R. Myers, *English Historical Documents*, 1327 – 1485, London: Routledge, 1996, p.533.
② A. R. Myers, *English Historical Documents*, 1327 – 1485, p.541.

终得以明文确立,由此成为其进一步扩展权力、职能的起点。治安法官不仅成为刑事法庭的法官,也成为社会秩序的维护者,更是英格兰的集权者。①

都铎王朝时期,治安法官的职权进一步扩大。治安法官逐步成为郡政府最为重要的官职,身兼司法官员与行政官员,控制了地方的司法与行政大权。治安法官负责逮捕盗贼与流民、镇压骚乱以及惩处其他所有的轻罪。到17世纪,治安法官被认为是"王国安宁的政府结构形式,是其他基督教世界所没有的",实际上,地方政府的所有事务,包括厘定工资与物价、征收税收、惩罚天主教徒和流民以及袭击他人者、管理济贫法等,都在治安法官的工作范围之内。② 治安法官的权力在都铎和斯图亚特王朝时期获得极大发展,奠定了其地方政府权力中枢的地位,一直持续到19世纪初期。

这样,随着治安法官制度的建立,英国逐渐形成了以社区自保为基础,以中央王权为监督的治安模式。在这种治安模式下,警务员便逐渐成为治安法官的助手,监督巡夜看守,协助治安法官进行犯罪侦查和逮捕罪犯,送达传票和管理人犯等;治安法官和警务员都是无报酬的职务,法官在自己家里开庭,警务员一旦完成自己的职责就回去做自己的日常工作。这种警务模式虽然自17世纪开始走向衰落,但是除了在克伦威尔当政时期中断了两年左右外(当时军队一度取代警务员和治安法官负责治安事宜),它一直持续到19世纪现代职业警察的诞生,为维护这一历史时期英国社会的治安做出了重大贡献。

2. 英国传统治安制度的特征

英国的治安体系起源于盎格鲁—撒克逊时期。在1829年英国现代职

---

① Bertram Osborne, *Justice of the Peace*, 1361-1848, Shaftesbury: The Sedgehill Press, 1960, p.4.
② 初庆东:《英国治安法官与地方治理研究(1560—1660)》,南京大学未刊博士论文,2015年,第33页。

业警察建立之前的一千多年中,英国一直实行以社区自保为基础的治安制度,其演变历经十户联保制、警务员与治安法官制度等治安模式。英国传统社会的治安制度具有以下几个特征。

第一,治安工作"自治化"。

英国是地方自治传统的发源地,素有"地方自治之家"的美誉,其地方自治传统从盎格鲁—撒克逊时期就开始形成,渗入英国政治生活的肌体中。中世纪的英国受政治、经济、社会等诸多因素的共同影响,特别是在其所特有的自下而上占主导的建国道路、王权与贵族势力的相对平衡这两个因素的作用下,呈现出独具一格的地方治理体系。[①] 这样,英国传统社会的治安制度不同于封建时代中国式的"官治"[②],而是呈现出"自治化"的特性。

早在盎格鲁—撒克逊时期,日耳曼民族就形成了保留自治政府、保障自由的传统,建立了地方自治的行政单位以及地方治安责任制。当时的治安制度采取十户联保制防止不法行为,对不法分子发起惩治的责任由地方社群以及不法行为的受害者承担。[③] 这一制度强调,在执行法律方面,全体居民人人有责,并相互监督。1066 年诺曼征服后,英国的治安模式逐渐发展为"警务员在治安法官领导下负责维护地方治安秩序"。警务员作为地方上维持社会秩序、抓捕罪犯和犯罪嫌疑人的得力先锋,一方面是辖区居民的代表,另一方面又是本地区法律事务的代言人。担任警务员的都是本地人,具有深厚的乡土情绪,他们的生活与工作植根于他们所在的社区;他们由地方居民选出,代表地方居民的利益,在履行职责的时候要考虑地方居民的利益,并要得到地方居民的协助。可以说,无论是从警务员的来

[①] 李培锋:《英国中世纪的地方自治及其成因》,《中西法律传统》2003 年,第 215—236 页。
[②] 孟庆超:《试论中国传统警察的军事化——兼与英国警察的比较》,《湖北师范学院学报》2007 年第 4 期,第 59—65 页。
[③] Philip Rawlings, "Policing before Police", in Tim Newburn, ed., *Handbook of Policing*, Collompton: Willlan Publishing, 2008, p.47.

源、选举程序,还是从具体职责的履行上来看,警务员都带有强烈的地方色彩,他们所在的社区就是他们行使职权的地点所在。虽然他们在履行职责时要接受上级的检查和监督,但相较于王之法律,警务员更倾向于服从地方习俗和惯例,更易受到村民亲情和友情的影响。因而,警务员时常转变为地方利益的捍卫者,带有强烈的地方自治倾向。此外,中世纪英国相对微弱的王权无法有效保护民众利益、实现社会秩序的稳定,因此在许多情况下不得不赋予民众在治安工作上进行"自治"和"自卫"的权力。由此,便逐渐形成了治安分类模式的"自治化"特点,政府承认民众享有独立的治安权利,并尽可能地维护民众的治安利益。

第二,全民皆警,治安人员业余化。

英国传统社会中的治安分类模式不具有职业化的倾向,而具有典型的非职业化特征,这具体体现在治安工作内容上:英国治安工作对工作人员无特殊要求;治安工作人员也大多是无薪的,不享有稳定、合理的报酬。

在盎格鲁—撒克逊时期,英国并没有强大的中央政府对社会进行有效管理,为有效维护社会秩序,英国发展出了诸如十户组制度、十户联保制、呼喊追捕制等治安工作方式。这一时期,治安工作人员大部分乃至全部为当地民众,而非专职化的治安官员。王权的加强也使得普通民众对治安工作的参与开始与王权的稳定联系起来,社会秩序的维持已不仅仅是民众的个人事务,而在更大程度上被赋予了民众义务的意味。对于民众履行的义务,无论是当时的英国政府,还是治安工作的受益者,都没有责任为参与到治安工作中的民众支付报酬。因此,在盎格鲁—撒克逊时期,治安工作呈现出"非职业化"的特点。

1066年诺曼征服后,随着封建王权对治安活动影响的不断加强和深入,英国社会开始出现了一批治安人员,如治安法官、警务员和巡夜看守等。但是在这一时期从事治安工作的人员中,绝大部分仍是普通民众,他们中的治安官员也不是专职负责治安工作的官员,他们在负责治安工作的过程中往往还需要承担其他职责。当时从事地方治安工作的主要人员——警务员、巡夜看守等都是由民众选举产生的,而不是政府任命的;其身份是普通民众而不是王室或地方官员;其工作是义务的,没有任何薪俸或报酬;其工作是兼职的,他们都有自己的正当职业。治安法官虽然由国王任命,但在其他方面与警务员、巡夜看守无异。因此,无论是在对治安人员的要求方面,还是在治安人员是否具有稳定、合理的报酬方面,这一时期的治安工作都呈现出典型的业余化特点。

第三,治安工作秩序化。

英国传统治安工作中的治安活动大都集中在与犯罪相关的问题上,一般不涉及行政管理和社会公共服务事务,因此有着明显的秩序化特征。这一特征在现代职业警察制度建立前一直伴随着英国治安工作的发展,并深刻地体现在英国治安工作之中。

在盎格鲁—撒克逊时期,英国社会的治安工作主要建立在诸如十户组制度、十户联保制、呼喊追捕制等制度之上。这时,治安活动的一个明显特征就是治安力量主要用于犯罪发生后对罪犯的逮捕、对罪犯的惩戒以及对犯罪被害人利益的弥补等方面。因此,这一时期的治安活动有着明显的秩序化色彩。1066年诺曼征服后,英国逐渐形成以警务员、巡夜看守和治安法官为支撑的地方自治型治安分类模式。1253年的国王御令指明,警务员的职责在于带领居民和巡夜看守维护法律和社区治安秩序,警务员取代了传统的十户组长。治安法官制度则由1361年的《治安法官法》正式确立,维护治安是治安法官的初始权力,随后其权力范围有所扩大,尤其是在都铎王朝时期及之后,治安法官成为负责治安的主要官员。都铎王朝时期,治安法官有权下令逮捕非法偷猎者,实施《禁奢法》,处罚与监禁以各种形式散播谣言、煽动骚乱者以及破坏篱墙、掠夺果园者等。治安法官也有权处理许多新的社会问题,如治理和整顿混乱的酒馆,驱散非法集会,稳定市场秩序,制止偷猎、非法赌博,管理乞丐、流民问题,执行有关宗教法令等。① 由此可见,这一时期的治安活动仍主要集中于对社会秩序的维护和对犯罪活动的打击上,仍没有逃出"秩序化"的治安活动发展窠臼。即使在发展后期,这些治安人员拥有了越来越多的社会管理职能,但是在现代职业警察建立之前,警察的社会服务职能也一直没有在治安活动中得到展现。

总之,英国传统社会实行的是一种以社区自保为基础的治安模式,虽然随着英国国家政治、经济和社会的不断发展,特别是随着王权的不断加强,治安模式在不同的历史阶段显示出不同特点,但是有一点却贯穿始终,那就是充分利用蕴含在民间的治安力量,使英国民众承担一定的治安责任。英国的这种由地方社会精英(治安法官、警务员)领导,广大民众参与的集体治安制度,实际上强调了社会力量(个人)在维护社会治安中的主导地位。因此,埃瑞克·霍布斯鲍姆指出,在农业社会的历史中,通常情况下,真正管理乡村社群的政治力量与其说是来自国家倒不如说来自地方,村民们生活在地主的管制之下。② 但自18世纪以来,随着社会经济的发展,特别是工业革命的到来,传统社会的社区自保治安制度出现发展困境。

---

① J. R. Tanner, *Tudor Constitutional Documents: A. D. 1485 – 1603, with an Historical Commentary*, Cambridge: Cambridge University Press, 1951, pp.506 – 507.
② [英]埃瑞克·霍布斯鲍姆:《匪徒:秩序化生活的异类》,李立玮、谷晓静译,北京:中国友谊出版公司,2001年,第17页。

二、社会经济变革与传统治安制度危机

16—18世纪中叶的英国,正处于从封建社会向资本主义社会过渡、从传统农业社会向近代工业社会转变的时期。在此期间,英国经历了都铎王朝、斯图亚特王朝、英吉利共和国、汉诺威王朝的统治;经历了圈地运动、宗教改革、17世纪中叶的内战、1688年的光荣革命、18世纪中叶开始的工业革命。在这个过渡阶段,英国在经济发展、政治制度与思想文化方面,发生了巨大而深刻的变化。

1. 近代英国的社会经济变革

16世纪以来,英国历史进入重要发展转型时期。英国的政治、经济和思想文化开始向现代转型,主要表现为从等级君主制到新君主制的政治转型,从自给自足的庄园制到商品交换的经济转型,从贵族与僧侣意识形态到新贵族和市民意识形态的思想文化转型,而它们都与文艺复兴、宗教改革、内战与革命、护国摄政、复辟与光荣革命、殖民扩张、农业革命与工业革命等一系列重大事件相伴,以政治上的民族主义、经济上的重商主义和思想上的人文主义为根本指导思想。这些变化涉及社会生活的方方面面,触及社会各个阶层,主要表现为以下几个方面。

第一,经济明显增长,市场化趋势明显。在传统社会向近代社会转型的过程中,经济发展占据重要地位。16世纪以来,英国的农业、工业和商业有了明显增长。在农业领域,人口增多带来粮食需求量加大,物价上涨,农业商品化发展迅速,市场化经营程度不断扩大。16世纪的圈地运动虽然规模不大,却对封建土地制度产生了很大的冲击,传统的敞田制和公地制度遭到破坏,土地的所有权与用益权相统一,私有权得以确立,加速了农民与生产资料的分离过程,为劳工雇工化、土地资本化和地租商品化开辟了道路。在农业生产上,农场主、租地农场主和自耕农(约曼农)重视农业技术的改良,以提高生产效率;同时生产面向市场,为市场的需要而生产,由此逐渐形成地区生产的专门化。在工业领域,由于重商主义兴起,国内外市场扩大,不同部门的相互需求增大,英国工业有了长足发展。传统的工业部门生产技术不断改进,行业分工更加精细,出现了许多新的行业,如造船业、制铁业等。在商业领域,在重商主义政策下国内外贸易走向繁荣,海外贸易公司发展迅速,商人阶层逐渐壮大,社会财富积累增多。

第二,城市重要性逐渐凸现,规模扩大。在都铎王朝晚期与斯图亚特王朝早期,英国仍然是一个农业社会,大约有3/4的人口居住在乡村,从事农业生产。但随着经济结构的调整,城市的重要性逐渐显现出来,城市大多作为市镇中心或者主要的物品集散地,而周边乡村则需要在城市购买原材料和贩卖商品。同时,城市也逐渐发展为政治生活中心,成为法庭、议会、治安法官或主教集会的场所,也成为医师、律师、学校和商品集中的地方。从1500年到1700年,英国每座中小城市的人口在500人左右,每座有较大辐射力的地区中心城市的人口约为1 500—5 000人。到1700年,英国已经出现了人口数量达上万人的大城市,如约克、布里斯托尔、诺里奇和纽卡斯尔等。其中以伦敦最为典型,它已经成为当时西欧最大的城市,集中了全国大部分的经济资源,是全国海外贸易的中心,全国大部分商品都要流经伦敦的港口,伦敦的对外贸易额至少占据全国对外贸易总额的

4/5。伦敦还是全国的政治、文化中心,王室、议会以及各种中央法庭都集中在威斯敏斯特。

第三,社会流动增强,各阶层间的界限日渐模糊。随着传统农本经济社会向近代工业社会的过渡,社会流动性大大增强,都铎王朝晚期和斯图亚特王朝早期的社会结构悄然发生了变化。传统旧贵族衰落、乡绅兴起、职业阶层不断扩大、依靠工资生活、没有土地的雇佣劳动者出现。由于社会流动的增加,到17世纪末期,英国社会各阶层间的界限已十分模糊,社会分层变得复杂。1688年,格雷戈里在分析英国社会结构时以社会身份、财富和职业三个标准,列出了英国这一时期各阶层的家庭总数和收入状况:收入在200英镑以上的家庭占家庭总数的2%,其收入占总人口收入的4%;收入在38英镑到200英镑的家庭占家庭总数的35%,其收入占总人口收入的45%;而收入在38英镑以下的家庭占家庭总数的63%,其财富却仅为总人口收入的51%。① 由此可见,英国当时的人口中还是收入微薄的低收入家庭的人口占多数。这些人当时虽然没有发言权,但"在许多没有约曼的城镇和自治市中,他们担当了约曼的社会责任,如在村庄中他们多是教区执事、教区候补执事、酒类检察官,偶尔还是治安官,作为市镇的代表人物出席地方议会或法庭"②。

总之,16世纪以来,随着民族国家的建立和宗教改革的进行,英国社会经历了前所未有的巨大发展和变革,重商主义经济蓬勃发展,城市化初步进行,人口增长迅速,社会流动加快。经济上,传统的农本经济开始衰落,农业、工业以及商业贸易领域的新经济因素迅速成长。经济的增长所引发的社会流动加剧又带来了社会结构的变化,以乡绅为代表的中等阶层逐渐兴起,成为地方司法和社会控制的重要力量,占人口多数的约曼农和雇工阶层也在基层社会生活中发挥着更为积极的作用。因此,近代以来

---

① Peter Laslette, *The World We Have Lost*, New York: Chales Scribner's Sons, 1965, p.32.
② 陈娟:《16、17世纪英国普通民众诉讼初探》,武汉大学未刊博士学位论文,2006年,第40页。

"中世纪经济那种相对稳定的静止状态正在迅速而集中地向以货币、市场及商业交换为基础的更自由、更具流动性的状态转变"①。

2. 传统治安制度的危机

英国传统社会实行的是一种以社区自保为基础的治安模式,强调个人在维护社会治安中的主导地位。英国 18 世纪初的治安体制实行的仍然是由中世纪继承发展而来的制度,执法依靠三种不同的治安力量,即治安法官、警区警务员和巡夜看守。在全国范围内的乡村和城镇,治安法官和警务员被普遍设置,但巡夜看守只被设置于城镇并且在大伦敦外很少出现。在社会生活相对稳定、流动性较小的传统社会,这种强调地方集体负责社会秩序的治安制度还能发挥作用,但随着社会生活的变化,特别是随着工业革命的开展,这种分散的、义务兼职型的治安制度就危机四伏了。这主要体现在以下三个方面。

第一,警务员职务的无偿性使任职者不堪重负,逃避警务员义务的现象靡然成风,警务员的数量和质量均呈下滑趋势。

18 世纪,警务员通常没有薪酬,由户主轮流担任,为期 1 年。担任警务员必须承担多种职责。他必须解决个人争端,参加法庭审判,安排士兵到邻居家居住,执行逮捕令和传票,监督巡夜看守,平息骚动。② 因此,担任警务员需要占用大量时间,付出巨大代价,普遍民众一般承受不起。教区警务员只有在执行一些公众场所的任务时才能获得一些补贴,平时是不领取薪水的。丹尼尔·笛福(Daniel Defoe)在 1714 年写道,警务员一职

---

① A. L. Rowse, *The England of Elizabeth: A Structure of Society*, London: Macmillan, 1951, p.80.
② Ronald C. Sopenoff, "The Police of London: The Early History of the Metropolitan Police, 1829–1856", Unpublished Ph.D. Thesis, The Temple University, 1977, p.8.

"占去了一个人的大部分时间,以至于自己的事务经常被全部贻误了"①。许多人被选中是因为他们与负责教区事务的人员通常是治安法官关系不好。② 因此,越来越多的人想方设法逃避这一义务或找人代替,有的人宁可接受罚款也拒绝出任警务员。1721年,丹尼尔·笛福须在斯托克纽因顿(Stoke Newington)担任警务员一职,但是他选择支付10英镑,从而使自己免除了教区公务。③ 1796年,帕特里克·科洪估计,在伦敦城的243名警务员中,只有98名由自己亲自担任警务员一职,其他则雇用代理人担任;其他的教区也是同样的情况。④ 这样,教区中最贫穷、最不能胜任的人成了教区警务员。此外,有些警务员甚至收受贿赂,与犯罪分子狼狈为奸。约翰·波特(John Potter)把这些警务员描述成"品行低劣,缺乏道德……例如接受委派的工作总是以他们的私人利益为出发点,而不是为公共利益采取行动"⑤。更为严重的是,1699年的一项法案规定,起诉一个重罪犯人若获得成功,起诉人可终生免除教区公务,其中,最具吸引力的是可获得一张不用充任警务员的"泰伯恩门票"(Tyburn Ticket)。有人在取得这种豁免证后,再将其高价出卖,甚至有时在报纸上登广告予以公开拍卖。⑥ 结果,到18世纪末,不管是在伦敦还是在英格兰中部及北部地区的新工业中心、乡村地区,文盲、傻瓜、地痞甚至在逃罪犯都能混迹于教区警务员之中,从而造成警官队伍的素质和办事效能急剧下降。

关于教区警务员的无能和不称职状况,1789年10月6日的《泰晤士

---

① T. A. Critchley, *A History of Police in England and Wales*, p.18.
② Ronald C. Sopenoff, "The Police of London: The Early History of the Metropolitan Police, 1829-1856", Unpublished Ph.D. Thesis, The Temple University, 1977, p.8.
③ T. A. Critchley, *A History of Police in England and Wales*, p.18.
④ Andrew T. Harris, *Policing the City: Crime and Legal Authority in London, 1780-1840*, Columbus: Ohio State University Press, 2004, p.17.
⑤ John Potter, *Thoughts, Respecting the Origin of Treasonable Insurrection to Which Are Added, Hints for a Plan of Parochial Police*, London, 1803, p.29.
⑥ T. A. Critchley, *A History of Police in England and Wales*, p.18.

报》(The Times)刊发的一则新闻很有代表性。在此前的一个晚上,高级市政官员安德森(Anderson)的住所被人闯入。博街(Bow Street)委派一名叫杰劳斯(Jealous)的警务员前往案发现场。通过查看现场,杰劳斯没有发现任何破门而入的痕迹,因此他认为这一定是安德森家中的仆人所为。随后,杰劳斯把目光聚焦到了一名叫拉西特(Lassiter)的仆人身上,他最近刚被解雇了。杰劳斯前往拉西特经常光顾的一家酒馆,在此找到拉西特并对他实施了逮捕。拉西特对犯罪事实供认不讳,甚至还告知赃物的隐藏之处。正当杰劳斯要把他带往监狱时,拉西特深知杰劳斯嗜好饮酒,便为他购买了1拉斯特①的酒。杰劳斯很乐意地接受了。当杰劳斯正在喝酒的时候,拉西特乘机偷偷溜走了。酒馆的伙计看到这种情况,便告诉杰劳斯他所逮捕的囚犯逃跑了。而杰劳斯却回答:"既然他(拉西特)已经逃跑了,并且我太老了也不能追上他,因此再给我1便士的酒吧!"②

第二,治安法官走向腐化和堕落。

16世纪的伦敦法官不再受人尊敬,经常成为受人嘲笑的对象。③绅士们拒绝担任大伦敦的法官,因为担任城市法官会有很多的困难及需要承担各种责任。1688年光荣革命以后,治安法官的任职条件和选任程序不如以前那样严格,某些经济地位卑微或品德不良者也能出任此职。当时英国的法官没有固定薪俸,如果他们只通过正当手段获得收入的话,就只能从与他们职责相关的工作中获得微薄收入,如给酒馆发放执照或颁发令状。因此,许多担任治安法官的人员开始将这一职位作为谋生的手段,履行职责是为了从找他们办事的人员中获得报酬。这样,妓女或乞丐遭到逮捕并被带往治安法官处,他们可以在被要求出庭时获得保释——但是大家都知

---

① 拉斯特(last),英国的谷物容量单位,等于80蒲式耳。
② Robert Sanderson, "The Development of the London Metropolitan Police, 1785 - 1829", Unpublished M.A. Thesis, The University of Texas at Arlington, 1993, pp.21 - 22.
③ Frank Milton, *The English Magistracy*, London: Oxford University Press, 1967, p.14.

道这些人不会被带回法庭,因为整个诉讼过程是为了 1 先令的报酬,或者这些被保释成员必须每次支付保证金。许多地方法官通过向犯人索取保证金进行敛财,贿赂和酬金成为他们的主要收入,这些法官被称为"交易法官"(Trading Justice)或"篮子法官"(Basket Justice)①。这样不但使贪污合法化,而且鼓励法院胡乱捕人。这些交易法官不再把义务执法视为个人奉献的机会,而是当作捞取金钱的途径。交易法官最显著的特征在亨利·菲尔丁(Henry Fielding)的小说《阿米莉娅》(Amelia)中的人物思拉舍(Thrasher)法官身上得到了很好的体现,他除非收到大量的酬金,否则从来不会作出令人满意的决议;他执行法律以他获得的经济利益为基础。②

1716—1792 年,米德尔塞克斯法院(Middlesex's Bench)向大法官们(Lord Chancellors)提交了意见书以反对 15 位法官,大法官们开除了其中的 12 位。在这些被开除的法官中,大部分是由于牟取经济利益而被开除。法官查尔斯·惠拉特斯(Charles Whinyates)利用手中的职权,当着看守的面对妓院及妓女们进行敲诈,获得利益;同时命令看守对正直的人进行拘捕,押往看守所(Lawfull Ocassions),并且威胁要对处理混乱事件的警务员进行审判。警务员们及看守一起向法院提交了一份报告,指出惠拉特斯经常威胁看守,警务员们十分害怕,他们将辞去自己的职务。法官弗朗西斯·詹尼森(Francis Jennison)利用手中的职权,更改对其兄弟进行监禁的令状,并且滥用法官的权力从监狱里把其兄弟释放出来,而不是采取保释的方式。③ 又如法官威廉·布莱克博罗(William Blackborow)、约翰·格雷顿(John Gretton)、摩尔(Moore)被指控收受贿赂。如果酒馆老板要想取

---

① 被称为"篮子法官"是因为在他们前面放置了篮子用于接收捐赠。参见 J. J. Tobias, *Crime and Police in England*, 1700 - 1900, New York: St. Martin's Press, 1979, p.29.
② Henry Fielding, *Amelia*, Vol.1, Oxford: Shakespeare Head Press, 1926, pp.4 - 6.
③ Norma Landau, "The Trading Justice's Trade", in Norma Landau, ed., *Law, Crime and English Society*, 1660 - 1830, Cambridge: Cambridge University Press, 2002, pp.49 - 51.

得营业执照,威廉·布莱克博罗至少要收 1 几尼①,最高收 3 几尼,用于付给他的办事员;取得一场木偶戏演出的执照,约翰·格雷顿要收 5 几尼,而办理木偶戏演出执照本身就是非法行为。摩尔本人因负债而受到监禁,一位犯重婚罪的男人因他颁发的令状而被带到他的面前,摩尔提出如果这位男人愿意保释他的话,他将让这位犯重婚罪的人从轻发落。② 此外,有些法官在收受酬金时,采取非法的行为。科尼利厄斯·马丁(Cornelius Martin)在宣判时,要求被告给他一些审判费用,并且在行使其简易审判权(Summary Jurisdiction)时,总是要勒索一些罚金。根据 1736 年《杜松子酒法》(*The Gin Act*),举报人可以获得奖励,但托马斯·卡顿(Thomas Catton)会从举报人那里拿 1 英镑 7 先令,有时甚至更多。亨利·布罗德黑德(Henry Broadhead)的贪婪更加令人无法接受。他制定了详细的酬金表,并提交治安法庭批准,规定一份令状收 1 先令。因此,直到起诉人支付了 1 先令,他才对被告进行审查;没有支付令状费用,即使被告站在他前面,甚至被指控犯有重罪,他也一概拒绝对其进行调查;即使被告在他前面承认犯有重罪,如果没有支付 1 先令,他也拒绝进行审判。治安法庭授予布罗德黑德有权颁布令状,有权对执行令状收取 1 先令的费用。布罗德黑德的这种行为,有可能放走重罪犯:如果刑事被告明显有罪,甚至犯有重罪,但仍然能给他支付费用,布罗德黑德可能会对被告予以释放。③

  从以上交易法官的例子可以看出,这些被开除的法官总是把个人利益放在首位,他们从其职务中捞取好处,因此其司法决定令人怀疑。此外,在无利可图之时,他们往往对违法犯罪行为听之任之,甚至暗中与罪犯勾结,收取黑钱,这样实际上还促使了犯罪的发生。据一位小册子的作者说,交

---

① 几尼(guinea),英国的旧金币,值 1 镑 1 先令。
② Norma Landau, "The Trading Justice's Trade", in Norma Landau, ed., *Law, Crime and English Society*, 1660 - 1830, p.51.
③ Norma Landau, "The Trading Justice's Trade", in Norma Landau, ed., *Law, Crime and English Society*, 1660 - 1830, pp.51 - 52.

易法官的纵容往往导致过失犯罪的增加;一位议会议员认为,交易法官除非能从重罪犯的审判中捞得利益,否则经常让重罪犯们溜走;《泰晤士报》甚至写道,由于存在交易法官,偷窃行业将会更加猖獗。①

第三,人口迁移加快及城市人口增长破坏了社区自保治安制度的基础。

前面提到,18 世纪以前实行的社区自保治安制度实际上是一种高度地方性的治安制度,它的实施在于把"家族关系、朋友关系及邻里关系的纽带联系起来"②。警务员们在更多的场合中是作为警诫及劝说力量,其执行法律比较随意。警务员们必须考虑到社区道德价值观,他们也是社区的成员之一,并且这也是他们执法的需要。

16 世纪以来,随着农村人口的快速增长,人口与土地资源的关系日趋紧张,英国人口迁移规模不断扩大。据统计,16 世纪 20 年代,全国每年的迁移人口大约占总人口的 15%;17 世纪上升到 30% 以上。③ 17 世纪中期以后,人口增长减缓,但迁移规模没有缩小。R.A.休斯顿(R. A. Houston)估计,在 17 世纪,一些乡村教区的人口每 12 年的迁移率在 50% 以上。④

伦敦作为英国传统的政治、经济和文化中心,是移民的主要迁入地,其人口增长 100% 来自移民。E. A. 里格利(E. A. Wrigley)认为,伦敦 1650 年到 1750 年期间人口净增 275 000 人,平均每年增加 2 750 人。而同期死亡率则明显高于出生率,尤其是 18 世纪上半叶更为严重。而在这 100 年间两者的差距平均不少于 10%。因此,1700 年的伦敦人口是 50 万,出生人口与死亡人口之间的差距是 5 000 人,要弥补这个差额并保证每年总人

---

① Norma Landau, "The Trading Justice's Trade", in Norma Landau, ed., *Law, Crime and English Society, 1660 – 1830*, pp.46 – 47.
② Joan R. Kent, *The English Village Constable, 1580 – 1642: A Social and Administrative Study*, New York: Oxford University Press, 1986, p.46.
③ Lucinda Beier, *The Problem of The Poor in Tudor and Early Stuart England*, London: Routledge, 1983, pp.8 – 9.
④ R. A. Houston, *The Population History of Britain and Ireland, 1500 – 1750*, Cambridge: Cambridge University Press, 1995, p.47.

口增加 2 750 人,则每年需要进入伦敦的移民有 8 000 人。① 事实上,这一估计没有把既不出生于伦敦、未在伦敦结婚,也未死在伦敦、教会登记册中又没有有关他们的任何记载的暂住人口计算在内。如果把这些人计算在内,可能会使迁移人口增加 50%,达到每年约 1 万人。② 这样,由于社会流动性加强,各种形式的犯罪很容易隐匿于人群之中而难以被发现,正因为如此,伦敦成为犯罪活动最为集中的地方。18 世纪伦敦的人口始终占英国总人口的1/10,这为各种形式的犯罪分子提供了藏身之地。

随着人口的不断迁入,到 1780 年,大伦敦的居民已经超过 800 000 人,伦敦成为欧洲最大的城市。但当时伦敦仍由管辖范围很小、各自独立的政治行政单位组成。③ 在高度地方化的伦敦,教区是最基本的政府单位。在伦敦,大约有 200 个教区,这些教区委员会(Parish Vestry)大部分是开放式的,由纳税人组成;约 1/4 的教区委员会是封闭式的,由一小部分人控制,通常是由常居人口(principal inhabitants)组成。教区当局有责任承担铺路、照明、清洁、济贫及实行警戒维护秩序的任务。④ 到 18 世纪末,大伦敦拥有 3 000 到 4 000 名警务员及巡夜看守,其中 1 000 人由小店主组成,承担警务员、教区执事(Parish Beadle)、狱吏职务,他们组成了伦敦的白天治安力量。剩下的就是巡夜看守。1797 年,帕特里克·科洪推断,除伦敦城的大伦敦有不少于 70 个看守托管外[可能由 140 个当地法律控制……根据地方法律,主管(Directors)、监护人(Guardians)、地方长官(Governors)、托管管理人(Trustees)或教区委员会(Parish Vestries)……他们在各自的特殊区域(Particular Ward)、教区(Parish)、村庄(Hamlet)、特

---

① E. A. Wrigley, *People, Cities and Wealth: The Transformation of Traditional Society*, Oxford: Basil Blackwell, 1987, p.135.
② A. L. Beier and Roger Finlay, eds., *London 1500-1700: The Making of the Metropolis*, London: Longman, 1986, p.9.
③ Patrick Colquhoun, *A Treatise on the Police of the Metropolis*, London: H. Fry, 1796, pp.397-399.
④ Stanley H. Palmer, *Police and Protest in England and Ireland, 1780-1850*, p.76.

辖区(Liberty)或选区(Precinct)有权执法,担负各自的看守职责①],一些很小的选区或特别行政区则各自拥有自己的看守,而像圣潘克拉斯(St. Pancras)这样较大的教区则有18个不同的看守托管。在这种极为分散的体制下,各种治安力量不可能进行合作、交换信息。② 因此,随着人口迁移的加快,人们从农村到城市,从城市到农村,农村与农村之间,城市与城市之间的迁移,改变了原来相对稳定的社区人口状况,这必然使社区自保治安制度存在的基础逐渐消失,社区自保治安制度出现危机。

这样,英国治安制度的危机使治安问题缺乏及时有效的防范控制。工业革命和城市化带来的猛烈冲击使得传统因素的瓦解速度要远远快于现代因素形成的速度,这种异步使得各种问题乘虚而入。正如美国政治学家亨廷顿所说:"现代性孕育着稳定,而现代化过程却滋生着动乱,产生政治秩序混乱的原因不在于缺乏现代性,而在于为实现现代性所进行的努力。"③18世纪以来,英国社会治安状况开始恶化。

3. 18世纪社会治安状况的恶化

与17世纪和19世纪相比,18世纪的英格兰是相对平静和安宁的,人们称之为"快乐的英格兰"。但"快乐的英格兰"并不甜美,这也是一个毁坏传统并孕育着工业革命的时代。④ 对英国当时的普通民众来说,18世纪可能也并非田园牧歌般的伊甸园。18世纪以来,英国社会开始进入新旧交织的特殊历史阶段,传统的社会惯例与机制日益受到冲击,而新的道德与法律秩序尚未形成。因此,伴随着工业革命和城市化的不断推进,传统的

---

① Patrick Colquhoun, *A Treatise on the Police of the Metropolis*, p.213.
② Stanley H. Palmer, *Police and Protest in England and Ireland*, 1780-1850, p.77.
③ [美]塞缪尔·P. 亨廷顿:《变化社会中的政治秩序》,王冠华等译,北京:生活·读书·新知三联书店,1989年,第38页。
④ 钱乘旦:《第一个工业化社会》,成都:四川人民出版社,1988年,第3—37页。

礼崩乐坏和社会的不公刺激了各种犯罪活动的滋长和民众抗议骚动事件的发生。

第一,犯罪浪潮。

18世纪以来,随着英国开始迈进工业社会,犯罪形势变得严重起来。研究早期英国警察史的学者梅尔维尔·李曾指出,(18世纪的)英国经历了其史册中最为黑暗的犯罪时代。查尔斯·里思则将18世纪的英国描绘为"匪徒的黄金时代",认为在其社会中存在着"持续增长的混乱的威胁"。[①] 在各种犯罪活动[②]中,针对财物的犯罪尤为严重,盗窃和抢劫是最常见的犯罪形式。这两类犯罪在工业化时期都非常普遍和猖獗,一度引起社会广泛忧虑。据当时的地方法官帕特里克·科洪统计,18世纪末,盗窃和抢劫在伦敦每年导致的直接财产损失超过70万英镑,这还不算小偷小摸所造成的损失;他认为,泰晤士河上的小偷小摸每年至少也会造成50万英镑的财产损失。[③]

盗窃是近代英国最普遍的一种犯罪形式,在财务犯罪中所占比例最高。根据1782—1787年中央巡回区(Home Circuit)各类财务犯罪状况的统计,盗窃罪在整个财物犯罪中约占36.1%。[④] 从乞丐的顺手牵羊到夜盗惯犯的破门而入,从乡村的小偷小摸到城市的职业神偷,当时的盗窃形式可谓五花八门,其中入室盗窃(housebreaking)和夜盗(burglary)这两类犯罪是当时罪行严重的盗窃形式。根据1748—1767年埃塞克斯郡季审法院与巡回法庭审理财物罪案的统计,这两类犯罪在整个财物犯罪中约占

[①] Clive Emsley, *The English Police: A Political and Social History*, London and New York: Longman, 1996, p.24.
[②] 对犯罪活动的定义是一个十分复杂的问题,本书"犯罪活动"指违犯刑法的行为。参见 Robert Sanderson, "The Development of the London Metropolitan Police, 1785-1829", Unpublished M.A. Thesis, The University of Texas at Arlington, 1993, pp.44-45.
[③] Patrick Colquhoun, *A Treatise on the Police of the Metropolis*, pp.112, 346.
[④] Peter King, *Crime, Justice and Discretion in England, 1740-1820*, Oxford: Oxford University Press, 2000, p.138.

10.6%。① 这两类犯罪瞄准的对象往往是富有的贵族和商人,它们不仅直接危及财产安全,还可能附带暴力威胁人身安全,许多人因此被送上了绞刑架。例如,1772年,伊尔切斯特伯爵(Earl of Ilcchester)在伯灵顿老街的房子遭到窃贼洗劫,许多金银器皿被盗;1788年,坎特伯雷大教堂价值1 200英镑的银器被盗;1791年,有人甚至闯入白金汉宫进行盗窃,最终被送上绞刑架。②

抢劫在18世纪是一种比较普遍的犯罪活动,它所造成的社会恐惧远甚于盗窃。它不仅侵犯了人们的财产安全,而且由于它涉及使用暴力手段,也威胁到人们的生命,因而更会使人产生恐惧感。每当这样的案件发生后,一般会造成一定的社会恐慌。1723年,一群布里斯托尔商人抱怨:"抢劫是对商业的巨大破坏。"③还有人说都不敢在英国旅行了,除非大家结伴而行,并且有武器。霍勒斯·沃波尔(Horace Walpole)曾对发生的众多抢劫案抱怨不已,声称抢劫已成为轻而易举的事。在一片惊恐之中,国王乔治二世敦促议会采取行动来制止事态的进一步发展。1748年,《白厅晚间邮报》(Whitehall Evening Post)报道了多起有关伦敦抢劫的案件,它指出,从1月到4月和9月到12月抢劫案件增加了3倍。1749年1月17日,该报编辑还声称:"在大伦敦地区,有恃无恐的街道抢劫每晚频发,……如今的情况是,在夜幕降临之后不可能没有不被人敲碎头盖骨或者不丢失财产的危险。"1751年9月,《绅士杂志》(The Gentleman's Magazine)报道,"昨天夜晚和今天凌晨,从伦敦到万兹沃斯、普特尼(Putney)、理查蒙德(Richamond)的路上发生了多起抢劫,今晚返回伦敦的人大多在万兹沃斯(Wandsworth)聚集,然后结伴回家";在卡利斯尔(Carlisle)很多人出门便

---

① Peter King, *Crime, Justice and Discretion in England, 1740-1820*, p.137.
② Frank McLynn, *Crime and Punishment in Eighteenth-Century England*, London: Routledge, 1989, p.89.
③ J. M. Beattie, *Crime and the Courts in England, 1660-1800*, Oxford: Clarendon Press, 1986, p.148.

处于"人身和财产危险"之中,"几个大陆抢劫犯猖獗出没"于萨里郡(County of Surrey)的肯辛顿(Kensington),而梅登海德(Maidenhead)的旅游者不得不"结伴武装"而行。① 1753 年的一天夜晚,乔治二世在肯辛顿宫花园(Kensington Place Gardens)散步,一个男子走过来与他搭话。突然,这位男子把他打晕,抢走了他身上的手表、钱及鞋扣。② 这些描述表明当时针对财产的犯罪是何等的猖獗。因此,马丁·马登(Martin Madan)指出:"没有哪一个文明国家……像我们这样每天都受扰于最危险和最残忍的犯罪,因为惧怕窃贼和抢劫者的疯狂恶行,我们不敢在大路上旅行,不敢在自己的房子里熟睡,不敢将牛群放养在自家的土地上。"③

除了针对财产的犯罪之外,自 18 世纪以来,英国城市的赌博、醉酒、斗殴、嫖妓等现象也是相当普遍。18 世纪的英国小说家亨利·菲尔丁在伦敦威斯敏斯特区任法官时,在他的辖区内曾发生过这样一件事:格拉夫顿号(H. M. S. Grafton)的三个水手去一家妓院,被妓女们抢去了 30 多几尼的金币。水手回船后,就纠集同伙返回,冲进那家妓院,将其整个捣毁,把妓院中的家具及物品——壁画、镜子、桌子、椅子、羽绒床、妓女的裙撑及礼服全部扔出窗外,堆在一起点燃并全部烧光。在随后的骚乱中,又有几家妓院和一些房子被烧。④ 根据科洪估计,在 1797 年伦敦有 5 万妓女。⑤ 这足以说明当时在伦敦卖淫现象也很普遍。此外,恶性杀人事件也时有发生。1741 年 6 月 1 日,克莱门特旅馆(Clement's Inn)的老板彭尼先生(Mr.

---

① Philip Rawlings, *Crime and Power: A History of Criminal Justice*, 1688 – 1998, London and New York: Longman, 1999, pp.24 – 25.
② Stanley H. Palmer, *Police and Protest in England and Ireland*, 1780 – 1850, pp.45 – 46.
③ Martin Madan, *Thoughts on Executive*, *with Respect to Our Criminal Law*, *Particularly on the Circuits*, London: J. Dodsley, 1785, pp.4 – 5.
④ Gilbert Armitage, *The History of the Bow Street Runners*, 1729 – 1829, London: Wishart, 1932, pp.43 – 44; Martin C. Battestin and Ruthe R. Battestin, *Henry Fielding: A Life*, London: Routledge, 1989, pp.472 – 473.
⑤ Martha Vicinus, ed., *Suffer and Be Still: Women in the Victorian Age*, Indiana and London: Indiana University Press, 1972, p.78.

Penny)被其雇员詹姆士·霍尔(James Hall)残忍杀害,下面是当时对彭尼先生谋杀案的描述:

> 夜深了,他(詹姆士·霍尔)的老板(彭尼先生)坐在床边正准备脱衣服睡觉,他从床下取出藏好的栎木棒,悄悄走到老板的后面给他重重的一击。彭尼先生昏倒在地。随后,他用栎木棒对彭尼先生进行连续的多次重击,然后他十分小心地脱去老板的衣服,并用小刀割断老板的喉咙。老板在此之前已经死去,所以他想让老板受尽折磨的计划并没有取得成功。此后,他十分谨慎地把流出的血装在两个壶里,并且加水混合以防止凝结,随后把血水倒进水槽。尔后,他把他的马甲绕在老板的头上,脱掉自己的衣服、赤裸身体防止血沾到他的衣服上,把尸体拖出扔在厕所里,另外找地方处理老板所穿的衣服。做完这一切后,他穿上衣服,撬开老板的钱柜,拿走里面的钱物,并且使其恢复原样。①

以上这些犯罪案件的频繁发生,引起了人们的恐慌。关于这一时期出现严重侵犯财产犯罪的原因,J.M.贝蒂(J. M. Beattie)及道格拉斯·海(Douglas Hay)在他们各自的著作中都认为,18世纪的英国财产犯罪主要受两个主要因素——战争及食品价格的影响。② 战争及低物价期间,对财产犯罪的起诉程度比较低;而在和平及高物价时期,起诉明显增加。但18世纪20年代及30年代是丰收时期,并且食品价格较低,只有偶尔短期的价格上涨。这一时期也是英国历史上的和平时期。贝蒂发现,"在1713—1739年这一时期,对财产犯罪的起诉程度仍然保持了相对较高的水平"③。

---

① Gilbert Armitage, *The History of the Bow Street Runners*, 1729 – 1829, pp.32 – 33.
② J. M. Beattie, *Crime and the Courts in England*, 1660 – 1800, Chap.5; Douglas Hay, "War, Dearth and Theft in Eighteenth Century: The Record of the English Courts", *Past and Present*, No.95(1982), pp.117 – 160.
③ J. M. Beattie, *Crime and the Courts in England*, 1660 – 1800, pp.206 – 208, 216.

因此,英国犯罪案件特别是财产犯罪案件的增加,除了受战争及食品价格影响之外,还与以下几个因素有关。首先,伴随城市化的推进,成千上万的流动人口从农村转入迅速扩大的城市中心区,城市还没有做好安排他们的物质准备,各种问题随之出现。大量农村人口进入城市,而城市受经济发展水平所困一时无力容纳他们。部分找不到工作、无以为生的迁移人口走上偷盗、抢劫、卖淫等犯罪道路,从而使城市面临严重的社会和治安问题。正如马克思所说:"由大伙封建家臣解体和断断续续进行的暴力土地剥夺而被驱逐出来的人,这个像鸟一样自由的无产阶级,不可能一被赶到世上来,就马上为新兴的手工制造业所吸收。另一方面,这些突然从旧生活轨道投出的人,也不可能一下子就适应于新状态下的纪律。他们大批转化为乞丐、盗贼、流浪者。"① 其次,政府当时的政策以自由放任为指导,尽量减少干预经济和社会活动;英国的法律制度混乱;当时英国的国家机器还不太健全,军队、司法官员、旧的治安力量都难以应对日益增长的犯罪。再次,18 世纪以来,酿酒技术提高,杜松子酒等烈酒价格降低,使得普通大众能够消费。杜松子酒间接导致了犯罪及腐化堕落行为的增加。1735年,《伦敦每日邮报》(The London Daily Post)对烈酒商店抱怨,劫匪喝酒醉时,变得十分绝望,能够干出任何伤天害理的事情。在杜松子酒买卖得到有效的控制之前,杜松子酒引起的大量的酗酒问题毫无疑问地增加了犯罪行为特别是财产犯罪行为。② 最后,犯罪行为是捍卫传统价值规范的表现。埃瑞克·霍布斯鲍姆指出,犯罪活动的猖獗"反映出一个社会的瓦解,新兴阶级与新型社会结构的兴起,或是人民群众对于破坏他们传统生活方式的行为的抵抗"③。

---

① [德]马克思:《资本论》,北京:人民出版社,1963 年,第 810 页。
② Elaine A. Reynolds, *Before the Bobbies: The Night Watch and Police Reform in Metropolitan London*, 1720 – 1830, p.21.
③ [英]埃瑞克·霍布斯鲍姆:《匪徒:秩序化生活的异类》,第 35 页。

第二,民众骚动。

18世纪的英国,虽没有发生法国式的大革命,但形形色色的民众骚动(popular disturbance)①还是此起彼伏,像粮食骚动、征兵骚动、反圈地骚动、宗教骚动等,其数量之多、次数之频繁,与以往几个世纪无法比拟。1769年,本杰明·富兰克林(Benjamin Franklin)正是伦敦的一位印刷工,他记载:"我曾在一年内看到谷物骚动、选举骚动、济贫院骚动、运煤船员骚动、织工骚动、煤炭装卸工骚动、锯工骚动、威尔克斯支持者骚动、政府委员们骚动、走私者骚动。"②在当代社会史学家看来,18世纪是一个充满动乱和无序、是一个不安分的世纪。③ 对政治、经济及宗教的不满在英国民间随时发酵,随之而来的是各种形式的宣泄——罢工、暴动、粮食骚动、捣毁公路收费、"威尔克斯和自由"、攻击和威胁政治人物等。英国的城市和农村越来越容易受到群众性集体骚动的影响,"整个18世纪英国政治生活的一个重要特征就是大规模的令人恐惧的骚动,这种状况一直持续到1851年"④。当权者很难摆脱对公众骚动的恐惧,特别是在农业歉收、物价上涨、面包短缺及战时不断征兵时,骚动特别容易爆发。1766年,《年度纪事报》写道:"在英格兰各地,由于穷人造反,发生了许多骚动,造成无数伤害之事。一切生活品的价格都过于高昂,把穷人逼到发疯的地步。"⑤

在各种骚动中,粮食骚动是一种最普遍、最常见的类型。自1700年以来,发生了大量全国范围内的粮食骚动,如1756—1757年、1766—1768

---

① 约翰·史蒂文森认为,民众骚动具有两个明显特征,即参与人数和暴力性。法定意义上的人数是3人或更多。暴力性指对个人或财产有实质性损害。本书对"民众骚动"采用了同样的界定。参见 John Stevenson, *Popular Disturbances in England*, 1700–1832, London and New York: Longman, 1992, pp.5–12.
② Adrian Randall, *Riotous Assemblies: Popular Protest in Hanoverian England*, New York: Oxford University Press, 2006, p.1.
③ Roy Poter, *English Society in the Eighteenth Century*, London: Penguin, 1982, pp.114–118.
④ James Walvin, *English Urban Life*, 1776–1851, London: Hutchinson, 1984, p.123.
⑤ Richard L. Tames, ed., *Documents of the Industrial Revolution*, 1750–1850, London: Hutchinson Educational, 1971, p.114.

年、1772—1773 年、1783 年、1795—1796 年、1799—1801 年、1810—1813 年、1816—1818 年,英国都发生了粮食骚动。① 就粮食骚动发生的地域范围而言,它几乎席卷了整个英格兰,甚至较少发生骚动的西北部和米德兰地区也被牵扯了进来。粮食骚动有多种表现形式,诸如阻止粮食外运与出口;迫使商人和地方官降低粮价,或从农场主、磨坊主和路口、市场上夺取粮食,当场或到市场上去按一个公平价格重新出售;捣毁磨坊和粮仓,销毁粮食等。② 在很多情况下,粮食骚动不只表现为一种形式,而是多种形式混合在一起。1709 年,萨福克郡的一位商人在骚动报告中描述了"暴徒是如何起事的,他认为有好几百人,并且说,谷物不应当运出城去";"至于暴徒,有的拿着戟,大约四分之一的人拿着竿子,而有些人拿着棍棒";当他们行进到诺里奇时,在途中几个地方,"暴民听到商人打算卖掉这些小麦,便告诉他不应该穿过这座城镇,因为他是骗子和谷物批发商,并且,有人叫喊用石头打死他,一些人把他从马上拽下来,一些人把他打倒在地,并且确信你们确实打了他;他……问他们为何出于他们自己的偏见采用这种非人道的方式,但是,暴民仍然叫喊说他是一个打算把谷物运到法国去的骗子"③。

除粮食骚动外,18 世纪的另一种民众骚动类型是反圈地骚动。18 世纪以来,英国议会放弃了以往限制圈地、维护公地使用权的立场,不断通过圈地立法,下层人民频繁掀起反圈地斗争。据统计,1700—1760 年,英国通过了 152 个圈地法案;1761—1801 年,圈地法案猛增到 1 479 个。在议会圈地法案的保障下,18 世纪以来的圈地规模越来越大。圈地规模的扩大对无地或少地的公地使用者(主要是小农与茅舍农)产生了致命影响,使

---

① John Stevenson, *Popular Disturbances in England*, 1700 - 1832, p.114.
② 李培锋:《呼唤丢失的价值规范——社会转型时期英国民众的抗议活动(1700—1820)》,南京大学未刊博士学位论文,2002 年,第 41 页。
③ [英]爱德华·汤普森:《共有的习惯》,沈汉、王加丰译,上海:上海人民出版社,2002 年,第 216 页。

他们面临失去土地的厄运,同时剥夺了公地使用者与其经济生活至为密切的公地使用权,严重损害了他们的经济利益,出现民众的反圈地抗议。在反圈地抗议过程中,民众通常向议会请愿取消圈地,在地方用请愿、威胁等方式阻止提交圈地议案或实施圈地法案。请愿方式失败以后,民众通常会采用骚动方式摧毁圈地的围杆、栅栏、围墙、大门、水渠。如西哈登的公地使用者在议会请愿失败以后,就在附近村民的帮助下,烧毁了价值约1 500英镑的围栏与栅栏。在洛兹地区,请愿者先是向议会请愿,遭冷遇后发动骚动,在村镇妇女与制鞋工的带领下,拆毁圈地的围栏,砸碎大门,点起大火,一起庆祝到晚上。在民众的反圈地骚动过程中,也经常会出现与治安力量的冲突。如1761年3月28日,一群暴民手持大头短棒和叉子,前往威特尼附近的诺斯莱黑斯,试图摧毁最近圈地竖起来的围栏。在两天的时间里,他们对守卫这一地方的士兵发起攻击,但被士兵击退了。1765年7月,北安普顿郡西哈登地区的一些民众汇集在一起,将那里新圈的围栏给拔掉了。同年年底,一批来自班伯里的民众对艾尔先生在沃尔沃斯最近完工的圈地不满,就开始毁坏那里的篱笆、围栏和沟渠。但在他们的毁坏工作尚未完成之前,一批骑马的绅士飞快地冲向他们。[①]

上述粮食骚动、反圈地骚动等抗议事件的频发,其成因都不是单一的,也不限于某一方面。引起集体示威和骚动的原因可能是私人的,如可能由在酒馆、妓院、赌场的口角引起,也有可能由财产争执而起。不过,作为一种群体性事件的特殊类别,绝大多数因公愤而起的民众抗议骚动绝不可能脱离于它所发生的社会、经济与政治秩序,它的发生有其内在的历史传统、社会经济及政治制度方面的根源。这些民众抗议骚动作为一种社会态度,是普通民众政治意图的表现形式,英国悠久的自由和法治传统使他们选择诉诸"非暴力"的方式解决冲突,捍卫自身利益。暴涨的物价、饥荒和商人

---

① 李培锋:《呼唤丢失的价值——社会转型时期英国民众的抗议活动(1700—1820)》,第64—66页。

的违法行为等社会经济因素激发了人们对经济剥削和不正当行为的抗议。国家机器的不健全和旧的治安力量难以应付持续不断的骚动,直接影响到英国政府处理民众骚动的能力。① 尤其在1780年戈登骚乱期间,传统治安制度的弊病暴露无遗。

1780年的戈登骚乱,起因于议会在立法上放宽了对罗马天主教徒的限制。② 自1745年查理王子的叛乱失败后,斯图亚特王朝复辟的危险实际上已经消除,罗马教皇已不再被看作妖魔。不过按照法律,罗马天主教徒依然应受到残酷压迫。在这种情况下,乔治·萨维尔爵士(Sir George Saville)于1778年提出一项议案,该议案使那些发誓弃绝罗马教皇拥有裁判权的天主教徒能购买和继承土地,废除对他们的教士轻易采取的法律监禁。这一议案在议会获得顺利通过。此后,政府建议第二年在苏格兰提交一个类似的议案,但遭到苏格兰地方官员的强烈反对,被迫取消。这样,英格兰狂热的新教徒受此鼓励,在伦敦及全国许多地区组成新教协会(Protestant Association),要求在英格兰废除实施的天主教宽容法,开始了大规模的请愿运动。被激怒的新教徒们在伦敦成立新教协会,邀请"新教事业"的狂热者乔治·戈登(George Gordon)议员担任该协会的主席。新教协会在戈登的领导下,准备了一份约有120 000人签名的请愿书,试图将其提交议会。③ 在向议会提交请愿书的同时,戈登也积极组织规模庞大的请愿队伍向议会示威,想以此和平方式迫使议会废除其1778年通过的《天主教宽容法案》。

在向议会提交请愿书之前,戈登号召新教协会的所有成员于6月2日

---

① 吴铁稳:《论工业化时期英国的民众抗议骚动与政府治理策略》,《社科纵横》2016年第3期,第31—36页。
② 范成东:《英国工业革命时期的利益集团和议会立法》,南京大学未刊博士学位论文,1992年,第57—58页。
③ Virginia Suzanne Balch-Lindsay, "An Orderly Metropolis: The Evolution of Criminal Justice in London, 1750 – 1830", Unpublished Ph.D. Thesis, Texas Tech University, 1998, p.217.

在圣乔治广场(St. George's Fields)集中,然后陪同他去下院提交请愿书。到了6月2日那天,约有6万名新教协会的支持者聚集在圣乔治广场。① 随后,戈登向议会提交了一份有10多万人签名的请愿书,不料遭到议会拒绝,于是街头数万群众趁机包围了议会大厦。1782年6月2日的上院会议记录揭示了骚乱人群的特征:

> 进入上院的每一位议员,成为暴徒们愤怒的对象,随后聚集在旧王宫广场(The Old Palace Yard)的暴徒达几千人。曼斯菲尔德勋爵(Lord Mansfield)遭到严重的折磨,斯托蒙特勋爵(Lord Stormont)很艰难地逃脱了暴民们的追赶,希尔斯伯勒及汤曾德勋爵(Lords Hillsborough and Townshend)遭到粗暴对待,他们的手提包被扯下,头发变成了披头散发。约克大主教也受到折磨。②

6月2日深夜,当议员们悄悄地溜走以后,持续1个多星期的混乱开始了。聚集的人群手持斧头、铁锤、铁锹和撬棍首先袭击了两个典型的信奉罗马天主教的国家——撒丁岛和巴伐利亚的使馆,然后袭击了天主教徒的房屋及教堂。他们打碎窗户,把家具扔到街上放火烧掉。6月3日晚上,在爱尔兰劳工居住的简陋客栈和棚屋区,又发生了一系列袭击事件。这个地区的袭击活动持续了两三天,所有教堂被烧毁,破门而入的抢劫活动盛行。6月6日夜里,一所不受暴徒们欢迎的司法机构遭到洗劫并为烈火所吞噬。伦敦的纽盖特监狱(The Newgate Prison)、王座法庭(King's Bench)、弗利特监狱(The Fleet Prison)被暴徒们攻占,关押的几百名囚犯被放出。他们还洗劫了博街警察局,烧毁了全部档案和家具。一些"亲天主教"的大臣,如乔治·萨维尔爵士、首席大法官威廉·默里(William Murray)及其他一些官员,其住宅成为被攻击和破坏的对象,许多富人的

---

① George Rude, *Paris and London in the Eighteenth Century*, London: Collins, 1970, p.270.
② *Parliamentary Debates*, Vol.21, 1780, p.665.

房屋和工厂受到袭击,全城数十处起火,烽烟滚滚。到处是一片焦土,房屋的窗户被烧毁,围墙坍塌或者被熏黑,暴民们到处掠夺和勒索财物。街上响彻暴民的呼声。[①]

在这种紧急情况下,非军事治安力量的不足立刻显露出来。6 月 2 日晚上,在威斯敏斯特,6 名警务员必须应付 14 000 人的聚集群众。同一天晚上,在暴徒焚烧撒丁岛使馆时,几个警务员尽力想抓住带头闹事者,但不幸被其逃脱。这些警务员随后请来 100 名士兵及 13 位囚犯协助他们,但这时聚集的暴徒达到 5 000 多人,他们放火焚烧了高级警务员的房屋。在这种情况下,国王乔治三世召开枢密院(The Privy Council)会议,要求法律作出规定,军队是否必须接到文职地方法官的命令才能开枪。总检察长建议,为了防止可能的严重犯罪的发生,应授权军官根据实际情况决定是否开枪。这条建议立刻被枢密院通过,并以法律的形式被传达给各级军官。当时,政府已在伦敦集中了大约 1.5 万人的部队和民兵,易受袭击的公共场所和私人场所都已在警戒之中。结果在镇压过程中,700 多人被打死打伤,450 人被捕,160 人被起诉,25 人被判处绞刑;从提交的报告统计,财产损失估计达 100 000 英镑。[②]

因为治安体制的不完善和缺乏强有力的治安力量,英国政府在此次骚乱事件的处理中,不得不依靠军队和民兵。人们强烈谴责了非军事力量的失败,也同样谴责政府使用军队进行镇压的举动。伦敦这场成百人被杀、无数财产受毁坏的持久混乱场面给人们带来了极大的震惊,对英国传统的社会治安体制提出了挑战,人们开始对当时负责维护法律和秩序的治安力量提出了质疑,并且出现了许多改革的思路和方法。上述一切说明,对传统的义务兼职型的治安体制进行改革,已被提上英国的议事日程。

总之,自 18 世纪中期以来,随着工业革命和城市化的不断推进,英国

---

① *Annual Register*,London,1781,p.217.
② Stanley H. Palmer,*Police and Protest in England and Ireland*,1780 – 1850,p.85.

的政治、经济、社会发生了结构性变化,改革传统的治安制度成为时代的迫切需要。此外,以社区自保为基础的传统治安制度自18世纪以来就陷入困境,日渐式微。这一方面是由于传统治安制度本身出现危机,具体表现为:警务员、巡夜看守请人代替,治安法官的腐败;17、18世纪以来英国的人口流动加快,破坏了社区自保治安制度存在的基础。另一方面,伴随经济的发展,18世纪的英国社会出现了一系列治安问题,如犯罪浪潮(主要是财产犯罪率增长)、公众骚动(如粮食骚动、反圈地抗议等)等,尤其是戈登骚乱期间的混乱及其代价使传统治安制度的弊病暴露无遗,其从结构上难以适应社会的需要。18世纪的英国正经历着经济和社会变化的严峻考验,农业和工业的进步正在改变着人们的生活方式,而执法及维护治安秩序的力量已经不能承担摆在他们面前的新任务了。[①] 因此,人们开始对传统的以社区自保为基础的治安制度进行反思,希望采取有效的措施对存在的问题加以解决。

[①] J. J. Tobias, *Crime and Police in England*, 1700 – 1900, p.24.

第二章
建立职业警察制度的探索与尝试

18世纪以来,英国的社会结构和社会生活发生了巨大的变化,以社区自保为基础的传统治安制度已不能适应时代发展的要求,出现发展困境。犯罪和社会失序问题推动了英国基层治安管理者和上层阶级开始反思自身的统治模式,力图通过改革来构建新的社会治安秩序。为了维护社会秩序,对传统治安制度的弊病及犯罪率快速增长感受颇深的地方法官,逐渐形成建立一支全国性、受内政部统一指挥的预防性警察力量的方案;1780年戈登骚乱使小皮特政府于1785年向议会提交了《伦敦及威斯敏斯特警察议案》,提议在大伦敦(包括伦敦城)建立一支受内政部统一指挥的警察力量。这些治安改革方案及议案与法国式的警察制度十分相似,过于激进,因而没能取得实质性的进展。本章主要阐述自18世纪中叶以来,英国个人及政府为改善社会治安状况所进行的一些建立职业警察制度的探索及实践。

一、个人建立职业警察制度的探索

法律秩序和社会治安秩序面临严重考验的时代,正是职业警察发展的初期阶段。最早进行警察改革探索的不是社会理论家,而是伦敦的法官,他们亲身感受到传统治安制度中存在的弊病及犯罪率的快速增长。因此,英国早期的治安改革主要是由担任治安法官的一些人来启动的。针对犯罪活动的猖獗,治安法官从自己的立场和工作出发,提出了解决方法,而这些方法及与其相伴而行的观点、态度和应对的措施等,为英国提供了一种新的超越时代的治安模式。

1. 菲尔丁兄弟

亨利·菲尔丁,1707年4月22日出生于英国西南部萨默塞特郡的一个破落贵族家庭。1719年,菲尔丁12岁时进入伊顿公学学习,大约于1724年毕业。当时伊顿公学校规严格,在严厉的管教下他受到了良好的古典语言文学的训练。菲尔丁在伊顿公学毕业后,由于经济困难,没有按照常规进入牛津或剑桥继续学习,在家闲待了几年。① 1727年秋,菲尔丁

---

① 韩加明:《菲尔丁研究》,北京:北京大学出版社,2010年,第6—7页。

携剧本《戴着各种假面具的爱情》(Love in Several Masques)来到伦敦,剧本被德鲁里巷剧院接受,并由包括西伯本人在内的全班主角搬上舞台,于1728年2月16日上演。1730年,第二部五幕喜剧《法学院的纨绔儿》(The Temple Beau)在古德曼广场剧院上演。两个月之后,《作家的闹剧》(The Author's Farce)在草料市场小剧院上演。随后,《大拇指汤姆》(Tom Thumb,后扩充改编为《悲剧的悲剧》)、《对强奸的强奸,或司法官作法自毙》(Rape upon Rape;Or, The Justice Caught in His Own Trap,后修改为《咖啡店政客》)等上演。在1730—1737年期间,他总共创作了25个戏剧剧本,显示了他在艺术上的卓越才能,后因受《戏剧审查法》①的影响,伦敦戏剧业随即陷入萧条,菲尔丁的小剧院也被迫停业,从而结束了他的剧作生涯。1737年11月,他进入伦敦法学院学习;1740年6月,他从法学院毕业,取得律师资格。从此,他正式投入了法律工作,这使他有机会参加巡回法庭。1748年11月,经贝德福德公爵(Duke of Bedford)推荐,他成为伦敦威斯敏斯特城考文特花园(Covent Garden)附近博街的一名法官。

伦敦考文特花园是当时伦敦城内的娱乐区,在这个由剧场、俱乐部、酒店、赌场和妓院组成的小世界中,放荡和金钱总是引来犯罪和堕落。在这种情况下,1740年,一位名叫托马斯·戴维(Thomas De Veil)的法官在博街建立了自己的法院,他采取了英勇无畏和机智的行动来镇压犯罪和妨害治安的行为。《绅士杂志》曾这样称赞戴维的英勇行为:他(戴维)十分凶猛,业务熟练。他似乎已经成为一个杰出的榜样,不管罪恶本身达到怎样的程度,他都能向公众展示出其个人的英勇。② 1746年10月6日,戴维在审查一位犯人时不幸染病,次日逝世。由于戴维的贡献,博街法院已经跃

---

① 根据这一法令,所有要上演的戏,必须提前14天将剧本送官方审查,否则会被吊销剧院执照并被罚款50英镑。
② Virginia Suzanne Balch-Lindsay,"An Orderly Metropolis: The Evolution of Criminal Justice in London, 1750 - 1830", Unpublished Ph.D. Thesis, Texas Tech University, 1998, p.75.

居伦敦各地方法院之首。

1748年,亨利·菲尔丁进入博街法院成为一名法官。面对当时一些英国法官的腐化堕落现象,他拒绝做"交易法官",并且强烈谴责这种行为,始终保持了廉洁的作风,给受害者以力所能及的帮助。这样,虽然菲尔丁所做的事情比他的前任戴维多很多,但其收入仅是戴维的三分之一:

> 相反,通过调解而不是采取煽动来解决搬运工和乞丐之间的纠纷(当我没有完全这样做时,我感到羞愧),并且拒绝从一个男人手中拿一先令,明确不会让另一个人离开。这样,我的收入从每年500英镑减少到每年很少超过300英镑;而其中的一大部分还要支付给我的职员。①

1750年4月,霍勒斯·沃波尔的一位年长兄弟爱德华因试图骚扰一位男仆,在博街法院遭到起诉。他们起初试图通过一些贿赂手段来私下解决,但遭到菲尔丁的拒绝。② 对于菲尔丁担任法官时的许多行动,他的传记作者巴特斯廷夫妇(Martin C. Battestin and Ruthe R. Battestin)写道:"(亨利·菲尔丁)完全是为他人着想。他的行动,一方面确保了司法公正,在许许多多的个人案件中他很少或根本没有接受酬金;另一方面,他考虑如何说服立法机构,以便能改革法律本身及执法体制。"③

1749年,为了应付粮食骚动和冬季的犯罪浪潮,他邀请了6位曾做过警务员的正直市民,组建了博街缉捕队(The Bow Street Runners)。约翰·菲尔丁(John Fielding)在回忆其兄弟组建博街缉捕队时,曾这样写道:

> 亨利·菲尔丁先生来到博街的那个冬季,一伙大胆的盗贼在城市

---

① Martin C. Battestin and Ruthe R. Battestin, *Henry Fielding: A Life*, p.459.
② Virginia Suzanne Balch-Lindsay, "An Orderly Metropolis: The Evolution of Criminal Justice in London, 1750 – 1830", Unpublished Ph.D. Thesis, Texas Tech University, 1998, p.75.
③ Martin C. Battestin and Ruthe R. Battestin, *Henry Fielding: A Life*, pp.459 – 460.

中出现。他们偷袭了几位社会名流,这在伦敦城及威斯敏斯特区引起全面恐慌。当时亨利·菲尔丁法官身体健康,他召集社会力量,并且向城市的不同地区派出几名警务员,由韦尔奇先生(Mr. Welch)领导。通过这群警务员们的勇敢行动,这些扰乱治安的成员被迅速捉拿归案、绳之以法。次年,虽然这些警务员中的大部分人离开了,但其中有些人受公共精神打击犯罪的影响,加上亨利·菲尔丁也极力鼓励,他们留了下来,继续努力,随时准备接受召集以追捕罪犯。①

博街缉捕队中的这6名警务员没有薪水,菲尔丁也没有资金发给他们。因此,他允许缉捕队的每位成员可以接受法定的奖励,并且对所有伦敦人宣传他们的业务,最后其业务扩展到全国。菲尔丁尽力使这支治安力量成为真正有用的"抓贼者"(thief-takers),以区别于像乔纳森·怀尔德(Jonathan Wild)②一样的"养盗者"(thief-makers)。缉捕者很快以正直的侦探形象而为人们所熟知,其业务后来扩展到全国。1753年,菲尔丁策划并实施了一次大规模打击犯罪团伙的行动,利用缉捕队逮捕了7名凶手,余者被驱散。菲尔丁这次行动的直接结果是:

> 这地狱般的社会几乎被彻底根除,人们在每天早晨的报纸上再也不会看到有关凶杀和拦路抢劫的消息。在11月剩下的日子里和整个12月,不仅没有发生一起凶杀案,甚至也没有一起拦路抢劫案……在这些过去易发生拦路抢劫案的黑暗月份里,如今人们感到十分自由。我相信,在今后的许多年中,人们会毫不迟疑地宣称:1753年的冬天是最太平的。当那些暴徒恢复他们的暴行的时候,我们还会进行这样

---

① John Fielding, *A Plan for Preventing Robberies Within Twenty Miles of London*, London: A. Millar, 1755, pp.1-2.
② 乔纳森·怀尔德是18世纪初伦敦著名的"抓贼者",曾以捕捉到75名罪犯并送交法官而闻名。但他也是最大的窝赃者,不仅从犯罪中获得利益,还有效控制了伦敦主要的犯罪团伙。1725年,他因犯罪事实败露而被处以绞刑。

的打击行动,而且会更不寻常。①

1749年1月,菲尔丁除担任威斯敏斯特法官外,还开始兼任米德尔塞克斯(Middlesex)治安法官一职。1749年3月,他当选为威斯敏斯特季审法院(The Westminster Quarter Sessions)②主席。1749年6月29日,在威斯敏斯特大厅旁边城市法院大楼召开的伦敦城及威斯敏斯特季审法院治安全体会议上,菲尔丁做了重要讲话,随后该讲话被公开出版。③ 在该讲话中,他认为目前社会道德败坏,大陪审团(The Great Jury)成员有责任担当"王国监察官"(Censors of the Nation),纠正民众松散的道德观念和行为方式。在该讲话中,菲尔丁追溯了大陪审团的历史,并详细说明了其在英国法院中的职责;列举了大陪审团承担调查的各种重罪。他指出,亵渎者、叛国者及詹姆士二世党人都应该引起大家的关注,但他特别强调更应该加强对轻罪犯罪阶层的重视。他担心"自由"的概念在1749年的伦敦几乎不能被正确理解。他问大陪审团,他们的先辈们所确立的自由除了享受生活、确保生命和财产安全以外,是否还有其他的内容。为此,针对个人的犯罪也是针对公众的犯罪,公众应该支持严格执法。拒绝履行这一职责,包括忽视承担检举人、陪审员、证人和控告人义务的人也应该受到谴责:

> 根除社会的堕落行为,是严肃、乐于助人的人们的希望所在,可是这也许是不可能实现的尝试;但控制恶劣行为,抑制公开的放荡行为,避免其进一步蔓延,这是法官的权职所在,也是职责所在。④

---

① Philip John Stead, *The Police of Britain*, New York: Macmillan, 1985, p.21.
② 季审法院(Quarter Sessions)是英国早期的地方法院之一,由治安法官组成,每季度开庭一次。14—19世纪司法改革和地方政府改革中,除17世纪中叶英国革命高潮期间暂时中断外,季审法院一直是地方刑事法院和行政管理机关。
③ Henry Fielding, *A Charge Delivered to the Grand Jury*, *at the Sessions of the Peace Held for the City and Liberty of Westminster*, & c., on Thursday the 29th of June, 1749, London: A. Millar, 1749.
④ Henry Fielding, *A Charge Delivered to the Grand Jury*, *at the Sessions of the Peace Held for the City and Liberty of Westminster*, & c., on Thursday the 29th of June, 1749, pp.209 - 210, 213, 218.

对于犯罪分子松散的道德观念和整个法官队伍的执法不严，菲尔丁继续以书面形式和在实践中予以抨击。

　　菲尔丁担任威斯敏斯特及米德尔塞克斯法官以来，对街道治安形成了一些看法。1749年7月21日，菲尔丁在给大法官（The Lord Chancellor）菲利普·洛德·哈德威克（Philip Lord Hardwicke）的信件中，提出了他关于街道治安的想法。① 该计划建议对伦敦城、威斯敏斯特区及与其毗连的米德尔塞克斯郡的教区及特区的巡夜看守制度进行改革，每个教区从符合条件的人员中选出40名"强壮"成员组成常备巡夜看守，并要求教区委员会执事（The Vestry Clerks）为他们提供武器，国王任命的专员负责对他们进行监督。每名巡夜看守配备一个能发出响亮声音的铃铛，以便巡夜看守之间能够互相帮助，并且每个巡夜看守有权穿过教区界限追捕犯罪嫌疑人。该计划还提议每位领薪巡夜看守、高级警务员和职员的工资标准，并规定对玩忽职守者进行处罚。巡夜看守和警务员有权逮捕重罪嫌疑人，驱散任何骚乱、嘈杂人群、非法或骚动性集会、突发性闹事。他们有权对在街道、酒馆或赌博场所携带危险武器的任何人进行抓捕。妓女及嫖客、酒鬼、街头歌手和所有晚上10点钟以后还在游荡的人，将立即或在次日上午第一时间被带往治安委员（The Commissioners of the Peace）处。该计划并未禁止"贵族或绅士随身带有任何常规武器"或士兵佩带武器。② 总之，菲尔丁在计划中所提出的建立新的有组织的巡夜看守与现代警察部队十分相似：每名巡夜看守必须身强力壮，携带武器保护自己免遭拦路抢劫团伙的手枪及马刀的袭击。巴特斯廷夫妇认为，菲尔丁实际上提议了建立伦敦第

---

① 在巴特斯廷夫妇所写的《菲尔丁传记》中，内政大臣纽卡斯尔公爵（Duke of Newcastle）的文件中有一份没有签字、没有日期的议案草案。他们认为，这是哈德威克转交的菲尔丁有关街道治安的计划。参见 Martin C. Battestin and Ruthe R. Battestin，*Henry Fielding: A Life*，pp.477，706.

② Martin C. Battestin and Ruthe R. Battestin，*Henry Fielding: A Life*，pp.706 - 711.

一支现代警察力量。①

1751年,菲尔丁出版《近来抢劫案上升原因的探讨》(An Enquiry into the Causes of the Late Increase of Robbers)一书,对当时抢劫案猖獗的原因进行了分析,并提出了一些预防性措施。他认为此书旨在"唤醒市民力量,使其摆脱目前的昏睡状态。反对与所有政府相矛盾的不切实际的自由概念,反对危害真正自由的、有害的政府方案"②。在序言中,菲尔丁首先抨击了当时政界人士普遍认为的观念,即英国宪政是完美的、不可改变的。他指出,"惯例、生活方式及人们的习惯"是政治宪政组成的一部分,当这些发生变化时,宪政也应随之发生改变。③

对于当时伦敦盗窃案大量增加的原因,菲尔丁认为,首先是由于近年来英国涌现出巨大的奢侈之风,极大地促使下层民众中出现频繁奢侈娱乐、酗酒、赌博等恶习。他指出,较低阶层民众的频繁奢侈娱乐是由于贵族模仿王室、绅士仿效贵族、商人模仿绅士,最后"人民中的渣滓"(The Dregs of the People)希望得到超过他们支付能力范围的娱乐方式,但他们却鄙视诚实劳动,沉溺于懒惰,这样,一部分人挨饿和乞讨,一部分人成为小偷、骗子及强盗。他提出应严格限制穷人的奢侈娱乐活动,因为"娱乐总是,而且将是社会名流、富裕人们最主要的事情"④。社会名流有责任通过为下层民众提供"有益及高尚的娱乐活动",消除促使其恶习发展的因素。菲尔丁批评了放纵的社会上层所产生的不良例子,认为其放纵行为应该受到鄙视,但不是予以打击;对于普通平民的娱乐活动,最好是能严格执法。关于下层民众的酗酒行为,他认为酗酒不仅耗费了钱财、浪费了时间,而且给

---

① Martin C. Battestin and Ruthe R. Battestin, *Henry Fielding: A Life*, p.477.
② Malvin R. Zirker, ed., *An Enquiry into the Causes of the Late Increase of Robbers and Related Writings*, Oxford: Clarendon Press, 1988, p.73.
③ Malvin R. Zirker, ed., *An Enquiry into the Causes of the Late Increase of Robbers and Related Writings*, p.67.
④ Malvin R. Zirker, ed., *An Enquiry into the Causes of the Late Increase of Robbers and Related Writings*, p.83.

精神和现实生活带来一些危害,许多盗窃案和谋杀案就是由酗酒造成的;此外,酗酒还会带来政治上的不良后果,酗酒危害人们的身体健康,影响劳动者及将来的士兵质量。① 对于下层民众中的赌博行为,他认为这是下层民众奢侈娱乐所引起的最为"重大的罪恶",并且滋生出大量臭名昭著的拦路强盗。菲尔丁在此再次强调较低阶层的民众是他所关注的对象,对于上流社会的聚会交往则不予考虑。对于社会名流、显贵人员及绅士们的赌博则任其自由发展。②

菲尔丁认为,济贫方面的失败也是导致犯罪增长的原因之一。他指出,济贫法不能成功缓解因年老或疾病而直接导致的贫困,也不能为有能力的穷人提供有帮助的就业机会。对因年老或疾病而致贫的贫困者的救济虽然马虎、不充分,但在一定程度上得到了执行;而那些有能力工作的贫困者的就业问题却"被完全忽视,没有考虑"③。这样,济贫的失败必然导致犯罪率的增长。菲尔丁认为,自伊丽莎白一世制定济贫法以来,由于"济贫法本身的一些缺陷,或对这些法律的曲解,或忽视了法规的执行"④,在法律方面存在缺陷。因此,只有对法律进行改进,严格地执行法律,才能打击懒惰、流浪及堕落。教区应惩罚那些不负责任的教会执事济贫助理(Overseers of the Poor)⑤,因为他们助长了济贫工作的效率低下、贿赂盛

---

① Malvin R. Zirker, ed., *An Enquiry into the Causes of the Late Increase of Robbers and Related Writings*, pp.84-92.
② Malvin R. Zirker, ed., *An Enquiry into the Causes of the Late Increase of Robbers and Related Writings*, pp.92, 93.
③ Malvin R. Zirker, ed., *An Enquiry into the Causes of the Late Increase of Robbers and Related Writings*, pp.101-102.
④ Malvin R. Zirker, ed., *An Enquiry into the Causes of the Late Increase of Robbers and Related Writings*, p.99.
⑤ 在英国历史上,教会执事济贫助理是行使济贫救济如钱财、食物及衣服的官员。这一职位由《伊丽莎白济贫法》(1601年)设立。这些官员通常不愿意接受这一职位,他们经常没有薪金,是在治安法官的监督下工作。法令要求在每年的复活节时推选两名教会执事济贫助理,协助治安法官维护社会下层秩序。他们通常包括以下四项职责:计算出济贫所需的经费以便确定济贫税的征收额,征收济贫税,发放济贫税,管理济贫院。http://en.wikipedia.org/wiki/Overseer_of_the_Poor.

行之风。绅士们应承担起私人济贫的义务,而不是在执行济贫法时采取松散行为。他认为,应该通过济贫法改革、慈善团体的努力和建立一个统一登记办事处(Universal Register Office),尽力为有能力的穷人寻找就业和救济的机会。这些努力虽然对于抑制下层民众的奢侈铺张有一定的作用,但不足以消除盗窃案的频发现象。

随后,菲尔丁用大量的篇幅分析了当前司法制度中存在的一些问题及进行执法改革的计划,如对接受偷窃货物的窝赃人的惩罚、涉及流浪的法律、逮捕重罪犯、起诉过程中的困难、对重罪犯的审判及裁决、对盗贼的经常赦免、罪犯执行死刑的方式等问题,他认为这些问题的存在进一步导致了盗窃案的增加。① 他指出,能够方便安全地处置赃物是促使各类盗窃行为发生的因素之一。在当时的英国,小偷处理赃物没有丝毫障碍,他们像最诚实的零售商一样安全,把赃物变成现金没有任何困难,并且大量的旧货商及当铺老板十分愿意廉价收购货物。② 盗窃逃脱惩罚的可能性极大地鼓励着盗窃案的发生。这些窃贼可以窝藏在城市中而不被发现,并且经常更换他们的藏身之所。逮捕重罪犯也存在困难,犯罪分子组成团伙,一些司法官员不敢逮捕。在起诉罪犯的过程中,起诉人经常由于害怕、软弱、懒散、私了、仁慈及贫困而对犯罪分子撤销起诉。在审判及裁决重罪犯的过程中,罪犯仍然可以从起诉人谨慎的证据或其自己的极力抗拒中逃脱被起诉。罪犯存在被赦免的希望,至少有被流放的情况,这样犯罪分子可以免于被惩罚。一部分犯罪分子把执行死刑的过程看成其最辉煌的时刻。

在书中,菲尔丁在分析伦敦盗窃案大量增加原因的过程中,也提出了一些执法改革的方案。他认为,积极、严格地执行现有刑法及有效地逮捕

---

① Malvin R. Zirker, ed., *An Enquiry into the Causes of the Late Increase of Robbers and Related Writings*, pp.125-172.
② Malvin R. Zirker, ed., *An Enquiry into the Causes of the Late Increase of Robbers and Related Writings*, p.125.

和起诉将会控制犯罪案件增加。他坚持认为,实行宵禁令和控制娱乐活动,特别是实行对酒馆和烈性酒商店的控制,同时加上法官的严格监管,能够预防犯罪。他声称,穷人酗酒,"卑劣铺张浪费"行为如赌博、卖淫,直接影响身体健康,导致贫困接踵而来,最后走上犯罪道路。因此,他认为,严格执行《杜松子酒法》和其他相关法令将有助于穷人道德的健康发展,最后有利于整个民族的发展。此外,菲尔丁也考查了地方法官和警务员在预防犯罪方面的作用。这些治安力量当前最主要的问题是其在民众中声誉败坏:

> 人们经常抱怨治安法官拥有了过多的权力。如果这种权力被滥用的话,确实有一点多;但是,实际上这些抱怨是由于对权力的误解而造成的。①

菲尔丁指出,除了1715年《骚乱法》外,法官没有被赋予更多的逮捕权力,但他们却因犯罪案件增多而承担了更多的工作。他坚称,法官应该拥有要求民众参与执法或担当起诉人、证人、陪审员和检举人的权力。菲尔丁认为死刑是必不可少的,但同时强调只有社会尽一切可能地预防犯罪后才能够执行死刑。如经常运用赦免权和不重视执行,就会使政府的权威不断下降。②

《近来抢劫案上升原因的探讨》一书面世后,引起了很大争论。菲尔丁的批评者认为,该书旨在建立一个专制、全面干预的政府。詹姆士·奥格尔索普将军(General James Oglethorpe)认为,该书是带有"险恶用心的",对书中提倡扩大政府权力的主张表示担忧,并且认为菲尔丁完全是在为政

---

① Malvin R. Zirker, ed., *An Enquiry into the Causes of the Late Increase of Robbers and Related Writings*, p.72.
② Gayle Swanson, "Henry Fielding and 'A Certain Wooden Edifice' Called the Gallows", in William B. Thesing, ed., *Executions and the British Experience from the 17th to the 20th Century: A Collection of Essays*, Jefferson: McFarland, 1990, p.49.

府部门进行辩解。① 虽然一些人对菲尔丁的观点有不同意见,但是大部分人表示赞同。菲洛·帕特里(Philo Patria)基本同意菲尔丁对犯罪原因的调查分析及其对犯罪分子进行改造的方法,"我承认,在逮捕、起诉、审判重罪犯方面存在困难,因此我们应该消除这些困难;而且这些困难,获得赦免的希望确实可能刺激抢劫犯罪"②。霍勒斯·沃波尔虽与菲尔丁存在矛盾,对他并不友好,但在谈到由博街地方法官所写的"令人钦佩的论著"时也表示赞同。③

菲尔丁在撰写该书时,已经从事了几年的司法工作,对当时的社会问题做了相当深入的调查研究。作为伦敦的地方法官,他亲自审问过数千人——小偷、妓女、流浪者、酗酒狂欢者、窝赃者、骗子、对老婆施暴者、对丈夫施暴者、强奸犯和杀人犯,决定被指控的疑犯是否被释放、受到惩罚或关进监狱等待审判。④ 这样,他对英国当时的司法腐败、下层民众中普遍存在的贫困及由此引发的犯罪问题有了直接认识。在书中,他抨击当时政界人士普遍的观念,即"英国宪政是完美的、不可改变的"的观点,认为宪政应根据惯例、生活方式及人们习惯的变化而不断发生改变。这样,对治安制度的改革就出现了一种新思路。因此,马尔文·R.泽克(Malvin R. Zirker)指出,该书可被看成菲尔丁作为地方法官的最主要活动成果,菲尔丁被认为是治安力量改革的首创者,历史学家把这支治安力量(指 1749 年建立的博街缉捕队)看成苏格兰场的先驱。⑤ 但是,我们从书中也可以看出,菲尔丁作为维护地方治安的地方法官,其观点不可避免地站在统治阶

---

① Martin C. Battestin and Ruthe R. Battestin, *Henry Fielding: A Life*, p.521.
② Philo-Patria, *A Letter to Henry Fielding*, *Esq.*, *Occasioned by His Enquiry into the Causes of the Late Increase of Robbers*, London: M. Cooper, 1751, p.11.
③ Pat Rogers, *Henry Fielding: A Biography*, London: Paul Elek, 1979, p.191.
④ Lance Bertelsen. *Henry Fielding at Work: Magistrate*, *Businessman*, *Writer*, New York: Palgrave, 2000, p.1.
⑤ Malvin R. Zirker, ed., *An Enquiry into the Causes of the Late Increase of Robbers and Related Writings*, p.liii.

级的立场上,带有阶级偏见,如把穷人称为"平民百姓"(commonalty)、"下等人员"(people of the lower sort)、"人类的劣等阶层"(inferior part of mankind)、"愚笨庸俗的乌合之众"(thoughtless and tasteless rabble)、"真正的人类渣滓"(the very dregs of the people)等。此外,在书中,他认为过于频繁与费用过于昂贵的娱乐、酗酒和赌博是盛行于穷人中的三大骄奢淫逸恶习,这些恶习导致了奢侈行为,成为犯罪的根源;而对于社会名流、显贵及绅士们的娱乐活动、赌博等奢侈行为则采取不干涉政策,任其自由发展,这说明菲尔丁所提出的措施是基于统治阶级的立场,具有明显的两面性。不管菲尔丁有关犯罪原因的分析与改造计划是否恰当,《近来抢劫案上升原因的探讨》一书确实具有广泛的影响。它改变了伦敦人辩论的相关内容。民众争相购买该书。两星期内,出版商卖完了该书初版的1 500 册。2月6日,书商又卖出额外的2 000 册。① 菲尔丁日益成为一位为人们所熟知的大伦敦预防犯罪专家。

此外,作为一名优秀的作家,他还撰写了与犯罪新闻相关的文章并发表在报纸上,与新闻界合作,吸引公众对预防犯罪和侦破犯罪的兴趣,从某种意义上说,开创了后来警察机关与公众及媒体合作共同打击和预防犯罪的先河。1752年1月4日,菲尔丁创办了《考文特花园杂志》,于每周二和周六出版,每期4页,售价3便士;从7月4日开始,改为只在周六出版,到11月25日停刊,一共出版了72期。《考文特花园杂志》主要包括以下三个方面的内容:一是头版散论;二是"考文特花园杂志专栏",报道菲尔丁在博街处理的案件;三是"现代史摘编",主要为选自其他报刊的社会新闻,有时也为带有讽刺性的评论。此外,还出版了17期"审查法庭的诉讼程序"。该杂志的目标在于通过具体的例子,以展示现行法律的有效程度,或以另

---

① Martin C. Battestin and Ruthe R. Battestin, *Henry Fielding: A Life*, p.521.

一种方式消除犯罪;最主要的是提高当时的道德规范,或纠正、改变民众的行为。①《考文特花园杂志》每期总登载着这样的广告:凡遭受抢劫或盗窃者,请随时到我博街寓所,详细说明贼匪之相貌及失盗的情况,以便立即追缉——菲尔丁。巴特斯廷夫妇认为,菲尔丁从来不是一个政治家,《考文特花园杂志》比他此前办的任何杂志都更符合他的特点,因此也是四种期刊②中最用心的。③

菲尔丁在青少年时期,身体本来很健壮,精力也十分充沛,然而由于贫困和过度的劳累④,进入中年就被病魔缠身,一连患上黄疸病、气管炎和水肿病。45岁时,他就拄起了拐杖;46岁时,他的四肢就陷于瘫痪。1754年初,病情实在不容他继续工作下去。3月,他辞去法官职务。6月,他离开英国前往葡萄牙。1754年10月8日,他在葡萄牙首都里斯本的一家公寓中逝世,被葬在那里的英国人墓地。总之,菲尔丁在他人生的最后几年"是很有影响的地方法官,对大伦敦警察的发展成型起了重要作用"⑤。他与同时代的其他治安改革者一样,通过宣传及实践,"竭力向当时的人们表明社会所面临的危机多么严重,亟需进行一次更大范围的改革"⑥。面对犯罪活动猖獗的状况,政府采取死刑威慑、悬赏及改善

---

① Leon Radzinowicz, *A History of English Criminal Law and Its Administration from 1750*, Vol.3, p.12.
② 1752年前,菲尔丁曾创办过三个期刊:《斗士》《真爱国者》《詹姆士党人杂志》。
③ Martin C. Battestin and Ruthe R. Battestin, *Henry Fielding: A Life*, p.542.
④ 从《考文特花园杂志》所摘录的他的一篇日记上,也可以看到他工作繁重:"晚间,艾萨斯地方一个可怜的小贩遭到惨杀。我花了八个钟头把一批嫌疑犯逐一分头审讯过了,——上星期五、六两天,我花了二十多个钟头录取了关于这个案件的口供。然后,警察又带来十个男女游民,其中一个女人被首饰店主人指控为窝赃犯。接着,威尔治先生(菲尔丁的助手)又押来一个通身鲜血淋淋的意大利人——这个人砍了他兄弟的头。我开庭审了二十九件案子,还花了八个钟头来盘问犯人。这是1月17日(1752年)一天的工作。"萧乾:《菲尔丁——英国现实主义小说奠基人》,上海:上海译文出版社,1984年,第95页。
⑤ John Richetti, *The Cambridge Companion to the Eighteenth-Century Novel*, Cambridge: Cambridge University Press, 1996, p.122.
⑥ Leon Radzinowicz, *A History of English Criminal Law and Its Administration from 1750*, Vol.3, p.14.

传统治安制度并不能解决治安问题,菲尔丁尝试为当时的英国提供一种新的治安模式,就是建立职业化的治安组织。他提出的治安思想超越了时代,他是最早从社会综合治理角度提议进行社会改革的重要人物之一。

1754年亨利·菲尔丁退休后,他同父异母的兄弟约翰·菲尔丁接任博街首席地方法官,直到1780年去世。1754年亨利·菲尔丁退休之前,约翰·菲尔丁一直作为亨利的助手,他们之间配合得十分融洽。亨利负责监管博街治安力量及对外宣传,而约翰主持法院工作。与他的哥哥一样,约翰每年从政府领取200英镑的年金(后增加到每年400英镑)。

从18世纪50年代开始,约翰·菲尔丁撰写了许多小册子——来宣传他的治安想法,其中最著名的是1755年出版的小册子——《在伦敦24英里范围内预防抢劫案计划》(A Plan for Preventing Robberies Within Twenty Miles of London)。在这本小册子中,他对英国民众参与执法的责任进行了强调,并予以重新解释。在前言中,他首先对博街缉捕队的由来、这种理念如何与英国控制犯罪方面的志愿主义(Voluntarism)传统相吻合进行了说明。他指出,真正有效的缉捕队与以前乔纳森·怀尔德时期的缉捕队——他们为了接收酬金而在法庭里作伪证——的区别。这支博街缉捕队起初是一支可以随时召集以维护秩序的地方民兵(Posse Comitatus)队伍,由卸任的、拥有良好声誉的前警务员组成,他们在各自教区没有被确定从事警务员职务。[①] 同时,他认为真正的缉捕队要逮捕拦路强盗及类似的犯罪分子,地方法官要把商人及市民所筹集的资助资金以工资的方式发放给缉捕队成员。他对公众保证,如果他的缉捕队成员行事残酷、执法不公,将立即被免职。菲尔丁认为,真正的缉捕队成员的优势在于他们曾做过警务员,熟悉当地居民,对特殊犯罪分子不需要特别关注,能够经常监视犯罪嫌

---

① John Fielding, *A Plan for Preventing Robberies Within Twenty Miles of London*, p.3.

疑人。①

菲尔丁除了指出这支缉捕队作为应对犯罪的途径之外,也呼吁当地商人及农场主考虑成为执法人员的一部分。为了实施在城市中打击犯罪的策略,即"迅速发布消息、急速追捕",菲尔丁建议伦敦周围5—20英里范围内拥有乡村住宅的绅士每人捐助2几尼,成立公路抢劫基金(Highway Robbery Fund)。在这些邻近地区一旦发生抢劫事件,菲尔丁就要求这些绅士收集犯罪现场信息:犯罪情况、犯罪行为人及受害者姓名,然后立即将这些信息送交他在博街的办公室。他将在《公共广告报》(Public Advertiser)上予以刊登,以寻求犯罪的相关信息。菲尔丁要求这些绅士为送信者支付报酬,并且支付刊载费用。菲尔丁建议送信者在前往伦敦途中的所有酒馆、公共旅馆及收费路口停下来,把犯罪消息散布出去。在城里,典当商、马厩管理人及酒店老板一样应该保持警觉。菲尔丁提倡乡村地主及城市居民崇尚美德,让他们知道奉公守法是公民的职责,控制犯罪也是良好的事情。②

针对法国秘密警察长期的范例、18世纪20年代乔纳森·怀尔德的丑行及这一时期出现的作伪证情况,约翰·菲尔丁以自问自答的方式回答了批评者的以下几个问题,希望减弱他们对其计划的反对。一是批评者认为他计划的现实目标过于简单,太轻微。菲尔丁指出计划直接正是其力量所在,较好的执法意味着执行这些法规。二是批评者想知道为什么在其计划中的消息里没有提供奖赏。菲尔丁指出,酬金将引诱作伪证现象的出现。三是批评者谴责他的自我推销。菲尔丁指出《公共广告报》是一份相当可靠的报纸,而且是非营利性质的。他认为唯一值得的回报是可以为人民服务。四是呼喊追捕制已经获得当局认可,为什么不改用这种传统的制度。

---

① John Fielding, *A Plan for Preventing Robberies Within Twenty Miles of London*, pp.9 - 11.
② John Fielding, *A Plan for Preventing Robberies Within Twenty Miles of London*, pp.12 - 17.

菲尔丁认为在乡村地区用呼喊追捕制比较合适,但在伦敦附近这种方法已被采用了很长时间,并且伦敦郊区很大,罪犯很容易匿名躲藏其中。五是关于声誉的问题。如果菲尔丁的缉捕队真的十分著名,那么为什么其成员是匿名的呢?菲尔丁认为由于缉捕队如告密者一样很容易遭到民众的打击报复,所以缉捕队成员不为人们所熟知才有利于更好地开展工作。①

18世纪60年代初期,约翰·菲尔丁起草了一份大伦敦警察计划。在该计划中,他认为在伦敦城及其附近地区抢劫案及其他骚动频繁发生的原因主要如下:一是伦敦城的分散状况,进一步削弱了社会力量。二是在伦敦附近地区的收税路口缺少一支合适的治安力量,以便追捕盗贼,预防逃脱惩罚。菲尔丁认为其解决办法是任命5名或6名领薪地方法官,他们必须接受过严格的文科教育,驻在城市的各个不同的机关里,但接受设于博街的中央机关的统一指挥。中央机关成为有关抢劫案、抢劫犯及逃亡者信息的交换场所。新任命的地方法官在伦敦周边的郡中也将拥有司法权,以防止浪费时间。通常情况下,伦敦的地方法官在其周边的这些郡中执法,首先需要从这些郡中获得授权令。此外,他认为应改进伦敦城的巡夜看守,对逃跑的犯罪分子的追捕可以由驻扎在郊区的轻骑兵负责。②

从以上约翰·菲尔丁的大伦敦警察计划中可以看出,他实际上试图在大伦敦建立统一的警察力量,这违背了英国传统的宪政原则。因此,他的警察计划没有任何结果。但是,菲尔丁在计划中提出的在不同的地方法官间交换罪犯信息的想法,在1771年发生的一次恶性谋杀案件后,得到落实。1771年,在伦敦切尔西金斯路的哈钦斯夫人(Mrs. Hutchins)的住宅中发生了一起抢劫杀人案,罪犯都是犹太人,大约8人。这自然引起了极大的关注和强烈的谴责。案发后的两天,3个男性被逮捕但后来因缺乏证

---

① John Fielding, *A Plan for Preventing Robberies Within Twenty Miles of London*, pp.20-25.
② Leon Radzinowicz, *A History of English Criminal Law and Its Administration from 1750*, Vol.3, pp.477-499.

据而被释放。菲尔丁当时负责对这一案件的调查,发布了一份通告,详述了几个议会法令并对未捕罪犯提出劝告,希望他们能够自首并交代他们的同伙。一位叫托马斯·沃伦(Thomas Warren)的人提出,如果他找到罪犯,要求得到一份赦免状,但没有结果。于是政府承诺给予提供信息的人50英镑的赏金,并把这一消息刊登在《伦敦公报》(The London Gazette)等报纸上。最后,该团伙中一位叫艾萨克斯(Isaacs)的德国籍犹太人,即金斯案的帮凶给菲尔丁提供了主犯的外貌特征。这一信息被迅速发到全英国间接税务局、海关及邮局官员的手中,并建议在各自教区发放印有逃亡强盗信息的报刊。这一措施相当成功。金斯案团伙的4名成员在伯明翰被捕,此后不久其他成员除一人外也都被捕。11月,金斯案犯罪分子中的6人在伦敦中央刑事法庭(The Old Bailey)受审,其中4人被判处死刑。① 在这次案件的抓捕罪犯、将罪犯绳之以法方面,公告起到了相当大的作用。1772年,菲尔丁向全英国各自治市及郡中的地方法官提出倡议,在全国范围内对逃犯及被盗货物的详细信息进行相互沟通,组成犯罪信息协作网。菲尔丁的这一想法获得认同,促使他建立定期的信息刊物,这些刊物或名单每周或季度出版,后来被称为《通缉季刊》(The Quarterly Pursuit of Criminals)及《特别通缉周刊》(The Weekly or Extraordinary Pursuit)。《通缉季刊》在博街被编辑,其内容包含仍未被捕的所有罪犯的姓名及详细情况,这些信息由市长及法官提供。这些名单在全国的市政当局发行,市政当局再把这些名单的副本分发到他们辖区的主要旅馆、其他公共场所及每位警务员的手中。他们也把这些名单发给治安书记官(Clerks of the Peace),让他们把这些名单贴在乡村教堂门口。菲尔丁坚信这种广泛散布信息,"将对罪犯形成打击,使其处于恐惧的境况,即使在案发当时没能制止罪犯,也会对一些公开违法乱纪者产生威慑……一定能够抓到罪犯,因为这种方式

---

① Leon Radzinowicz, *A History of English Criminal Law and Its Administration from 1750*, Vol.3, pp.48-49.

已经切断了逃跑途径"①。菲尔丁要求通讯记者准确描述犯罪分子的罪行及其外貌特征,希望得到举报线索。他也建议将每周的名单刊在特别的栏目"每周呼喊追捕"(The Weekly Hue and Cry)之下,以便让人们熟悉这种方式。这两种出版物于1828年合并为《警察报》(Police Gazette),成为英国警察部门的机关报。

约翰·菲尔丁的这份"侦查罪犯及预防犯罪计划"实施起来相当顺利。1772年10月9日,在他的第三份通函中,菲尔丁慷慨地承认地方法官最近为公共服务做出的努力大有助益。此后不久,在给当时内政大臣萨福克伯爵(Earl of Suffolk)的信中菲尔丁指出,扩大他的预防计划已经获得全国的认可,而且也取得了相当可喜的成果。他在另一封信中写道,根据他的计算把这项计划予以全部实施,每年的额外经费不会超过400英镑,这与社区为获得这些惊人利益而要付出的代价相比简直微乎其微。5天后,萨福克回信,他十分感谢菲尔丁的"新颖而有趣的交流",表示十分愿意尽自己的努力,促进菲尔丁十分合适、公平的愿望得以实现。6个多月后,菲尔丁的计划最终获得国王的支持,得到认同。②

综上所述,菲尔丁兄弟为推进建立职业警察制度进行了30多年的努力,由于他们所提出的建立统一的治安力量违背了英国的宪政传统,因而他们的努力没有取得实质性进展,但是他们在社会上的影响不断扩大。1761年,约翰·菲尔丁被授予骑士爵位,并且在1770年议会成立的调查伦敦治安状况委员会中,他是最主要的成员。通过他们的宣传及实践,对英国的治安及立法改革的探讨出现于英国民众的视线之内。正如拉齐诺维可教授在评价菲尔丁兄弟时写道的那样:

---

① Leon Radzinowicz, *A History of English Criminal Law and Its Administration from 1750*, Vol.3, p.50.
② Leon Radzinowicz, *A History of English Criminal Law and Its Administration from 1750*, Vol.3, p.51.

他们的伟大之处在于,他们作为公共舆论的传播者,经过近三十年专心致志的努力,竭力向当时的人们表明社会所面临的危机是多么严重,这些危机将吞噬整个民族,并且急切需要采取的补救措施不是零碎的修修补补,而是进行一次更大范围的改革计划。①

2. 帕特里克·科洪

帕特里克·科洪,1745 年 3 月 14 日出生于邓巴顿(Dumbarton),他的父亲是一位地方法官、郡案卷记录员。帕特里克早期在文法学校(Grammar School)接受教育,因父亲去世而中途退学。作为一个孤儿,他从此必须自己谋生。他随后前往美国,定居于弗吉尼亚,在那里取得了很大的成功。21 岁回到格拉斯哥时,他已经成为一名商人。此后不久,他开始从事各种促进贸易及市政改造的项目。1782 年 37 岁时,他当选为格拉斯哥市长,在市长职位上任期两年。1784 年,他辞去市长职务,但仍是一位郡治安法官。感念于他所做的许多服务工作,格拉斯哥市民授予他"格拉斯哥之父"的称号。② 不久,他与家人迁居伦敦。1792 年 5 月,根据 1792 年《米德尔塞克斯法官法》(The Middlesex Justice Act),他申请了带薪法官的职位并得到批准。

帕特里克·科洪最先是在沃希普街(Worship Street)担任法官,1797 年他调任到女王广场(Queen Square),在这里一直工作到 1818 年退休。在担任大伦敦地方法官的 25 年间,他一直致力于警察改革。1795 年,他出版《论大伦敦警察》(A Treatise on the Police of Metropolis),该书获得了广

---

① Leon Radzinowicz, *A History of English Criminal Law and Its Administration from 1750*, Vol.3, p.14.
② Leon Radzinowicz, *A History of English Criminal Law and Its Administration from 1750*, Vol.3, p.212.

泛的认可,并且在10年间被修订7次。在序言中,他宣称:"在英国,警察被视为一门新的科学,它不仅包括带来惩罚和属于地方法官的司法权,也包括犯罪的预防与侦查,以及其他与市民社会良好秩序和舒适的内在规范相关的职能。"①

在书中,他提出要创立一支预防性的警察力量,以降低伦敦的犯罪率,他认为伦敦的犯罪情况正在不断恶化。为了使观点更有说服力,他引用了伦敦犯罪情况的统计数字。他估计,在大伦敦大约有115 000人从事某种犯罪活动。② 当时伦敦的总人口在100万左右,通过对比可以看出,有超过10%的人口从事某种犯罪活动,确实令人感到惊讶。当时负责维护大伦敦治安的警务员、巡夜看守人数约1 000人,他们负责近8 000条街道上常住居民的生命和财产安全,并且这些治安人员处于70个不同的信托机构的领导下,受雇于各个不同的选区、教区或自治市,彼此之间完全独立。③ 关于大伦敦地区犯罪及骚动的原因,科洪认为主要有以下九点:

(1) 刑法典存在不足之处。

(2) 缺乏一支积极有效的力量,这支力量是整个大伦敦及全国的治安力量的精华并与之保持联系。他建议建立一支治安力量,由内政部直接管理、控制。

(3) 码头缺乏治安地方法官。

(4) 在刑事案件中缺少王国公诉人。

(5) 缺乏规范获得赦免状体制。

(6) "犯人船"制度的缺陷。

(7) 缺乏罪犯教养所,以对他们进行惩罚和改造。

(8) 缺乏对判处苦役或流放囚犯的处理体制。

---

① Patrick Colquhoun, *A Treatise on the Police of the Metropolis*, pp.29 - 31.
② Patrick Colquhoun, *A Treatise on the Police of the Metropolis*, pp.vii - xi.
③ Patrick Colquhoun, *A Treatise on the Police of the Metropolis*, pp.164 - 166.

(9) 执行死刑时需要更加严肃。①

随后,科洪认为一支良好监管、充满活力的警察对于确保伦敦的安全十分必要。他试图建立一支由中央协调和指挥的警察力量,其范围不仅限于大伦敦地区,而且遍及全国。

帕特里克·科洪有关警察的看法,显然旨在建立一支全国性、受内政部统一指挥的中央集中控制的预防性警察力量,这与法国式的警察十分相似,其观点过于激进,并没有获得伦敦媒体的完全认同。1800 年,一位不是地方法官的伦敦公民匿名写了一本小册子,抨击了科洪的《论大伦敦警察》。这位匿名的伦敦人指出,科洪有关大伦敦地区的犯罪数据,虽然比较详细,但可能会令人们产生不必要的恐惧。他认为大伦敦的犯罪率应该以"地区的具体情况"(magnitude of the place)为背景,而不是被孤立地看待。"抽象的猜测"(abstracted speculations)是很危险的,可能导致无效的改革,这对公众群体而言可能是致命的,个人无法接受。② 科洪的改革计划,将消除伦敦城的特权,并且新的"权力和权威机构"十分庞大,涉及范围广,"给人一种专制主义、恣意镇压机构的印象,在英国迄今都没有相类似的机构"。③

总之,科洪在担任领薪地方法官期间,关注伦敦的犯罪和警察改革,在理论上和实践中不断进行探索,成为"第一个在公共秩序和司法机构领域中使用'警察'一词的作家,该词严格上说与现代的用法十分接近"④。科洪的《论大伦敦警察》一书的出版,进一步加剧了人们对于在大伦敦地区建

---

① Patrick Colquhoun, *A Treatise on the Police of the Metropolis*, pp.29 - 31.
② A Citizen of London, but No Magistrate, *Oberservations on a Late Publication: Intitled A Treatise on the Police of the Metropolis by Patrick Colquhoun*, p.iv.
③ Virginia Suzanne Balch-Lindsay, "An Orderly Metropolis: The Evolution of Criminal Justice in London, 1750 - 1830", Unpublished Ph.D. Thesis, Texas Tech University, 1998, p.330.
④ Leon Radzinowicz, *A History of English Criminal Law and Its Administration from 1750*, Vol.3, p.247.

立政府治安力量的争论。《每月评论》(Monthly Review)指出,虽然传统警察史学家把科洪看成新警察的设计师可能言过其实,但是公众确实从科洪的这本著作中了解到了很多东西。①

科洪除在理论上关注伦敦的犯罪和警察改革外,还进行了一定的实践。1798 年,在皮特政府默许商人们提供大部分经费的情况下,科洪在大伦敦成功建立了一支警察力量。在伦敦港口,维护治安的日益困难最终促成 1798 年海事警察(Marine Police)的建立。这支警队表面上看起来像是私人治安力量,其经费 80%来源于西印度公司的商人们,科洪作为其在伦敦的代表。政府筹集余下部分的经费,建立了一支包括 8 名警官、53 名警员的警察队伍。这支治安力量总部设在韦平(Wapping),约翰·哈里奥特(John Harriot)任常驻地方法官,科洪担任监督地方法官,下设四个科:① 预防科,负责对海船及码头的警戒,并且担负对码头岸上地区的总体监管;② 司法科,负责对较小案件的审讯及向高级法院移交严重案件;③ 检控法务科,负责裁决案件;④ 第四个科,负责控制码头工人及承包商的雇佣,对接近货物进行监管。② 在此后的两年里,杰里米·边沁(Jeremy Bentham)与科洪起草了一项法案,使这支力量归附于泰晤士河警察(The Thames River Police)。③ 该法案通过后,这支警队转由内政部管理。这支警队担负双重任务:一是英法战争期间,它可以作为抵御外敌入侵的防线;二是它有权对威胁伦敦航运中心的政治或犯罪活动,采取预防措施。④ 到 1815 年,这支治安队伍人数不断增加,管辖范围不断扩大;而且有时被调去控制整个大伦敦地区的粗暴人群。⑤

---

① Clive Emsley, *The English Police: A Political and Social History*, p.22.
② Joseph F. King, *The Development of Modern Police History in the United Kingdson and the United States*, New York: Edwin Mellen Press, 2004, p.32.
③ Stanley H. Palmey, *Police and Protest in England and Ireland*, 1780-1850, pp.144-145.
④ Virginia Suzanne Balch-Lindsay, "An Orderly Metropolis: The Evolution of Criminal Justice in London, 1750-1830", Unpublished Ph.D. Thesis, Texas Tech University, 1998, p.331.
⑤ Stanley H. Palmey, *Police and Protest in England and Ireland*, 1780-1850, pp.144-145.

除了菲尔丁兄弟、帕特里克·科洪等地方法官在伦敦进行警察改革与探索之外,在地方也出现了一些改革者,约翰·霍普金斯·沃登(John Hopkins Warden)就是其中的一位。沃登是一位拍卖商,同时是贝德福德郡的警务员之一。1821年9月,沃登为当地的地方法官草拟了一份报告,概述了贝德福德郡的治安问题及解决办法。他指出,贝德福德郡的犯罪主要是由有组织的犯罪团伙造成的。为了打击这些犯罪分子,需要一支职业的治安力量而不是兼职的教区警务员,因为这些兼职警务员也许都是新接手治安工作,没有经验,还有其他的工作要做;他们必须照料所有事务,并且十分清楚其警务员任期很快就结束,这些会导致他们不能全心全意担任警务员职务,不能达到郡所需要的标准。情况确实如此。此外,教区压力也对兼职警务员履行治安职责产生不良影响,如果警务员十分勤奋:

> 他(勤奋的教区警务员)将成为攻击的目标。他被认为是好管闲事、好干涉他人事务、麻烦的人。较低阶层民众在他们的社会活动中用各种难听的称呼污蔑他,采取一切办法对他的工作进行打击。这样,由于害怕遭到打击报复,他对治安工作也变得消极;对犯罪行为采取纵容的态度;经过劫案现场时,他也假装没有看到。①

因此,沃登提议在每个郡的城镇至少应该有1名或2名职业警员,担当郡兼职警务员与伦敦警察局领薪法官之间的信息交换人员。郡里的任何地区或教区都可以免费调用这些警员,他们应该对每天发生的事情进行记录,便于地方法官检查;如发生任何事情,可以对他们进行呼唤。次年,沃登对其提议做了进一步的阐述。当时在贝德福德郡的各个城镇有3名职

---

① Clive Emsley, *The English Police: A Political and Social History*, p.34.

业警官,他希望他们能够成为全国治安网的一部分。① 但是,他的计划并没有得到贝德福德郡季审法院的采纳。

总之,作为地方法官的菲尔丁兄弟、帕特里克·科洪等,对英国当时的司法腐败、下层民众中普遍存在的贫困问题及由此引发的犯罪问题都有着直接认识。针对当时社会中普遍存在的犯罪问题,他们提出对传统的治安制度进行改革:亨利·菲尔丁提出宪政应根据惯例、生活方式及民众习惯的变化而不断变化,虽然没有提出明确的治安改革方案,但为建立一种新的治安制度的改革提供了新的思路;约翰·菲尔丁提出在大伦敦建立统一的治安力量,加强各地区之间的犯罪信息协作;帕特里克·科洪明确提出建立一支全国性、受内政部统一指挥的预防性警察力量。从他们的治安改革方案可以看出,建立一支全国性、中央集中管理的治安力量实际上与法国式的警察力量十分相似,其观点过于激进因而未能取得实质性的进展。但是,他们在担任地方法官期间著书立说,着重强调当时治安问题的严重性,引起民众对犯罪的恐慌,在一定程度上对改革起到了推动作用。虽然他们所进行的治安实践范围十分有限,但代表了一种新的改革思路,起到了一定的示范作用。不过,他们作为维护社会治安的地方法官,其观点也不可避免地基于统治阶级的立场,都认为犯罪是由穷人引起的,因此主张加强对下层民众的行为、道德进行管制,带有阶级偏见。

---

① Robert D. Storch, "Policing Rural Southern England Before the Police: Opinion and Practice, 1830 – 1856", in Douglas Hay and Francis Snyder, eds., *Policing and Prosecution in Britain, 1750 –1850*, Oxford: Clarendon Press, 1989, p.217.

二、政府建立职业警察制度的尝试

自 18 世纪以来,面对持续不断的犯罪浪潮,政府也并不是对犯罪情形漠不关心,议会任命了委员会调查治安问题,并提出改善意见,同时在小范围内建立了警察机构。由于这段时期伦敦的治安问题比较突出,因此 1829 年前议会任命的调查治安状况委员会及其提议的警察法主要是针对伦敦而设立的。

1. 议会成立委员会审议警察改革问题

在 1829 年大伦敦警察创建以前,犯罪压力和社会治安状况的日趋恶化使各方不断探索新的解决之道。议会于 1750—1828 年间共组织了七次特别委员会[①]来审议伦敦的警察改革问题,其核心问题是,是否将原来由各个教区分散行使的治安管理方面的权力集中起来,由中央集中控制,统一指挥。

1750 年 2 月到 1751 年 7 月,下院大伦敦犯罪状况调查委员会(The Commons' Committee on Crime in the Metroplis)召开了一系列的会议。

---

① 这七次议会委员会成立的时间分别为 1750 年、1770 年、1793 年、1812 年、1818 年、1822 年及 1828 年。

委员会成员包括首相亨利·佩勒姆(Henry Pelham)、政界元老财政部之生计总监(The Elder, as Paymaster General)威廉·皮特(William Pitt)、国防部长亨利·福克斯(Henry Fox)、乔治二世的首席法官及首席检察官詹姆士·奥格尔索普,此外还有伦敦、米德尔塞克斯及萨里的议会议员。① 议会赋予1750年委员会以广泛的权力,包括修订及考虑现有涉及重罪的法规及其他扰乱治安的犯罪;并报告他们关于这些法规的观点……相关法规的缺陷,废除或修订上述法规。②

1751年犯罪状况调查委员会考查了不同证人(包括亨利·菲尔丁)及证据,随后向议会提交了三份提议,阐述他们变更政策的建议。委员会对犯罪原因的理解反映了当时一些人的意见。J.M.贝蒂指出,"一般而言,委员会明确把犯罪的激增归因于18世纪中期法庭的效率低下,他们的许多建议都是有关加速司法过程及寻找更有效的方式惩罚犯罪分子"③。委员会相信恐怖的威慑力量可以维护英国城市的秩序。但议会成员并不都认为刑法当局的中央集权化是出路之所在,他们的争议焦点在于对犯罪的指导制度是坚持传统还是进行改革。④

在随后的两年时间里,议会对1751年犯罪状况调查委员会提议的至少14个法案进行了辩论。这些法案几乎都没有通过,因为委员会的许多建议远远超出时代的接受程度。然而,一些重大法规的制定都起源于1751年委员会的调查工作成果。⑤ 委员会的建议主要集中于以下三个方面,致力于对犯罪进行调查:一是关注贫困引起的问题,认为需要对济贫法

---

① J. M. Beattie, *Crime and the Courts in England*, 1660 – 1800, p.521.
② Virginia Suzanne Balch-Lindsay, "An Orderly Metropolis: The Evolution of Criminal Justice in London, 1750 – 1830", Unpublished Ph.D. Thesis, Texas Tech University, 1998, p.109.
③ J. M. Beattie, "Crime and the Courts in Surrey, 1736 – 1753", in J. S. Cockburn, ed., *Crime in England*, 1550 – 1800, Princeton: Princeton University Press, 1977, p.156.
④ Virginia Suzanne Balch-Lindsay, "An Orderly Metropolis: The Evolution of Criminal Justice in London, 1750 – 1830", Unpublished Ph.D. Thesis, Texas Tech University, 1998, p.115.
⑤ J. M. Beattie, *Crime and the Courts in England*, 1660 – 1800, pp.521 – 522; Leon Radzinowicz, *A History of English Criminal Law and Its Administration from 1750*, Vol.1, p.421.

进行修改。二是致力于实施惩罚,打击犯罪。为了实现济贫法的力量及威慑效果,委员会建议加强对某些罪犯的惩处力度,赋予法官和法院更大的权力审判犯罪分子。下院委员会认为敬畏可以促生守法行为。委员会调查了看守制度,发现其效率低下,对亨利·菲尔丁在博街的治安尝试给予赞扬,认为其值得学习,建议议会采用菲尔丁及其全体人员确定的模式重组看守制度。委员会倡导预防犯罪及由带薪的看守侦查犯罪。委员会也希望授权季审法院法官可以提高议会现有法规规定的看守税(The Watch Tate),如需要增加看守税时可以通过教区居民增加新的税。委员会认为警务员身边应有几位巡夜看守,对玩忽职守的警务员及时、有效的惩罚将提升警务人员的素质,使警务员严肃对待他们的工作。三是更好地逮捕罪犯、促进起诉的方式。看守的效率低下是犯罪增加的原因之一,法官们也经常抱怨他们没有足够的权力迅速平息骚乱。委员会认为,如果刑事政策有一个有效的预防犯罪体制为基础的话,将会更有效。因此,建议授权警务员逮捕所看到的游荡之人,并将他们立即送往贫民院。这样,治安法官将拥有更大的权力搜查、拘留犯罪嫌疑人。委员会认为,目前起诉重罪及轻罪的程序存在许多不足之处,敦促议会改革法院的程序规定。下院委员会认为,现有的起诉需大量时间,而且费用昂贵;同意对实施归还财产、带来成功起诉的信息提供酬劳。如果起诉成功,也可以从公共基金中补偿受害者的一些损失。委员会请求加速审判及降低法庭费,监控劳教所(House of Correction),改变对某些犯罪的处罚,这些成为1751年委员会建议的主要部分。[①]

从1750年委员会提交的报告可以看出,他们在处理犯罪问题的整体方法方面已有一定的进步,在刑法行政改革方面开创了一些先例,为以后改革刑法及司法的实施提供了一些普遍的方法。此后,议会再次于1770

[①] Virginia Suzanne Balch-Lindsay,"An Orderly Metropolis: The Evolution of Criminal Justice in London, 1750–1830", Unpublished Ph.D. Thesis, Texas Tech University, 1998, pp.115–123.

年、1793年、1812年、1822年成立委员会,这些委员会虽然支持采取各种措施以加强社会治安控制和打击犯罪,每次都有新的进展,但都没有在根本改进警察制度即建立中央控制的职业警察方面取得突破,直到1828年委员会的成立。1822年委员会的报告对这种状况进行了经典的论述:

> 在英国,将有效的警察制度与完美的行动自由及免于干涉相互调和是相当困难的,而完美的行动自由及免于干涉是这个国家最大的荣耀及人们的幸事。委员们认为,如果把改善治安或便于侦查犯罪与完美的行动自由及免于干涉分开考虑,有可取之处;但如果为了改善治安或便于侦查犯罪而丧失这些权力,将是一个代价巨大的牺牲。[①]

2. 通过警察立法,在小范围内建立警察机构

面对社会治安状况的恶化和犯罪压力,英国议会组织的这些特别委员会对于人们进一步认识现有治安制度的弊端起到了很大的作用,同时政府也在一定程度上采取了相应的措施以加强和改善当时的社会治安。

第一,1785年《伦敦及威斯敏斯特警察法案》。

1780年戈登骚乱的后果使议会及有产者意识到目前所存在的暴徒危险,并且这些危险就在伦敦的日常生活之中。议会上下两院一致谴责戈登及暴民们的行为,认为必须采取措施改善治安力量,但在提交的解决方案中二者缺乏一致性。为了改善治安状况,谢尔本勋爵(Lord Shelburne)认为威斯敏斯特的治安力量残缺不全、人数不足并且质量极差,主张按法国的警察标准重建英国的警务员和巡夜看守力量。他声称,如果法官由人们选举产生而不是由首相任命的话,这对英国的自由没有任何威胁。有人认

---

① Philip John Stead, *The Police of Britain*, p.34.

为，威斯敏斯特应成立一个市镇自治机关，以伦敦城的方式进行管理。伦敦城的议员代表强烈反对建立任何中央集权力量的建议，认为这样将削弱市议员的权力及伦敦城自古以来的独立地位。他们提出把城市居民武装起来，在遇到骚乱时法官可以召集他们。① 7 个月以后，对于如何建立一支有效的治安力量仍然处于争论之中，议会没有采取任何行动，直到 1785 年。

1785 年 6 月 27 日，威廉·皮特政府的副检察长（Solicitor-General）②阿奇博尔德·麦克唐纳爵士（Sir Archibald Macdonald）向议会提交了《伦敦及威斯敏斯特警察法案》（*The London and Westminster Police Bill*）。为了在伦敦城、威斯敏斯特、萨瑟克自治市（The Borough of Southwark）及与其相连的一些地区进一步预防犯罪，加速对破坏社会治安的犯罪分子的侦查与处罚，皮特认为"有必要采取一些措施来缓和社会对现有治安制度的不满"③。该议案是政府第一次试图建立一支警察力量来维护大伦敦的社会治安，以独立于地方当局及传统的市民力量。

《伦敦及威斯敏斯特警察法案》由在律师界很有身份的约翰·里夫斯（John Reeves）起草，他认为该议案旨在建立一个强有力的行政当局。在下院提出该议案时，阿奇博尔德·麦克唐纳爵士强调了令人担忧的犯罪情况及"劫掠学"（science of depredations）的迅速发展，年长的犯罪分子不断把偷窃手段传授给青少年。他估计在伦敦有两三千名职业小偷，并且该人数还在不断增加。他指出，法律的严厉性及增加对犯罪分子抓捕的奖赏不能有效地阻止犯罪的增长。实际上，这种悬赏制度只会刺激各种伪证和犯罪的增加，而不能达到预防犯罪、惩罚犯罪分子的目的。大伦敦的法官相当不称职，声名狼藉；在大伦敦，担负治安职能的只有博街法院，通过司法审

---

① Charles Reith，*The Police Idea: Its History and Evolution in England in the Eighteenth Century and After*，p.83.
② 副检察长是英格兰位居次席的检察长，其职责主要是通过议会向内阁、部长及具有法律性质的提案提供法律咨询。
③ Leon Radzinowicz，*A History of English Criminal Law and Its Administration from 1750*，Vol.3，p.108.

判得到领薪法官的有效执行。① 在这种制度下,唯利是图、腐败现象不断增加,因此亟需改革治安管理。该议案包括以下几个部分。

(1) 该法案提议建立"大伦敦警区"(District of the Metropolis)②,警区下再划分为 9 个大区(divisions)。大伦敦警区由国王提名、议会任命的 3 位警察厅长负责维护秩序、执行法律,以便预防、快速起诉及惩罚所有破坏王国秩序的犯罪分子。警察厅长们的薪金由政府固定发放。每个大区将建立徒步巡逻警员和骑兵巡逻警员队伍,对其配备适当的武器和装备,作为维护秩序的行政力量,全天候逮捕犯罪分子。每个大区的警队由一名警察局长(Chief Constable)领导。这 9 个警察局长听命于治安高级警官(The High Constable of the Peace),他们直接受命于警察厅长们。高级警官、警察局长、低级警员及办事员都由警察厅长们任命,所有警员的薪金、处罚和解雇都由警察厅长根据法律规定自由决定。③

(2) 在大伦敦警区的 9 个大区,包括伦敦城,国王将任命一位领薪地方法官常驻区公共事务局(The Public Office of the Division)中。这些地方法官将以警察厅长的名义,负责他所居住区域内的事务。他们每周须把存放于地方法官办公室(The Magistrates' Offices)的所有案件记录递交给警察厅长,以便检查。除了承担日常的司法任务外,这些地方法官在出现骚乱、非法集会及其他威胁公共秩序的情况时,将亲自带领足够的区警员立即前往警察厅长所指示的位置,按照警察厅长的命令处理这些事情。如果他们不能遵守处理公共事务规则或警察厅长们的命令,将遭到处罚。由法官征收的所有罚款将被用于执法事务。这些款项被登记入册,设立固定

---

① Leon Radzinowicz, *A History of English Criminal Law and Its Administration from 1750*, Vol.3, p.109.
② 大伦敦警区包括伦敦城、威斯敏斯特、萨瑟克及米德尔塞克斯的大部分。参见 Leon Radzinowicz, *A History of English Criminal Law and Its Administration from 1750*, Vol.3, p.110.
③ Leon Radzinowicz, *A History of English Criminal Law and Its Administration from 1750*, Vol.3, pp.110–112.

账户,每周由常驻法官转交给警察厅长。①

(3) 在搜查、抓捕及社会控制方面,新警察将被赋予特殊的权力,远远超过普通的治安法官。警察携带厅长的搜查令,可以进入任何场所。在伦敦城,警察厅长的搜查令需由市长或一位伦敦城高级市政官(an alderman of the city)签署同意,才能生效;夜间的任何时候,在大伦敦警区进行搜查都需要有一位教区警务员或下级警官的陪同。如果搜查结果没有发现嫌疑人或失窃货物,警察厅长及其他警察不需对此次行动或因侵入而遭到起诉负责。在搜查过程中,对于故意窝藏任何人或赃物的人员,初次处以罚款,再犯的话将予以罚款或监禁。警察对出售啤酒或烈酒的经营场所进行搜查时,无需事先得到地方的默许和携带搜查令。为了更有效地围捕罪犯,该法案中也赋予警察有权对城市边缘的下层社会人口进行预防性的管制。警察将执行修改过的流浪法,可以把夜间徒步者,白天到处闲逛而没有明确谋生手段的人,有不良记录的人,有偷窃嫌疑的人,在公共街道、偏僻场所及野外赌博的人定性为流浪者,对其予以逮捕。为了尽可能地切断窃贼与窝赃人的联系,法案提议扩大警察对许多行业经营者的监管,包括典当商,钟表匠,银器匠,黄金银器及其他金属收购商,旧衣服和家具经售商,车马出租所管理人等。所有这些人,包括他们的姓名、居住地址、职业及地址的变更都应以书面形式告知警察厅长。②

(4) 对大伦敦警区中现有教区、选区的警务员及巡夜看守这些治安力量,继续予以保留,但其职责是协助中央警察部队,在一定程度上由警察厅长指挥。伦敦城执行官(The Marshals of the City of London)和各区的高级警官,要随时向警察厅长汇报他们各教区、选区内警务员或下级警官的

---

① Leon Radzinowicz, *A History of English Criminal Law and Its Administration from 1750*, Vol.3, pp.113-114.
② Leon Radzinowicz, *A History of English Criminal Law and Its Administration from 1750*, Vol.3, pp.114-116.

姓名和地址。如果他们忽略或拒绝做这些事情,将遭到处罚。各区的地方长官、教区委员(Vestrymen)、理事(Trustees)、市长等人也承担类似的职责,他们任命与领导各区的夜间看守、巡逻队及教区执事(Parish Beadles)。此外,警察厅长将被授权书面要求当局开除他们认为不称职和不够勤奋的巡夜看守、巡逻队或教区执事,任命其他人代替开除者的位置。如果当局忽略或拒绝这些请求,警察厅长有权自己进行任命,没有其书面同意不能取消其任命。① 这样,新警察厅长通过行使检查权、任命及解雇权、必要时候的直接指挥权,在理论上实际上夺取了地方法官对地方各种治安力量的领导权。

(5)该法案提议废除以前所有的对逮捕和起诉犯罪嫌疑人提供的法定奖赏。取而代之的是,警察厅长有权自由决定对帮助逮捕罪犯的任何人进行奖励,或对以任何方式协助司法行政的人给予奖励。所有的奖励以书面形式发出,每年支付的奖励总数由法令限定。这样,法定的奖励及对一些犯罪分子定罪支付的费用,由警察厅长支付,并且因贡献而取得赏金也被认为是合理的方式。国王同意对从犯的赦免应该有书面的正式批准。大伦敦的任何治安法官如果不遵守这些法令,将遭到处罚,以警察厅长名义开出的罚金多少由此次行动的代价决定。②

从以上有关警察厅长与职业警察力量,大伦敦地方法官、搜查、逮捕及管制权,法定奖励及其他的激励措施的条款可以看出,1785年的警察法案如果被实施,将对伦敦的法律和生活进行彻底改变。一支由中央控制、为数众多的新的治安力量不仅将取代现存的地方形式的治安力量,而且将改变旧的司法模式,影响各种不规范的或声名狼藉的交易,并且赋予新的治

---

① Leon Radzinowicz, *A History of English Criminal Law and Its Administration from 1750*, Vol.3, p.112.
② Leon Radzinowicz, *A History of English Criminal Law and Its Administration from 1750*, Vol.3, pp.116 – 117.

安力量广泛的搜查、抓捕及社会控制的权力。

1785年的警察法案引起了伦敦人的极大焦虑。在议会里，除詹姆士·约翰斯通爵士（Sir James Johnstone）支持该议案外，没有人予以支持。约翰斯通针对该议案讲了几分钟，指出与巴黎相比，伦敦的谋杀案更多，并且支持建立法国式的警察力量。许多反对者认为，在议会的末期提出一种新的体制是轻率之举，并且其每年的经费需20 000英镑；政府控制警察的权力过大，侵害太多的地方权利；领薪法官的判例给全国担负法官职务的人带来威胁。总之，这种体制与法国的警察体制十分相似。[①] 此外，皮特为此法案的辩论也缺乏说服力。皮特赞成该法案的主题，但也承认他只是稍微询问了该法案，并不完全熟悉它的主题。米德尔塞克斯的治安法官反对该法案，并于1785年7月6日作出决议，认为该计划是"不适当的，总体来说没有必要，而且是一项危险的改革，是对人们权利及安全的侵犯"，它将"完全消除原有的合乎宪政的治安法官这一职位"。[②] 反对最为强烈者来自伦敦城。他们认为，这些提议是对其自治的侵犯，没有任何实质根据。伦敦城的治安力量高于其他地区，其他地区亟需采取大量的改进措施，但把伦敦城警察视为一支新的未经检验的警队是很不合理的。即使50年以后一支统一的大伦敦警察力量得以建立，但把伦敦城包含其中仍是一个值得激烈争论的问题，而且多年以来任何把伦敦城包含其中的提议都遭到了强烈的抵制。从18世纪开始，伦敦城之所以抵制政府的警察改革，主要出于以下原因：建立中央控制统一的警察之后，害怕自己成为政府行政权力的延伸，王室影响会不断增加，会侵害历史上一直拥有的地方自由，议会倡导改革而其本身却抵制改革。[③] 在该法案提议中，对伦敦城的一

---

① Stanley H. Palmer, *Police and Protest in England and Ireland*, 1780－1850, pp.90－91.
② Virginia Suzanne Balch-Lindsay, "An Orderly Metropolis: The Evolution of Criminal Justice in London, 1750－1830", Unpublished Ph.D. Thesis, Texas Tech University, 1998, pp.247－248.
③ Stanley H. Palmer, *Police and Protest in England and Ireland*, 1780－1850, pp.77－78.

些例外情况并不能平息反对者的反对。该法案在一读两天之后,伦敦司法长官(The Sheriffs of London)代表市长及市高级法院提交了一份反对该议案的申请。在辩论中,高级市政官奥德曼·哈米特(Alderman Hammet)指出:"该法案在伦敦城引起了很大的恐惧和不安,即使把点燃的火把放在大楼中也不会产生如此之大的惊恐。"①因此,这项法案被撤回,没有获得议会的通过,但是其主要条款成为了1786年《都柏林警察法》(The Dublin Police Act)的基础。② 此后,直到1792年《米德尔塞克斯法官法》时,议会才试图对伦敦的治安制度进行改革,该法案包括1785年的警察法案的一些内容。

第二,1792年《米德尔塞克斯法官法》。

1785年《伦敦及威斯敏斯特警察法案》的撤销使小皮特政府主张建立职业警察的改革运动流产。在此后的一段时间,关于采取怎样的措施来改善伦敦的治安状况再次引起了人们的广泛讨论。起初,人们对于撤销1785年的警察法案感到困惑,一部分人甚至明显感到失望。皮特认真地请求在警察方面没有作出有希望的改革之前,不要召开第二次会议,以免浪费时间。反对该法案主要是由于警察威胁到英国的自由,但随着时间的流逝,这种观念逐渐淡化。作家乔赛亚·多恩福特(Josiah Dornford)认为:"让我们的生命和财产得到保护,即使建立一支专制的警察,也比根本没有任何保护更好。"甚至有些建议超出了1785年的警察法案,如提议任命5位警察厅长,由1位律师协助,王国内所有的官员都服从他们的领导并对他们负责。为了实行这种体制,全国将进行分区,每个区包括一个城市或城镇及其邻近的教区。但是大部分观点认为,应该采取以前大家所熟

---

① Leon Radzinowicz, *A History of English Criminal Law and Its Administration from 1750*, Vol.3, p.118.
② Leon Radzinowicz, *A History of English Criminal Law and Its Administration from 1750*, Vol.3, pp.121-123.

悉的自保体制,建立更好的夜间看守。有人告诫社区内主要居民,他们应该像戈登骚乱时期一样,团结起来,制定一些规章制度,更好地侦查抓捕重罪犯,对于追捕、拘留罪犯并把他们押往监禁的人,人们自由决定给予其奖赏。他们更希望这些人协助社区夜间看守人员的巡逻,监督支持教区及选区内的警察。在一些小册子上,大篇文章对类似进行广泛改革的形式,对夜间看守、清扫街道、围捕乞丐的想法进行了阐述。① 在这些讨论中,都主张净化治安法官这一职位,认为过去的问题主要是由于治安法官的能力低下或贪污腐败,需要选拔更好的法官以提高治安法官维护治安的能力。戈登骚乱期间,一个积极的法官正是人们所需要的,他的职责不仅是巡逻,还要知道该如何去做并且有坚持做下去的勇气。"在那时,我们的大法官,军队在他的指挥下能有效地进行干预,并不是作为军事力量而只是协助政府当局恢复秩序。"今后,受人尊敬的地方法官将是反对暴政、军事力量或专制政府的有力预防措施,即使是在极权政府下民众的自由与财产也能得到安全保障。② 因此,有人提议应扩大民众在法官选拔过程中的影响,同时在每个区应该有一名义务法官和一位领薪法官,由该区所有居民承担领薪法官的工资,从而使他能全心履行职责。

1792 年 3 月 16 日,弗朗西斯·伯顿(Francis Burton)向议会提交了《米德尔塞克斯法官法》。该法案涉及以下三个方面:③

(1) 该法案规定,除博街之外,在大伦敦还应建立 7 个警察局。在每个警察局,国王将促使任命 3 名身体健康、能干的人员,分别成为米德尔塞克斯郡和萨里郡的治安法官,执行治安法官的职责。所有的司法事务都交

---

① Leon Radzinowicz, *A History of English Criminal Law and Its Administration from 1750*,Vol.3,pp.123 - 125.
② Leon Radzinowicz, *A History of English Criminal Law and Its Administration from 1750*,Vol.3,pp.125 - 126.
③ Leon Radzinowicz, *A History of English Criminal Law and Its Administration from 1750*,Vol.3,pp.126 - 127.

由警察局处理。这些法官禁止参加议会议员选举及在米德尔塞克斯郡、萨里郡、威斯敏斯特市及萨瑟克自治市投票。他们的薪金一年不超过400英镑,由国王根据枢密院的建议决定。所有领薪及其他法官,禁止收受酬金。警察局募集的款项用于支付机关人员的工资及机关的开支。如果经费不够,剩余的将由统一基金(Consolidated Fund)支付。警察局的财政安排由财政主任(Receiver)负责,由国王根据枢密院的建议任命。警察局的位置、工作时间及日常所有规定都由国王根据枢密院的建议制定。

(2) 每个警察局有一个小分队,警员人数至多6人,其工资是1周12先令及法官批准的执行任务时的额外补贴。这些警员按照法官的命令采取行动。该法案对于警员的年龄及资格并没有作出明确的限定,但规定之外由法官随时决定其机关内警员的任免,他们可能认为警员在执行任务时玩忽职守或粗心大意,或不适合该职位,可以任命满足他们要求的警员取代被解雇者。

(3) 该法案也授权警员对公共大街上的窃贼嫌疑人进行拘捕,并把他们押往法官处。如果有一个或多个的宣誓证人证明其有罪,被逮捕的人又不能给出一个令人满意的解释,那么显然被逮捕的人就是臭名昭著的小偷,并且如果法官相信这些情况的话,他将有可能被定为重罪;根据《流浪法》(The Vagrant Act)条款,他将被定为流民或流浪者。之后,被逮捕的人将被判处6个月的监禁,并被强迫服劳役。对于嫌疑犯有邪恶企图但没有达成犯罪的情况,该法也赋予警员有进行拘捕的权力,赋予法官有进行审判并判处监禁的权力。

弗朗西斯·伯顿在法案中的提议,得到了当时的内政大臣邓达斯(Dundas)的支持。在该法案提出之前,由伯顿、邓达斯、司法部长阿奇博尔德·麦克唐纳爵士、司法部副部长约翰·斯科特爵士(Sir John Scott)组成的委员会对法案进行了认真的检查。

在下院,对该法案进行了长期的讨论。在该法案提交下院后,对于建立一支领薪地方法官队伍的提议，遭到福克斯、温德姆（Windham）、谢里丹（Sheridan）、诺斯勋爵（Lord North）及托马斯·波伊斯（Thomas Powys）等人的强烈反对。根据传统，治安法官不领薪水。虽然在大伦敦地区，交易法官的堕落让人愤慨，但这也并不能消除长期形成的法官不领薪水的观念。人们十分需要对法官进行改革，但法官成为领取工资的官员对于许多人而言则很难接受。在此之前，曾有人主张内政大臣负责法官的任命及其薪水，这将法官看成政府的雇佣人员，他们受政府控制，完全按照政府的意愿行事。因此，曾有人认为由国王任命的带薪法官必然成为其恭顺的官员。正如谢里丹所说，这种治安体制只不过是有权势人的体制。而在对该法案的辩论过程中，福克斯告诫议会，由政府任命的领薪法官，在某种程度上将受到政府的影响，这将改变长期以来的做法，引进了一种新的原则，这可能出现各种不确定的扩展，而且人们无法预见其结果。此外，该法案的发起者及支持者包括皮特认为，由于在此之前法官总是由国王任命，因此该法案并没有提出什么新的原则。但是，考虑到它所引起的反对，最初条款规定的"领薪法官由国王根据一位大家熟知、信赖的法学专家的建议任命"，最后被改为"国王根据枢密院的建议任命带薪法官"。法案规定新任命的治安法官没有投票权，也不能担任议会议员，这一规定的提出是为了平息人们的恐惧。这样，任命承担特定职责的领薪法官的提议虽然遭到强烈反对，但最后还是被确定下来，在议会获得通过。[①]

《米德尔塞克斯法官法》获得通过后，政府立即将该法付诸实施。大量人员申请这一职位。内政部十分清楚任命有能力、值得信任的法官非常重要。因此，内政部对于申请成为法官的人和曾承担过治安职责的候选人给予更多考虑，但他们也表示，如果有优秀品质的人愿意担任法官，应该优先考虑这些申请者。最后，新任命的法官除了曾担任过这一职位的人之外，

---

① Leon Radzinowicz, *A History of English Criminal Law and Its Administration from 1750*, Vol.3, pp.129–130.

还招募了其他不同类型的人。新任命的法官包括一位前伦敦市长,两位市议员,一位前格拉斯哥市长,两位前议会议员,一位牧师,三四位大律师,杰出诗人亨利·詹姆士·派伊(Henry James Pye)。1793年10月,一些斯皮特菲尔兹(Spitalfields)制造商代表委员会委员拜访内政大臣,在交谈中他们感谢新建立的地方法官体制。他们明确表示,在保护财产的安全方面,从治安法官(Magistrates of the Police)处理司法事务中所体现的恰当风格可以看出,这种制度已经呈现出极大的优点;同时也感谢邓达斯、伯顿及议会其他成员为建立审判庭(The Judicial Tribunal)而做出的贡献。① 弗朗西斯·普雷斯(Francis Place)也承认,这种新的法官制度正朝着更好的方向转变。该法案通过后,米德尔塞克斯及威斯敏斯特法官返还给治安书记官的保释金大大低于过去,而在此之前法官们出于个人利益的考虑常常鼓励进行诉讼。这一法案的实施,可以为下层民众节省大量的费用。

1792年《米德尔塞克斯法官法》最初通过时确定,其有效期限是3年,但该法有效期限按照惯例被延长,很快成为其他地区发展的参考模式。1795年,曼彻斯特的地方法官按规定要求,出席警察局、接受酬金,这一规定以《米德尔塞克斯法官法》为基础。1805年,《兰开斯特法官法》(*The Lancaster Justices Act*)规定当地法官有权筹集经费,用于支付季审法院主席的费用。在正式通过该法之前的辩论期间,罗伯特·皮尔爵士指出:"在曼彻斯特这样的制造业地区,绝对有必要拥有一支合适的警察队伍;大量的当地居民和所有的地方法官签名表示支持。"②

然而,在预防和侦查犯罪方面,1792年《米德尔塞克斯法官法》却没有起到较大的作用。该法提议每个警察局建立一支小规模的带薪队伍,但其

---

① Leon Radzinowicz, *A History of English Criminal Law and Its Administration from 1750*, Vol.3, p.133.
② Leon Radzinowicz, *A History of English Criminal Law and Its Administration from 1750*, Vol.3, p.134.

人数相当有限,并且控制力度不够、缺乏合作,使其作用受到严重的限制。正如1816年科洪所言,根据过去议会通过的法律,英国根本没有建立任何警察队伍;1792年法官法确实只是确立了纯粹的地方法官职位,仅在法案中授权法官在公共大街上逮捕臭名昭著的盗窃犯。[①] 此外,地方法官机关(The Magisterial Offices)所领导的治安力量并没有得到扩大。在大伦敦,维护秩序继续依靠分散、腐败的教区力量。但是一旦该法案被正式通过,关于地方法官将能较好地维护社会安全、打击犯罪这种想法,虽然对于维持警察部队没有什么重大意义,但却让观众对其印象深刻。正如科洪在评价该法时所言:"《米德尔塞克斯治安法》的通过主要来自公众压力,要求一些正式、符合宪政的审判庭来执行司法职能;……通过审判庭,净化地方法官,按时出席法院可能可以确保人们的较低秩序要求,调和他们之间的分歧。"[②]

第三,1792年后,政府采取治安改革措施并在小范围内建立了警察机构。

自戈登骚乱以来,帕特里克·科洪时期的伦敦治安力量几乎没有任何变化。大伦敦由152个教区组成,蔓延200平方英里,大约有2 500名巡夜看守、900名日间警务员。这些治安人员归属于管理混乱、数目众多的基层地方当局。威斯敏斯特及伦敦城有自己的治安力量,但威斯敏斯特的300名巡夜看守几乎没有被统一管理,而伦敦城的300名警务员及800名巡夜看守则由26个各自独立的区来管理。控制及协调的问题增加了这些地方治安力量的分布不平衡。1/3的伦敦人住在威斯敏斯特或伦敦城,大伦敦一半的警务员和巡夜看守在这里。伦敦一半的人口居住在29个边远的教区,这些地区人口增加迅速,日益成为不受治安力量保护的地区。更

---

① Leon Radzinowicz, *A History of English Criminal Law and Its Administration from 1750*, Vol.3, pp.134 - 135.
② Leon Radzinowicz, *A History of English Criminal Law and Its Administration from 1750*, Vol.3, p.136.

为严重的是,大伦敦超过 9/10 的治安人员由教区及选区负责。这种分散的治安体制,阻碍了治安力量承担警戒责任及正常运转。①

1797 年皮特首相授权成立了一个议会委员会,调查警察状况及罪犯的管理情况。这个委员会仅召集了三位证人:约翰·里夫斯、杰里米·边沁及帕特里克·科洪。1798 年 6 月,委员会发布了他们的调查报告,建议建立一个中央治安委员会(Central Board of Police);在伦敦城建立两个警察局,每个警察局由三位伦敦城任命的地方法官负责,对警员的数量没有加以明确规定;这些警察力量将与 1792 年建立的 7 个警察局及博街警察局进行协作。这两个警察局的经费来源于执照办理费用、酬金及罚金,中央委员会要求整个大伦敦的出租马车、小贩及货郎办理执照,而且对所有的经商、出租房屋及外国人进行登记。② 1799 年 6 月,政府准备把《大伦敦警察法》议案提交议会,却突然停止。关于这次议案的流产,既得利益阶层及伦敦城的强烈反对是其重要因素之一。此外,政府正全力与法国作战,采取了多种传统的控制措施,显然不愿意对有争议的警察问题再进行改革。

1798 年 6 月,正当政府发布委员会调查报告,建议设立一个中央治安委员会时,科洪建立的海事警察在保护西印度公司商人在伦敦码头的财产方面取得了显著成就。据科洪记载,这支治安力量成立后,在码头逗留的小偷明显减少,政府的税收得到了增加。这支私人企业建立的治安力量带来的成就,促使其他商人敦促政府建立一支统一的海事警察。1800 年 7 月,政府向议会提交了建立泰晤士河警察的议案并很快获得通过。根据该议案,海事治安力量归泰晤士河警察局负责,其总部设在韦平。该警察局由地方法官(3 名)、监督官员(不超过 30 人)及警员组成。起初监督官员大约有 12 名,到 1827 年增加到了 21 人。1811 年,泰晤士河警察局有 5 名

---

① Patrick Colquhoun, *A Treatise on the Police of the Metropolis*, 1796, p.290.
② Stanley H. Palmer, *Police and Protest in England and Ireland*, 1780-1850, pp.143-144.

陆上警员、43 名水上警员；到 1827 年，陆上警员增加到 7 人，水上警员达到 64 人。通常 3 名警员组成一组，监督官员担任其队长。泰晤士河警员的招募年龄不超过 35 周岁，虽然是海事警察，但这是政府首次运用其所属的警察执行巡逻职责。警员配有马刀，但没有统一制服，并且其下属的巡逻艇与一般的船没有明显的区别。①

随着时间的推移，泰晤士河警察的权力及声望不断增长。三位地方法官在其管辖范围内，有权支配及解雇教区巡夜看守，泰晤士河陆上警员的其中一项职责就是夜晚检查泰晤士河两岸巡夜看守的岗亭。政府承担的经费也逐渐增加，从 1800 年的 5 000 英镑上升到 1817 年的 8 000 英镑。泰晤士河警察的管辖范围迅速扩大，最初只是从利姆豪斯(Limehouse)到格林威治(Greenwich)之间的区域，但是到 1828 年时已经包括从沃克斯霍尔(Vauxhall)至伍利奇(Woolwich)之间 13 英里的区域。泰晤士河警察局的警员年轻力壮，人数较多并且相互协作，因此其在伦敦其他的警察局很受欢迎。当伦敦其他地方需要警员支援时，这些警察局通常会向泰晤士河警察局请求 10—30 名警员的增援。例如，在 1810 年的两个月期间，泰晤士河警察被外派了 13 次，增援过 8 个不同的警察机关；1810 年 6 月，当弗朗西斯·伯德特爵士(Sir Francis Burdett)被从伦敦塔释放时，30 名泰晤士河警察被派往皮卡迪利(Piccadilly)协助当地治安人员维持秩序。②

在不断扩大的大伦敦地区，政府开始进行建立巡逻警察的改革。在 18 世纪末 19 世纪初，博街徒步巡逻队(Dismounted Patrolmen)的警员人数不过 68 人，而且直到 1790 年，他们才开始巡逻伦敦城的街道及通往大伦敦的主要马路。他们通常在队长领导下，4 或 5 人一组执勤，8 队在通往伦敦的路上巡逻，5 队监视伦敦城中心的主要街道。这些巡逻的警员理论上是不穿制服的，每人手拿警棍，腰佩马刀；队长配有一对手枪、一支卡宾

---

① Stanley H. Palmer, *Police and Protest in England and Ireland, 1780 - 1850*, p.144.
② Stanley H. Palmer, *Police and Protest in England and Ireland, 1780 - 1850*, p.145.

枪及一把马刀。他们的巡逻时间是从黄昏直到午夜,白天他们可以自由地从事其他工作。① 1805 年,博街首席法官理查德·福特(Richard Ford)说服政府重建骑兵巡逻队(The Horse Patrol)。这支骑兵巡逻队的巡逻时间是从黄昏直到午夜,其巡逻范围从以前沿着距伦敦城中心 4 英里范围内的公路扩展到 12 英里内。他们都有过骑兵服务的经历,其工资为每周 28 先令。1805 年的骑兵巡逻队是大伦敦第一支身穿制服的非军事力量。他们的制服十分华丽:鲜红色的背心,蓝色的裤子,蓝色的外套,白色的皮革手套,带有靴刺的高筒靴,高的黑色皮革帽子;他们每人配有一对手枪、一根警棍、一对手铐,这些都藏于外套里,此外外面配有一把马刀。这支骑兵巡逻队共有 52 名警员、2 名督察。他们只有权监视及保护马路上的路人,不能调查马路上的犯罪,即使是遇见可疑情况或可疑人员。虽然受到人员及权限方面的限制,但一年以后的报告指出,骑兵巡逻队预防性的巡逻达到了预期效果。但是,1806 年政府把这支骑兵巡逻队的人数减少到 40 人,每年的经费从 8 000 英镑降为 6 000 英镑。②

1811 年 12 月,伦敦拉特克里夫公路连环谋杀案(The Ratcliffe Highway Murders)发生后,伦敦各教区安排了更多的巡夜看守执勤。许多人写信提出要进行改革:巡夜看守应该由年轻人组成,并配备适当的武器;在巡逻时,巡夜看守不能在岗亭里睡觉。在议会中,一个特别委员会建议加强警察局与教区当局的联系。1812 年 5 月,政府草拟了一项巡夜看守法案,提议加强对教区治安力量的中央控制。巡夜看守的任命及管理仍将掌握在当地人手中,由在大约 40 个新区里新成立的一个 12 人的委员会负责。这些新区将组成 8 个分区(districts),每个分区将由一个警察局管理。在每个分区,警察局将新任命 1 位官员,与 12 人组成的教区委员会保持联系。这位治安地方法官将有权解雇无能的教区巡夜看守。最后,博街

---

① J. J. Tobias, *Crime and Police in England*, 1700 – 1900, p.50.
② Stanley H. Palmer, *Police and Protest in England and Ireland*, 1780 – 1850, p.146.

将新任命1位官员,负责对大伦敦地区提交的看守报告的管理。①

政府的这项法案,实际上旨在促进现有地方治安力量间的相互协作,但引起了普遍的反对。7月份在下院简短的辩论中,刑法改革的倡导者塞缪尔·罗米利(Samuel Romilly)及辉格派改革家亨利·布鲁厄姆(Henry Brougham)不仅认为法案侵犯了当地的自由,而且怀疑1792年建立的警察局的宪政问题。公众舆论再次把1812年的警察法与法国的秘密警察进行了比较,认为它是十分可怕的东西。一位小册子作者认为:

> 除教区的巡夜看守以外,任何体制都是专制的……有大量的密探和告密者,……是一种专制统治,这种制度不能在英国建立……一些人说法国警察非常完美。那么,可以移民法国去享受它,这是每个生而自由的英国人的回答。②

在一片强烈的反对声中,政府取消了这项议案。

虽然警察改革引起了人们的极大争论,但政府在治安制度方面继续进行了一些小的改革。在1792年建立的7个警察局中,起初42名警察的任命取决于地方法官。然而,1812年7月以后,任命警察的权力转交政府,并且自1813年起政府也有解雇警察的权力。1802年时,每个警察局的警察人数增加到8人,1811年又增加到12人。但是警察的年龄问题仍没有解决,如在怀特查珀尔警察局,警员的年龄范围从36岁至68岁,其中2名警员60多岁,3名警员40多岁。同时,内政部对其他治安力量的控制进一步加强。1811年,徒步巡逻队成员正式被授权担负警察职责(拥有警察及巡逻队的双重职责);1813年骑兵巡逻队的管理及任命由博街转为内政部直接负责。1815年,内政大臣西德默斯(Sidmouth)有权调配5支治安力

---

① Leon Radzinowicz, *A History of English Criminal Law and Its Administration from 1750*, Vol.3, pp.323 - 332.
② Stanley H. Palmer, *Police and Protest in England and Ireland*, 1780 - 1850, p.165.

量,共有 250 多名警察:7 个警察局的 84 名警察,68 名徒步巡逻队员,泰晤士河警察局的 60 名警察,40 名骑兵巡逻队员及博街的 6 名警察。①

1818 年,内政大臣西德默斯任命了一名独立的督察领导博街的徒步巡逻队,从而使内政部对这支治安力量的控制更加紧密。这支徒步巡逻队的招募条件实现了标准化,规定应聘人员的最低身高(5 英尺 7 英寸)和最大年龄(35 岁),拥有从军经历的人员将被优先考虑。这支治安力量继续配备警棍和马刀,但除夜间巡逻队以外仍没有统一的制服。此外,夜间骑兵巡逻队也发生了一些变化。1816 年,夜间骑兵巡逻队每年的经费再次恢复到 1805 年时的 8 000 英镑,巡逻队成员人数从 40 人增加到 62 人,1821 年又增加到 72 人。②

1821 年,西德默斯进行了可能是他最大的警察改革,创立了徒步骑兵巡逻队(The Dismounted Horse Patrol)。徒步骑兵巡逻队由 90 名巡逻人员、4 名督察及 8 名助理督察(Subinspectors)组成,分成 4 组。徒步骑兵巡逻队的夜间巡逻范围是以伦敦为中心向外 5 英里的区域,骑兵巡逻队负责距伦敦城中心 5—20 英里的范围。在骑兵巡逻队成员的招募方面,首先要求他们在徒步骑兵巡逻队里服役一段时间,然后才有可能晋升为骑兵巡逻队成员。徒步骑兵巡逻队的工作相当有效,在它成立的最初 9 个月里,逮捕了大约 350 名犯罪嫌疑分子。这两支治安力量每年的经费是 16 000 英镑,成为"皮尔的新警察产生之前大伦敦地区最有实力的统一职业治安力量"③。在新一轮的街道骚动中,这两支治安力量发挥了重要作用。

总之,1750—1829 年,面对 18 世纪以来传统治安制度的危机及治安状况的恶化,菲尔丁兄弟、帕特里克·科洪等治安法官提出了建立新的治安制度——法国式警察制度——的思路,并进行了一定程度的实践;议会

---

① Stanley H. Palmer,*Police and Protest in England and Ireland*,1780 – 1850,p.165.
② Stanley H. Palmer,*Police and Protest in England and Ireland*,1780 – 1850,p.171.
③ Stanley H. Palmer,*Police and Protest in England and Ireland*,1780 – 1850,pp.171 – 172.

多次成立犯罪状况调查委员会对如何加强社会治安控制和打击犯罪进行了调查,政府也提出了建立职业警察的议案,如1785年《伦敦及威斯敏斯特警察法案》。但从以上可以看出,英国政府及个人所进行的改革的影响都是微乎其微的,在根本改进警察制度即建立中央集中控制的警察力量方面没有取得突破,其原因是多方面的,主要为以下几点。

(1) 英国人对加强警察权力会损害其珍惜的自由的担忧。在英国人眼里,法国式的受国家集中控制的警察与英国本土来自民众中的警务员是不一样的,法国的秘密警察和间谍是十分令英国人讨厌的。议会和普通民众都担心建立起一支穿制服的治安"常备军"只不过是政府对人民实行潜在的暴政控制的一种手段,担心政府手里又多了一个镇压反对派的工具,而政府官员本身也担心会产生新的花费。1780年戈登骚乱后,国会反对党领袖查尔斯·詹姆士·福克斯(Charles James Fox)宣称,他"宁愿受一个暴徒的统治,也不愿受一个现役军人的统治"[①]。由此可见,生而自由的英国人把自由看得比秩序更重要。直到19世纪,英国人仍反对建立一支有效的警察力量。改革派承认一支较有效力的预防性警察力量是必要的,他们赞同增加更夫和保护财产的守夜人,但认为任何由中央指挥的、拥有更大权力的警察力量则是"一种暴政制度;一支有组织的密探和告密者的队伍,其目的是毁掉一切公众自由,破坏一切个人幸福。所有其他警察制度都是专制主义的诅咒"[②]。

1811年拉特克里夫公路连环谋杀案在社会上引起了很大的恐慌,议会任命的一位调查委员会成员达德利伯爵(Earl of Dudley)写道:

> ……这些事情使人们大声呼吁加强对松散的警察的改革。然而,事实上,我不得不说,防止这种暴行在城镇的这些地区发生几乎

[①] Stanley H. Palmer, *Police and Protest in England and Ireland,1780－1850*, p.88.
[②] [英]E. P. 汤普森:《英国工人阶级的形成》(上册),钱乘旦等译,南京:译林出版社,2001,第78页。

是不可能的事情。在城镇的这些地区，居住着全国最下层、最恣意挥霍的坏蛋。除非赋予领薪法官以极其广泛的权力，而这一点需要极为谨慎地对待。他们极力赞赏巴黎的警察，但是对巴黎人为此付出的代价也十分清楚。我宁愿每隔 3 年或 4 年时间在拉特克里夫公路有 6 人被杀，也不希望住所经常遭到调查、监视及其他所有形式的控制。①

因此，英国历史学家 E. P. 汤普森认为，对当时关于建立中央集中管理的警察力量的提议，"托利党人担心教区权利、特许权利和地方治安法官的权力会遭到压制；辉格党人害怕国王或政府权力的增加；像伯德特和卡特莱特这样的激进派成员则更喜欢公民的自愿建立组织或住户们轮流值勤的做法，激进的民众直到宪章运动时期仍将所有警察力量都视作压迫机器"②。

（2）来自教区和地方政府的反对。教区和地方政府的人员担心中央政府主导的治安改革会削弱他们的权力，尤其以伦敦城的相关人员为代表，为此他们也提出了理由，比如，教区治安人员来自本地区，可以增进其与本地区居民的联系，如果都受上级集中管理，这种密切联系有可能被削弱或中断；教区的治安人员主要来自本地区的那些弱势家庭，教区警察的职位在某种意义上也算是一种济贫，改革后可能不利于扶助那些家庭。

（3）财政经费问题。各方面都担心改革警察制度会增加开支，而这在当时的拿破仑战争前后的环境下的确是个实际问题。意识到需要改革和能够实施改革并不总是同步的，政府方面的一个主要障碍是财政状况。由于拿破仑战争的影响，国家债务增加，公众要求减少开支和减小税收压力。

---

① David Philips, "'A New Engine of Power and Authority': The Institutionalization of Law-Enforcement in England", in V. A. C. Gatrell, Bruce Lenman and Geoffrey Parker, eds., *Crime and Law: The Social History of Crime in Western Europe Since 1500*, London: Europa Publications Ltd., 1980, p.174.

② ［英］E. P. 汤普森：《英国工人阶级的形成》（上册），第 79 页。

战争期间国家增加了公众的税收;现在战争结束了,公众当然有理由要求减少税收。因此,政府紧缩开支就成为必然的选择,在这种情况下,警察改革必然遇到阻碍。伊莱恩·A.雷诺认为,地方官员们并不拒绝警察职业化的理念,反对警察中央集中化主要是由于财政经费问题。①

(4) 改革的时机问题。当时,英国人对治安改革的认识并不一致,改革时机尚未成熟。研究伦敦警察的历史学家常常认为,1815 年后的骚动和混乱是导致英国统治阶级展开治安改革的关键。但不是所有的人群聚集都导致了骚乱,人群聚集的方式与当时当地的环境有很大关系。在 1812 年至 1820 年间,伦敦大街上至少有过 18 次大型游行,却没有导致骚乱,即使是骚乱也不一定导致治安改革。马克·哈里森在研究了 1790 年至 1835 年间布里斯托尔、利物浦、曼彻斯特等地的状况后指出,虽然人们一直讨论治安和公共秩序的话题,但并没有把它们看得多重要。

(5) 这一时期英国占统治地位的改革思想是自由主义,它强调经济上的自由贸易和政治上的个人主义,其核心是自由放任,政府机构越小越好。因此,国家不去解决社会弊端,而是将之推给教会和个人去处理,国家扮演的是一个不称职的社会监护人的角色。针对传统治安制度的危机和治安状况的恶化,英国政府采取了改进巡夜看守制度、加重刑法处罚及实行惩戒性刑罚、实行悬赏制度等措施;个人采取一些自保的补救措施,自愿组成巡逻队及一些与治安有关的协会。针对不断发生的骚乱,英国利用社会力量(临时警察、义勇骑兵队)和军队共同维护社会秩序。这些内容将在下一章予以详细论述。

因此,自 18 世纪中期以来,政府及个人虽然进行了建立职业警察制度的探索和改革,但受上述因素的影响,在根本改进警察制度即建立职业警察力量方面收效甚微,没有取得突破性进展。

---

① Elaine A. Reynolds, *Before the Bobbies: The Night Watch and Police Reform in Metropolitan London*, 1720-1830, p.5.

第三章
调整传统治安制度与治安状况恶化

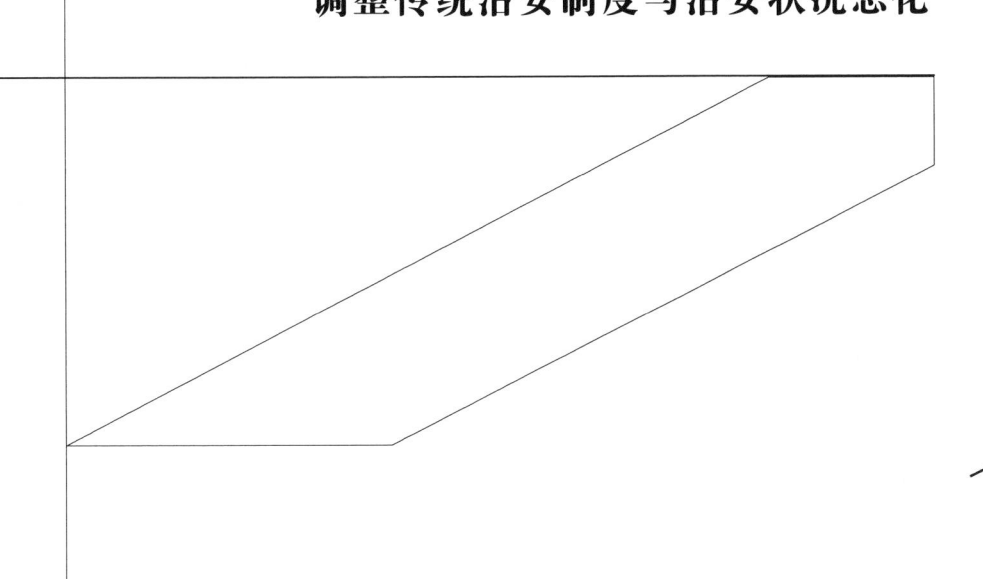

在英国,自由主义思想和权利保护意识源远流长,政府一向被视为对个人自由权利的最大潜在威胁,主流意识形态一直主张应尽量限制政府权力,任何强化政府权力的举措都会遭到社会的质疑与抵制。历史上,英国自由的概念体现在人们所接受的社区负责社会治安秩序的理论上,而且英国人通常认为欧洲大陆的专制君主制以警察专政为基础。这样,加强中央政府权力的任何措施都受到质疑,被看成侵犯了"生而自由的英国人"的权利。因此,政府在传统宪政原则基础上采取了一些其他措施,对传统治安制度进行了调整。

一、强化传统治安力量的措施

面对出现的犯罪浪潮,乔治二世曾要求议会提出一个有效的议案来对付日渐盛行的抢劫和暴力犯罪。1752年,当时居住于巴黎的威廉·迈尔梅德爵士向英国政府提交了一份报告,建议借鉴海峡对岸的法国实行的警察制度,以维护良好的社会治安。但对当时的英国人来说,这种制度对个人自由(更不用说对地方权力)的侵犯几乎是不可想象的,也是绝对不可以接受的。18世纪末,法国的钱福特(Chamfort)曾引用一位女士的评论指出,警察的的确确是个十分可怕的东西,英国人宁可要小偷和暗杀者也不要警察。①因此,政府和个人采取了一些其他措施,以强化传统治安力量。

1. 政府的权宜措施

第一,改进巡夜看守制度。

巡夜看守制度是建立在户主有保护社区义务基础上的,但到了18世纪,很多人都不愿意履行这一职责。巡夜看守的工作性质使他们晚上不能睡觉,而且常常被人讨厌,其工作不仅耗时、危险而且无聊。许多人试图以

---

① Philip John Stead, *The Police of Britain*, p.15.

年龄或健康为由为自己辩解,其他人则宁愿支付罚款或雇用替代者也不愿履行职责。18世纪以来,巡夜看守通常由不能挣钱维持生计的人、接受救济的人或济贫院中的人来担任。他们通常年老体弱,大部分巡夜看守被看作满足居民个人需要的仆人,负责报时及街道照明。① 这种户主不履行义务或请人代替的情况引发了人们对巡夜看守质量的担忧。例如,在报道一起大量朗姆酒和白兰地被偷的夜盗案时,《每日评论》(*The Daily Journal*)指出:"这样的事情竟然会发生,巡夜看守的岗亭就在案发现场对面,完全能够被看到。这是两周内该地区发生的第四起类似抢劫案,这证明了巡夜看守的'高度警惕'!"丹尼尔·笛福曾撰写过有关街头犯罪的四本小册子和一份大报,全面抨击巡夜看守的效率,并呼吁采取措施确保巡夜看守由"身体强壮、能干的人组成,并且数量充足"②。

为提高巡夜看守的质量和效率,18世纪以来地方法官和政府提出了各种建议。1720年,米德尔塞克斯的地方法官提出一项激进计划,根据这个计划,他们将控制威斯敏斯特的巡夜看守。这一计划立即引发反对,一份声称来自"威斯敏斯特市和特辖区居民"的请愿书认为,该计划是对"古老权利和特权"的侵犯,并声称"巡夜看守应由威斯敏斯特自己管理",请愿者不会将他们自己或他们的房子置于危险之中,也不需要任何进一步的帮助来保护他们。由于该计划的反对者来自在议会势力强大的西区教区委员会,这一计划随后被取消。1729年整个英格兰进行巡夜看守改革,这一大胆的尝试以更快的速度消亡。③

这些计划的失败表明,教区官员不愿对巡夜看守制度进行根本性变革,但这并不意味着他们放弃改革,他们采取了措施提高巡夜看守的数量

---

① Ronald C. Sopenoff, "The Police of London: The Early History of the Metropolitan Police, 1829-1856", Unpublished Ph.D. Thesis, The Temple University, 1977, p.9.
② Philip Rawlings, *Policing: A Short History*, London and New York: Routledge, 2012, p.65.
③ Philip Rawlings, *Policing: A Short History*, pp.65-66.

和质量。在伦敦城,《1705年巡夜看守法》(The Watch Act of 1705)部分解决了户主担任巡夜看守的问题,允许雇用代替者。1726年和1737年的立法,尽管仍然要求户主担任教区警务员,但也规定户主可以通过缴纳一定税金取代承担巡夜看守的义务,税金用来雇用职业的巡夜看守。巡夜看守的人数、工资、工作时间以及如何配备武器由市长、高级市政官和市议会决定,但在其他事务上,选区管理其自己的巡夜看守。在威斯敏斯特,一些教区开始进行由警务员筹集自愿捐款资助的巡夜看守改革。教区委员会希望通过征收强制税金的形式加强控制并获得更多确定的资金来源。采取的办法是由单独教区申请一项巡夜看守法,赋予教区委员会这些权力。1735年,圣詹姆士、皮卡迪利、圣乔治、汉诺威广场等伦敦西区富有教区,由于对街头抢劫案的担忧而采取行动,申请法令对教区住户征收强制税,为设立的职业巡夜看守支付薪资。这样,住户不需要再履行《温彻斯特法令》规定的义务。[①]《1774年威斯敏斯特巡夜看守法》(The Westminster Watch Act of 1774)规定,每个巡夜看守每小时要在其巡区内进行两次巡逻,并在报时间时尽量提高声音。巡夜看守将检查门口,逮捕夜晚行窃者、犯罪分子、胡作非为者、流浪汉及其他散漫懒惰和妨害治安的人。警务员及教区执事(Beadle)[②]要求对巡夜看守进行监督,以确保他们认真履行职责。首先需要对巡夜看守的巡逻时间进行规定,确定他们的工资,建立巡夜看守的岗亭,对他们的行为作出规定。[③] 许多教区采用威斯敏斯特的做法,依照当地议会法令建立了一套领薪巡夜看守体制。到1790年,绝大多数教区都通过了巡夜看守法案。

在伦敦以外的地区,许多地方出于对犯罪分子迁徙、城市扩张的担忧

[①] Elaine A. Reynolds, *Before the Bobbies: The Night Watch and Police Reform in Metropolitan London*, 1720-1830, pp.16-28.
[②] 教区执事是英国教区中的一种低级官员。
[③] Ronald C. Sopenoff, "The Police of London: The Early History of the Metropolitan Police, 1829-1856", Unpublished Ph.D. Thesis, The Temple University, 1977, p.11.

和强烈市民自豪感的考虑,把巡夜看守改革视为旨在改善城市环境一揽子措施的一部分,这些措施包括铺路、污水处理、照明和供水计划。1700年,布里斯托尔通过清洁、铺路和照明街道的法令。在战后犯罪恐慌最严重的1749年,布里斯托尔通过一项新的法令,其序言指出,由于缺乏足够数量的公共照明灯,城市居民面临火灾、谋杀、抢劫及其他危险。1755年,布里斯托尔又颁布一项法令,旨在建立、维护和管理巡夜看守,宣称将在夜间防止火灾、街头抢劫、入室盗窃和其他暴行。该法案授权法官——市长和高级市政官——任命巡夜看守,指导他们的工作,确定他们的工资(以每周不超过7先令为限)并下达监管令。此外,还有夜间警务员,他们由每个区的高级市政官任命,由法官指挥。巡夜看守和夜间警务员将逮捕夜行者和扰乱治安的人。① 许多在18世纪初几乎还没有村庄的地方,随着经济的增长繁荣起来,迫切要求改善法案。1735年,泰恩河畔的纽卡斯尔因为城市非常大且人口众多,许多陌生人都去那里,便申请立法改善街道照明和夜晚看守。18世纪的利物浦由于与美国的烟草、盐、糖和奴隶贸易而迅速发展起来。1748年,利物浦被立法授权建造一座新教堂,并对其街道进行照明、清洁和看守。该法案设立了一个由委员组成的机构,这些委员由市长、记录法官、城镇受托人和由缴纳济贫税人员选出的18人组成,他们任命并管理最多60名巡夜看守,对拒绝承担看守义务的户主实行强制性收费。1788年,利物浦的另一项法令取消了巡夜看守人数的限制。②

这些改善巡夜看守的措施,反映了在地方权限范围内试图加强控制巡夜看守的努力。许多地方通过相关巡夜看守的法令,为各教区建立起一支更加职业有效的巡夜看守队伍,对巡夜看守加强管理,要求增加看守人员数量、提高看守人员素质,在一定程度上改善了本地区的治安状况,但这并没有改变各地治安体制的结构。

---

① Philip Rawlings, *Policing: A Short History*, p.73.
② Philip Rawlings, *Policing: A Short History*, p.74.

第二,加重刑罚处罚,实行惩戒性刑罚。

在普通法中,判处死刑只针对很少一些特别严重的恶性犯罪,如叛国罪、谋杀罪、强奸罪及放火焚烧住宅罪等。即使到1688年,尽管在都铎王朝及斯图亚特王朝时期实施了极为严厉的法律,可判处死刑的法令也只有大约50条。18世纪以来,面对入室盗窃、暴力抢劫、杀人越货等恶性犯罪事件的不断发生,在缺乏完备治安组织的情况下,政府不断加强立法手段,希望通过加重刑罚处罚来打击犯罪,于是刑罚处罚变得日益严苛,死刑条款繁多,轻罪重罚,越来越多的财物犯罪被处以死刑惩罚。

针对传统治安制度的治理困境和治安状况的恶化,反对建立强大职业警察队伍的人一直认为实行有力的惩罚政策——恐惧的惩戒——比任何治安改革都重要。牧师马丁·马登是这一主张的最突出倡导者。1785年,马丁·马登出版了《司法行政的思考》(Thoughts on Executive, with Respect to Our Criminal Law, Particularly on the Circuits)①的小册子。他指出,人们对刑法严厉性方面知之甚少,只知道最有益的方面;阻止这些野蛮的人,也就是法律严厉打击的目标,再次从事严重的违法及损害行为,这是我们法律严厉性的目标所在。② 坚持传统法律的人深信法律的威慑力量,但实际上这种威慑力已经遭到严重破坏:

> 这些法律的执行者在执法过程中很少实施处罚,因此这些法律就像稻草人一样,被放在田间吓唬蚜虫以免谷物被吞噬,这在起初也许有效,但不久被熟悉之后,接近却没有任何危险,即使对最胆小的昆虫也不会起到任何作用。③

---

① Martin Madan, *Thoughts on Executive, with Respect to Our Criminal Law, Particularly on the Circuits*, p.8.
② Martin Madan, *Thoughts on Executive, with Respect to Our Criminal Law, Particularly on the Circuits*, p.8.
③ Martin Madan, *Thoughts on Executive, with Respect to Our Criminal Law, Particularly on the Circuits*, pp.18-19.

法官及陪审团拒绝执行法律的判决方法,因此,他们也有不可推卸的责任。正如所记载的那样,法官及陪审团在实施"血腥法典"(The Bloody Codes)时,总是采取灵活的方式,有选择性地加以执行。马丁·马登认为,这些灵活性不是仁慈之举,而是"极端的残忍"①,因为他们这样做是在怂恿更多的暴力、犯罪:

> 法律本身没有任何缺陷,它的制定旨在通过给犯罪者一定的惩罚,预防重罪的发生;但实施处罚变得如此飘浮不定,有时甚至故意暂停处罚,以便停止法律的实施。②

马丁·马登的《司法行政的思考》成为主张加大刑法执行最有影响的论述之一。

18 世纪以来,英国可判处死刑的法令数开始急剧增长,适用死刑的罪名不断增加。在乔治二世时期,有 33 个死刑罪名被创立,大约每年新增 1 个;在乔治三世在位的前 50 年,又有 63 个死刑罪名成立。从复辟到乔治三世逝世的 160 年间,适用死刑的法令数已经增长到大约 190 个。通过对比可以看出增长的趋势,从爱德华三世(Edward Ⅲ)继位到亨利七世(Henry Ⅶ)逝世的 150 年中,仅有 6 条死刑法令被通过。在此后的 150 年间,即从亨利八世(Henry Ⅷ)继位到查理二世(Charles Ⅱ)继位,也只有 30 个死刑法令被通过。而从查理二世继位到 1819 年这个时期,有多达 187 条死刑法令被通过。根据约翰·布莱克斯通(John Blackstone)的统计,在 18 世纪 60 年代有效的死刑法令数是 160 个。1786 年,塞缪尔·罗米利爵士认为,自从布莱克斯通的著作出版以来,死刑法令的数目已有很大增长。1819 年,托马斯·福韦尔·巴克斯顿爵士(Sir Thomas Fowell Buxton)指

---

① Martin Madan, *Thoughts on Executive, with Respect to Our Criminal Law, Particularly on the Circuits*, p.69.
② Martin Madan, *Thoughts on Executive, with Respect to Our Criminal Law, Particularly on the Circuits*, p.34.

出这个数目是223个。1821年,他在下院关于伪造罪的演讲中指出:

> 现在活着的人,在他们出生的时候,法律中仅有不到70个死刑犯罪法令,而现在这个数目却是原来的3倍多。依照18世纪通过的死刑法令,在去年有600人被判处死刑。依照最近的法令,今年将有更多的人被处决。①

此外,在这些新增加的死刑条款中,其严厉程度令人吃惊,死刑不仅从原来主要适用于叛逆罪、严重侵犯人身权利罪等恶性犯罪扩大到侵犯财产罪,而且对财物犯罪的惩罚愈来愈重。依照当时的法律,一些看似轻微的犯罪行为,如扒窃物品价值超过1先令、偷窃商店物品价值超过5先令、入室盗窃40先令以上,都可能被处以绞刑(死刑)。1723年,英国议会通过的《布莱克法案》(The Black Act)被认为是英国历史上最严酷的法令之一,仅这一法案就增加了近50项死刑条款。该法案规定,导致对方牲口伤残、砍伐大路两侧或园林中的树木、为报复而对别人家的草堆或牲口棚纵火、毁坏鱼塘边堰、从染坊偷取亚麻或从纺织厂偷取丝织品等都会招致死罪。② 18世纪以来,许多农场主和工厂主因厂区盗窃案增多而不断向议会施加压力,要求其通过更加严苛的法令。例如,原来的入室盗窃主要指进入居所偷盗,后来将其范围扩至船舱、商店、工厂等处。据利昂·拉兹诺维奇教授估计,可判处死刑的条款从1688年的大约50个增加到1820年的超过200个,这些死刑的条款很多都是关于财产的犯罪。③

在不断增加死刑法令、加重刑法处罚的同时,政府还实行惩戒性刑罚,以作为控制犯罪的临时措施。在英国刑法中,传统法律主要立足于恐吓,

---

① "Forgery Punishment Mitigation Bill", *Hansard*, Hc Deb 23 (May, 1821), Vol.5, cc.893 - 971.
② E. P. Thompson, *Whigs and Hunters: The Origin of The Black Act*, London: Allen Lane, 1975, p.270.
③ Leon Radzinowicz, *A History of English Criminal Law and Its Administration from 1750*, Vol.1, pp.3 - 5.

而不是训诫。19世纪以前,英国的刑法可以说是世界上最为残酷的法律之一。在"预审"和"初审"阶段,为迫使犯罪嫌疑人供认自己的罪行和供出同谋,可能实施"重压"的酷刑。① "重压"酷刑为:被告人被单独监禁,赤身裸体,四肢平伸,仰面被压在重物之下。重物的重量常常会达到或超出犯罪嫌疑人能够承受的极限。英国统治者确信,可怕的公开处决场面不仅是一种威慑犯罪的重要方式,也是民众参与审判和接受教育的重要方式。劲手枷、焚身、轮碾、挖心脏、苦役、流放、绞刑等都是惯用的刑罚手段。例如,在英格兰被判犯叛逆罪的人,将被活活开膛剖腹,以便在犯人死前焚烧其内脏。犯叛逆罪的人也可能被活活肢解成四块,即把双臂双腿从活人的躯干上切下。② 当时伦敦每年有8次处决,绞刑在市外海德公园北面的泰伯恩成批进行。一名法国旅行者于1728年看到19名犯人被同时绞死。③ 1810年,塞缪尔·罗米利爵士发出感慨:"在世界上可能没有其他任何国家像英国这样有如此多、如此广泛的行为,用剥夺生命来惩罚人们的各种行动。"④但是,进行公开处决的场面,不但没有使那些恶徒心惊胆战,反而被有的人看成一种罗马节日。在执法过程中,有的人被吊死、斩首、烧死和切腹。抢劫犯在被送往刑场的路上进行演讲,算是他们的荣耀时刻,而扒手在这种场合亦可大显身手。

总之,刑法中规定了越来越多的可以判处死刑的罪名,从而使刑法不断严厉起来。到18世纪末,刑法中规定的重罪就超过200种。但这并没有降低犯罪率,由于没有足够的治安官员去执行法律,那些课以罚金的轻微犯罪案件数得以减少。苛刻的刑罚同样会有副作用,法官和陪审团往往

---

① 如1658年,一个叫斯特兰奇韦斯的人在受重压约10分钟后死亡。
② [美]戴维·亚瑟·琼斯:《犯罪学的历史》,郭建安、宋金莹译,北京:法律出版社,2019年,第46页。
③ [法]布罗代尔:《15至18世纪的物质文明、经济和资本主义》(第2卷),顾良译,施康强校,北京:生活·读书·新知三联书店,1993年,第553页。
④ Leon Radzinowicz, *A History of English Criminal Law and Its Administration from 1750*, Vol.1, p.3.

畏缩不前,既然在这年月里一个孩子因为偷了块手帕就可能上绞架,那么还有什么罪不能被判死刑的呢?尽管刑法如此严厉,罪犯却必须在法院被公开审判。英格兰的《人身保护法令》保证了罪犯享有出庭受审的权利。然而,正常的法律程序往往会遇到许多阻碍,例如证人受到威胁,罪犯的辩护律师也可以吓唬那些害怕错押人犯、怕出现恶意起诉之嫌的警务员和略知法律的治安法官。很多起诉的责任都落到个人身上,而这些人往往被那种无尽无休的繁琐法律程序弄得灰心丧气而不愿起诉。这样,英国刑法在实际执行过程中处于"残废"境况。

第三,政府实行悬赏制度,鼓励民众参与抓捕犯罪嫌疑人。

早在中世纪早期,英国就出现了"呼喊追捕"的传统,要求民众参与抓捕罪犯,它在一定程度上适应了以农业为主导的相对封闭的乡村社会的需求。但是随着近代人口流动的增强和城市的不断扩张,"呼喊追捕"罪犯的做法逐渐不再适用,普通民众对集体参与抓捕罪犯的积极性不高。为真正激励民众参与抓捕罪犯的行动,加大对犯罪分子的逮捕和起诉,政府实行了悬赏制度,对逮捕犯罪分子的人员提供奖赏。

英国政府较早涉及政府悬赏的一项法令于1692年被颁布。该法令规定,任何人若能成功检举或逮捕1名或多名拦路大盗,都可以获得40英镑的奖赏;参与抓贼者可在罪犯判罚1个月后凭法官审判证明前往案发所在地的郡守处领取奖赏,费用由郡守支付,当郡守无力承担时则由国库划拨;拦路强盗的马匹武器、器械及钱财(非偷窃所有)都可归抓贼者所有,如果抓贼者不幸遇难则归其遗嘱继承人所有。[①] 1699年的一项法案规定,"为更好地抓捕、起诉和惩罚从事夜盗,入室盗窃,在商店、仓库、马车或马厩抢劫,或偷盗马匹者",可以颁发一份证明,豁免参与抓捕这些重罪人员的人在罪犯实施犯罪的教区承担任何教区职责,这就是所谓的"泰伯恩门票",

---

① Leon Radzinowicz,*A History of English Criminal Law and Its Administration from 1750*,Vol.2,p.27.

在富有教区其售价达到 30 英镑甚至更多。① 之后,这种奖励的适用范围不断扩大到其他犯罪种类,奖励金额也不断上升。1712 年 3 月 17 日,安妮女王(Queen Anne)颁布了一项法令,对逮捕并且成功起诉 1 名犯罪分子的人员提供 100 英镑的奖励。② 表 3-1 是该法令对参与抓捕不同犯罪类型的罪犯所实行的一些奖励情况。

表 3-1　1712 年安妮女王法令对参与抓捕不同犯罪类型罪犯所提供的奖励金额③

罪犯犯罪类型	对民众的奖励金额
拦路抢劫	40 英镑,外加抢劫者的马匹、武器、装备及赃款,并且同时获得一张泰伯恩门票
铸造假币,私自铸造银币及金币	40 英镑
私自铸造铜币	10 英镑
从商店扒窃货物或从仓库、马厩偷东西	获得一张泰伯恩门票
夜盗	40 英镑,同时获得一张泰伯恩门票
入室盗窃	40 英镑,同时获得一张泰伯恩门票
偷窃马匹	获得一张泰伯恩门票
对重罪进行私了	40 英镑
偷窃牛、绵羊或小羊	10 英镑
流放返回	20 英镑

此后,这种措施逐渐普及,对于参与抓捕各种不同类型的犯罪分子的民众,政府所实行的奖励金额也相应不同。政府希望通过这种奖励制度,与民间追捕逃犯的人合作,从告密者手中获得犯罪分子的信息,对罪犯实施逮捕,使其落网受审。

除了议会立法奖励,英国政府针对一些突发性或经常性的重大案件往

---

① Clive Emsley, *The Great British Bobby: A History of British Policing from the 18th Century to the Present*, London: Quercus, 2009, p.23.
② W. L. Melville Lee, *A History of Police in England*, p.146.
③ Robert Sanderson, "The Development of the London Metropolitan Police, 1785-1829", Unpublished M.A. Thesis, The University of Texas at Arlington, 1993, pp.81-82.

往通过公开悬赏的方式来抓捕罪犯。这些公开悬赏的罪案或者不在议会立法的奖励范围之内,或者在奖励范围之内但奖励额度不足以引起公众参与的兴致,需要追加奖励。公开悬赏主要用于对袭击国王者、恐吓官员者、严重破坏他人财产者、扰乱公共秩序者的调查和逮捕。1795年10月29日,英国乔治三世在赶往议会的路上遭到一群暴徒攻击,他的马车被损坏,其本人也大受惊吓。事后,枢密院在《伦敦公报》上登载告示,悬赏1 000英镑寻找证人,以鼓励民众检举参与袭击国王的暴徒。1810年,威斯敏斯特的官员在暴乱中受到攻击,政府立即登载声明,凡能提供相关信息或将暴徒绳之以法者将获得500英镑的奖励。① 地方上也经常通过公开悬赏的方式缉拿重罪案中的罪犯。1802年4月至9月间,一伙全副武装的蒙面劫匪先后对维尔特郡的居民进行了17次抢劫,他们向居民的房屋开枪、焚毁财产和邮寄恐吓信。郡政府悬赏500英镑,号召民众积极检举和追捕这一团伙。1816年5月,诺福克郡、萨福克郡、亨廷顿郡、剑桥郡等地纷纷贴出告示,告知民众有一夜间作案团伙在附近活动,他们善于破坏机器、伤残牛羊、纵火烧房,鼓励人们追捕犯人,每逮捕1名嫌犯可以获得100英镑的奖励。② 这些数额不菲的公开悬赏刺激了公众参与检举、追捕罪犯的积极性,有效地聚合了社会力量并使之参与抓捕罪犯,在一定程度上弥补了官方执法力量相对不足的缺陷。

从18世纪末到19世纪初,英国政府在奖励抓捕盗贼方面的开支不断增加:1798—1800年间,年均开支为8 400英镑;1813—1815年间,年均开支为13 300英镑,大约增长了58%。公开奖励费用的增加在城镇地区比乡村地区更加明显。在大伦敦地区,悬赏的开支比其他各郡的数额增长更

---

① 许志强:《英国工业化时期的犯罪治理研究(1780—1860)》,中国社会科学院未刊博士论文,2012年,第86页。
② Leon Radzinowicz, *A History of English Criminal Law and Its Administration from 1750*, Vol.2, p.90.

快。政府通过悬赏来检举和逮捕犯人的做法在当时非常普遍。

政府采取悬赏制度,确实能够促进对罪犯的逮捕和起诉。但是,这种悬赏制度也存在一定的不足之处。在许多犯罪案件中,看守人员对犯罪分子实施逮捕直到赏金达到一定数额后才执行,因为他们知道犯罪分子常去喝酒的地方,他们从来不急于逮捕任何微小的犯罪分子。对于悬赏制度的缺陷及其诱惑性,帕特里克·科洪认为较小犯罪被忽视是相当可怕的,在许多情况下,公众遭到胡作非为者劫掠的时间从犯罪分子在城市中第一次作案直到悬赏抓捕他的赏金达到 40 英镑为止。[1] 此外,这种悬赏机制实施后,职业警察队伍的缺位使得社会上逐渐出现了一批专门为悬赏而追捕逃犯的人。这些人名为"抓贼者",还不如称他们是"养盗者"。他们发现,引诱那些愚蠢的人犯罪比冒着生命危险去追踪逃犯来得更容易且更安全。许多抓贼者自己本人就是罪犯。作为出卖情报的人,他们受到英国公众的极大鄙视。当局与这些凶险的伙伴合作,可以说是弊多利少。

乔纳森·怀尔德就是这样一名抓贼者,他曾以抓捕到 75 名罪犯并送交法官而闻名。但是,根据 1725 年起诉书对他指控的罪名,他与一大批强盗、扒手、入室抢劫者、从商店偷窃物品者以及其他类型的窃贼结成团伙,将这些人组织起来,形成一个由窃贼组成的公司。怀尔德还被指控"将城镇和乡村划分为许许多多的地区,然后再授意不同的帮派控制每一个地区",他本人还"掌控着几个仓库,专门用来接收和藏匿偷来的物品,他还拥有一艘用于将珠宝、手表以及其他贵重物品装运至荷兰的船"。[2] 因此,怀尔德被称为"英格兰最大的窝赃者",他经常将赃物按一定的价格再卖给物主。作为一个窝赃者,他控制着各个帮派,是伦敦历史上"第一个也是唯一一个黑社会的盟主"。他从 1714 年到 1725 年一直控制着伦敦的犯罪舞

---

[1] Robert Sanderson, "The Development of the London Metropolitan Police, 1785–1829", Unpublished M.A. Thesis, The University of Texas at Arlington, 1993, p.81.
[2] 钱乘旦主编:《英国通史》(第 4 卷),南京:江苏人民出版社,2016 年,第 224 页。

台,被称为"大不列颠及北爱尔兰捕盗人总头目"①,最终也"追随"着那些罪犯一同上了断头台。

有组织的犯罪并没有随着怀尔德一起销声匿迹。在怀尔德被处死 25 年之后,亨利·菲尔丁痛斥他们是一伙彻头彻尾的盗贼:

> 当公众被告知下列事实时,他们可能不会理解。此时社会上正存在着一个近百人的组织严密的犯罪集团,他们有自己的首脑和金库,并且能使小偷和强盗归依于一个正规的组织体系。这些人以各种伪装身份出现于社会上,混迹于绝大多数的交际场所。他们不仅精通诈骗、盗窃和抢劫等各种伎俩,当被发现并将要被送交法庭时,他们还会以各种手段武装自己以规避法律。如果他们营救同伙不成(这确属罕见)或者不能贿赂和腐蚀检察官时,就会使用最后的招数,雇用一些腐败的律师为罪犯作无罪辩护,同时还会找出大量的伪证来支持这种辩护。②

菲尔丁也提供了这样的实例:有些地区的司法官员虽然口袋里装着逮捕某个帮会成员的逮捕证,却不得不作罢,因为他很清楚地知道,那些武装的同伙随时可以把罪犯抢出来。鉴于部分抓贼者名声败坏,一些治安法官开始雇用专为政府服务的抓贼者,其薪资由政府提供,而非来自受害者提供的报酬,如伦敦治安法官菲尔丁兄弟建立的缉捕队,在市民中赢得了广泛的赞誉。

2. 私人自保的补救措施

自我保护是人类维持生存的需要,是人的一种本能。人类社会保护其

---

① Philip John Stead, *The Police of Britain*, pp.16-17.
② Philip John Stead, *The Police of Britain*, p.17.

成员的生命财产安全的方式是多种多样的,而且不同国家在其长期的历史发展中往往都形成了自己独特的传统。在英国,市民个人和民间组织在维护社会治安和预防犯罪方面起着非常重要的作用。在1829年英国建立现代职业警察制度之前,有产者苦于政府治安力量的有限,他们自己采取了一些自保的补救措施,自愿组成治安巡逻力量及一些与治安有关的协会,以缓解现有法律原则不足所带来的危害。

第一,保护私人财产和人身安全免遭侵害的治安巡逻力量。

早在17世纪,英国就确立了以理论、法律(尤其是宪法)和政治制度形式体现出来的资本主义私有财产神圣不可侵犯原则。① 在农村地区,富裕的人试图长期牢牢控制他们的财产。为维护狩猎特权和对土地财产的支配权,贵族一般都设置了猎场看守人以防范偷猎行为的发生。彼得·金教授认为,猎场看守人拥有广泛的权力,可以搜查平民屋内是否有狩猎或偷捕装备,是社会警务模式的一种有力代表;这些权力可以追溯到1670年,当时的猎场看守人被赋予搜查房屋内是否藏有枪支、弓箭或猎犬的权力。②

18世纪以来,走在工业革命前列的英国危机四伏,骚动此起彼伏,城市和农村越来越容易受到群众性集体骚动的影响而导致社会秩序混乱,致使"趁火打劫"等现象发生。在英国陷入秩序危机状态时,有产者组织的治安巡逻力量在保护人身和财产安全方面尤为重要。1780年戈登骚乱期间,警务员和地方法官完全不能胜任维护社会治安的工作,他们害怕被打击报复,拒绝抵抗骚乱人群。政府对于骚乱无能为力,因此伦敦市民自愿组成巡逻队,保护他们的社区及其商行免遭街上四处游荡的家伙的骚扰。林肯律师学院民团队(Lincoln's Inn Militia)、律师学院警戒团体(Inns of

---

① 赵文洪:《中世纪英国议会与私有财产神圣不可侵犯原则的起源》,《世界历史》1998年第1期,第55页。
② Barry Godfrey and David J. Cox, *Policing the Factory: Theft*, *Private Policing and the Law in Modern England*, London: Bloomsbury, 2013, pp.101-102.

Court's Protection Group)、伦敦步兵协会(The London Military Foot Association)和伦敦协会(The London Association)都组织了巡逻队,还有一些市民团体组织,巡逻队十分繁多,在新闻报道上经常出现一些混淆状况:

> 公共的报纸经常把我们误认为皇家禁卫军(The Guards),所以你可能没有听说过像伦敦协会这样的军团。我们的制服相当漂亮,许多人的服装像国王军团中一些军官的制服。现在我们人数接近500人,但不是所有的人都受过训练。①

戈登骚乱时期,民间业余团体在维护治安方面所取得的成功,促进了治安社团的发展。泰晤士河的商人为了保护他们在码头的财产,不仅各自雇用巡夜看守,而且也联合起来组建了统一的巡逻队。1798年6月,一批西印度公司的商人建立了一支私人治安力量,大约60人,配有马刀,但没有统一制服。19世纪上半叶,这种民间治安力量蓬勃发展,伦敦每家码头公司都组建了自己的治安力量。1806年,布里斯托尔码头公司被授权组建治安力量,治安人员的工资由公司支付,治安力量有权扣押个人或船只并对其进行搜查,若获得地方法官的搜查令,他们还可以搜查个人住所,有权逮捕小偷和所有不怀好意、可疑的嫌犯及臭名昭著的盗贼。② 1809年大联盟运河、1810年商业码头、1836年格洛斯特码头、1837年利物浦市场、1837年赫尔码头、1840年摄政运河码头和1845年泰恩河码头等都相继建立了各自的治安社团。③

有产者组成治安协会的自保模式,不仅有效地维护了社会秩序和保护

---

① Virginia Suzanne Balch-Lindsay, "An Orderly Metropolis: The Evolution of Criminal Justice in London, 1750 – 1830", Unpublished Ph.D. Thesis, Texas Tech University, 1998, p.224.
② Philip Rawlings, *Policing: A Short History*, p.75.
③ Barry Godfrey and David J. Cox, *Policing the Factory: Theft, Private Policing and the Law in Modern England*, p.106.

了有产者的生命财产安全,而且符合英国的历史和宪政原则。大卫·威廉斯(David Williams)就是持这种主张的人之一,他曾于1780年出版了小册子——《协会计划》(*A Plan of Association*),提出要筹建治安协会。在书中,他首先对曼斯菲尔德爵士(Lord Mansfield)的观点①进行了批判,提出建立治安协会的主张。他认为:"社会繁荣使王国内的人们变得懒惰散漫,正逐渐侵蚀着他们自己所拥有的权利。"②这样,"我们全民政府的行政管理将会名存实亡,并且这些所谓的英国人、胆怯可怜的人在风沙沙作响时都在不停地颤抖,当处于军事控制下时他们祈求上帝带给他们安静、安全,这正如绵羊被关在屠夫的羊栏里时仍然咩咩地叫一样感到满足,在这里它们可以避免狼群的劫掠"③。他认为,"全国所有具有正常意识的人应该起来反对(曼斯菲尔德认为军事合理性的观点)这一欺骗行为,这种行为实际上把士兵转变为市民或军人,正如政府可以通过这种方式使用军队;与完全清楚实行戒严的人相比,我们的情况将更加糟糕"④。威廉斯希望人们组成和中世纪百户区一样的治安协会,保护民众免遭暴徒侵扰,打击犯罪。治安协会的目的是预防出现混乱的大规模集会;其职能与军队比较接近,使民众处于政府的监视之下,但并没有侵害英国的宪政独立与自由;增加把民众引入歧途的困难,并且消除对治安协会不满的各种意见。⑤ 同时,他认为治安协会作为民间团体不会与政府出现敌对状态,人们更乐于支持建立这种治安机构。在戈登骚乱后,像威廉斯一样主张建立治安协会的看法,确实相当普遍。

---

① 戈登骚乱时期,首席法官曼斯菲尔德爵士主张利用军队来维护民间秩序。
② David Williams, *A Plan of Association*, *on Constitutional Principles*: *For the Parishes*, *Tithings*, *Hundreds*, *and Counties of Great Britain*, Letter Ⅲ, London: G. Kearsley, 1780, pp.49 - 50, 65.
③ David Williams, *A Plan of Association*, *on Constitutional Principles*: *For the Parishes*, *Tithings*, *Hundreds*, *and Counties of Great Britain*, Letter Ⅰ, London: G. Kearsley, 1780, p.19.
④ David Williams, *A Plan of Association*, *on Constitutional Principles*: *For the Parishes*, *Tithings*, *Hundreds*, *and Counties of Great Britain*, Letter Ⅲ, p.58.
⑤ David Williams, *A Plan of Association*, *on Constitutional Principles*: *For the Parishes*, *Tithings*, *Hundreds*, *and Counties of Great Britain*, Letter Ⅲ, p.43.

第二，协助会员起诉嫌犯的民间诉讼协会。

英国在历史上长期实行刑事自诉，19世纪后期建立警察和检察官等官方力量主导起诉之前，嫌疑人是否被逮捕并起诉到庭取决于受害者及以其亲友为主的私人力量。当时英国缺乏一种明确的官方力量来负责将罪犯起诉到庭。[①] 因此，受害者通常需要自己去追查犯罪嫌疑人，包括搜集证据、寻找证人、完成其他与起诉相关的事宜，并承担追查和起诉过程中的所有费用。这种以被害人为中心的刑事自诉往往使很多罪犯得不到起诉，原因是受害者缺乏逮捕和扭送嫌犯到庭的能力，而且实施逮捕和起诉会使其背负沉重的经济负担。

为了较好地完成对犯罪嫌疑人的起诉，使犯罪分子受到应有惩罚，英国民众自发组织了许多诉讼社会团体。在英国村庄、城镇、教区等地方自愿组成的协会中，重罪诉讼协会（Associations for the Prosecution of Felons）是比较普遍的一种形式。重罪诉讼协会主要关注针对人身和财产的犯罪，特别是财产犯罪。对于危害道德、破坏公共秩序及政府的犯罪，他们极少关注。这些协会以传统的治安原则为基础，集体保护百户区和十户区较小范围内的安全，自己承担而不是通过警务员对嫌犯起诉。1750年前，重罪诉讼协会只少量存在。1750—1856年，重罪诉讼协会作为打击犯罪的方式而大量存在。虽然其建立的具体原因各有不同，但这些协会都致力于镇压特殊犯罪。第一个有档案记载的重罪诉讼协会是1744年在布雷瑟顿建立的。21位自称地主及居民的人签订了一份协议，为期21年，以他们缴纳济贫税的多少按比例承担起诉重罪犯的费用。布雷瑟顿协会（The Bretherton Association）更多地关注因诉讼费用及法律制度的复杂性而引起的不愿起诉的情况：

[①] 虽然在受害者的周围有教区警务官和治安法官等治安力量存在，但是这些力量只起辅助作用。犯罪嫌疑人是否被逮捕和起诉，很大程度上依赖于受害者作出什么样的选择，警务官和治安法官都是在被动地接受受害者的请求时才对犯罪嫌疑人采取行动。

> 鉴于近年来各式各样的盗窃罪及重罪案件的发生……由于参加起诉需要非常大的费用，本来应该对犯罪分子提起起诉，但因诉讼费用昂贵而不能有效进行，这些被偷货物的物主经常采取默许的态度，因而他们没有尽力找出罪犯、对他们提起诉讼，犯罪分子没有受到应有的惩罚，这样人们容易被诱惑或怂恿犯罪。①

1744—1856 年间，在英格兰及威尔士至少有 450 个这样的协会组织，其分布范围没有单一的模式，通常情况下随着城市和工业的发展，协会数量也会不断增加。在拥有大城市和工业中心的郡，协会数量最多，而且建立时间也最早。当地的社会环境，特别是有关心公众事务的地方法官或治安官的存在，对一个地区建立重罪诉讼协会起着决定性作用。兰开夏（Lancashire）的许多协会，起初采取的是以一位或两位乡绅与其他相关利益居民之间签订一份协议的方式而建立。波尔顿勒菲尔德协会（The Poulton-le-Fylde Association）就是这种情况，这个协会的上述各方、乡绅约翰·布里斯伯恩（John Brisbourne）及乡绅理查德·迪克森（Richard Dickson）达成协议，共同平均承担抓捕罪犯、提起诉讼的费用。爱德华·克里斯琴（Edward Christian）是一位积极关心公众事务的法官。面对人们日益不能提起诉讼的情况，他建议允许法官抓捕罪犯，支持建立重罪诉讼协会。他指出：

> 为了阻止这种普遍存在的犯罪动机，我已经到处建议建立有产者协会（Associations of Men of Property），参加协会的人一起承担对重罪犯追捕及起诉的费用。我曾听到不赞成这种协会的意见，但从来没有听到任何需要做出澄清的反对声。②

高级市政官及考文垂市长约翰·休伊特（John Hewitt），也是一位治安法

---

① Victor Bailey, ed., *Policing and Punishment in Nineteenth Century Britain*, New Brunswick: Rutgers University Press, 1981, p.26.
② Victor Bailey, ed., *Policing and Punishment in Nineteenth Century Britain*, p.27.

官。1733年,面对犯罪人数的大规模增长,他建议考文垂及沃里克郡(Warwickshire)的乡绅、法官及主要居民建立一个重罪诉讼协会:

> 法官和民众需要对最近两次巡回审判庭所释放的危险犯罪分子引起注意。随着冬季的来临,农民的财产暴露在外,相当有必要采取一些有力的措施来保护财产……阻止这些犯罪分子进一步作案,建议成立协会以便对犯罪分子进行追捕、逮捕及起诉。在考文垂特别行政区(The Liberities of Conventry)及沃里克郡,受害者人数非常多……很多第一等级乡绅及在沃里克郡拥有财产的乡绅已表示赞成这一计划,并且他们十分愿意参加,他们十分愿意把他们的名册送交怀特贝尔法学院(The White Bear Inn)的托马斯先生。①

这些重罪诉讼协会,一般为其成员提供以下两项基本的服务。

第一项是为提供逮捕罪犯并对其定罪的信息提供奖励。对奖励的金额,每个协会之间各有不同,但表3-2很有代表性,是关于犯罪类型及提供相关信息的奖励金额。

表3-2　18世纪重罪诉讼协会对提供各类犯罪信息的奖励金额②

犯罪类型	奖励金额
谋杀罪	21英镑
纵火罪	10英镑10先令
盗窃、拦路抢劫	5英镑5先令
偷窃或使马匹、母牛、猪、羊致残	5英镑5先令
偷窃或毁坏家禽、鱼、木材和工具	2英镑2先令
偷窃或破坏围墙、树篱等	1英镑1先令
盗取果园、菜园及田野财物	10先令

---

① Victor Bailey, ed., *Policing and Punishment in Nineteenth Century Britain*, p.28.
② Victor Bailey, ed., *Policing and Punishment in Nineteenth Century Britain*, pp.31-32.

第二项是在起诉罪犯过程中向协会各成员提供援助。然而,在此项服务实施过程中,各个协会之间有很大的不同。兰开斯特的特顿协会(The Turton Association)只对申诉人提供资金方面的帮助,起诉人须独自负责起诉中的繁琐事务及提供合适的证据……好像起诉是由他自己负责一样。① 在兰开夏之外,协会通常会帮助聘请一位律师来指导起诉并担当办事员及财务主管。起诉过程相当复杂,需要一位法官、大陪审团及被起诉的罪犯到庭,还要准备辩护状及其他文件材料,搜集证据及证人,这意味着律师的作用相当重要。

除了提供奖赏及帮助诉讼这两项基本服务外,一些协会还提供其他服务。1770年代,什罗普(Salop)和斯塔福德郡(Staffordshire)的一些协会开始要求他们的成员加入临时搜索队(posse),"一听到通知,协会成员从不同的方向在100英里范围内骑马追捕嫌疑人……进行最严格的盘查,只要有消息,追捕可达到整个英格兰范围"②。还有一些其他的协会,特别是地处伦敦的协会有自己的巡逻队。如皇家调查委员会(The Royal Commission)的巴尼特协会(The Barnet Association),肯特的滕特登协会(The Tenterden Association)都有一个建立巡逻队的详尽计划。

尽管重罪诉讼协会提供了这些服务,但大约从19世纪中期开始这些协会逐渐衰弱。这些在各乡村地区建立的重罪诉讼协会,为逮捕重罪犯的人员支付酬劳,补偿起诉费用,实际上是有产者为了克服政府执法机构的不足而采取的一种尝试,他们希望通过这种方式使他们的财产能得到有效的保护。这些协会的存在,不管其职责如何,都表明英国人意识到了他们法律原则的失败性,试图寻找补救措施,以缓解现有法律原则不足所带来的危害。历史学家道格拉斯·海认为,法律的目的是加强法律自身的概念,经常通过极端保守的方式来进行:

---

① Victor Bailey, ed., *Policing and Punishment in Nineteenth Century Britain*, p.32.
② Victor Bailey, ed., *Policing and Punishment in Nineteenth Century Britain*, p.33.

乡绅们敏锐地意识到他们的安全依赖于信仰——他们公正规则的信念及其坚定不移的力量。因此,有时处罚必须延期进行或者减轻以适应民众的公正理念,预防出现严重的公众义愤行为,从而实现自己的力量。①

这些协会的出现,表明18世纪的部分有产者对于"血腥原则"所引起的软弱司法力量的不满。到19世纪时,协会成为改善社区警察、法院及法官的忠实支持者。② 但是,由于这些协会所提供的保护与经费密切相关,其经费通常严重不够,并且协会赋予个人自由执行公共权力,这些会带来诸多不便,通过大的协会来实现自保将会对公众权利带来损害。而且,这些协会基本上没有超出地方的范围③,邻近的协会之间缺乏有效合作,有时甚至相互竞争,不能融洽相处。④ 关于一个城镇的两个协会相互竞争、不能融洽相处的情况,最典型的例子发生在利明顿斯帕(The Leamington Spa)。利明顿普赖尔家协会(The Leamington Priors Association)在19世纪20年代就已经建立,并且迅速发展成一个大的组织。到1867年,该协会在银行的存款金额超过200英镑,会员人数达155人,多年以来一直发展壮大,作为一个诉讼协会积极活动,成为利明顿斯帕市执法机构的一个必要组成部分,与警察保持着密切联系。1867年,利明顿普赖尔家协会的成功受到利明顿斯帕新协会(The Leamington Spa New Association)的挑战。利明顿斯帕新协会由约翰·鲍恩(John Bowen)建立,他曾担任普赖尔家协会的副会长。普赖尔家协会尽力与新协会和平相处,宣称"一个竞争协会……并不会带来烦恼或挫折",但新协会我行我素,把普赖尔家协会看成竞争对手。1869年,两个协会的会员都在著

---

① Douglas Hay, et al., eds., *Albion's Fatal Tree: Crime and Society in Eighteenth-Century England*, London: Allen Lane, 1975, p.51.
② Victor Bailey, ed., *Policing and Punishment in Nineteenth Century Britain*, p.18.
③ 保护乡绅及贵族狩猎协会是一个全国性的组织,但该协会只是一个例外。
④ Victor Bailey, ed., *Policing and Punishment in Nineteenth Century Britain*, p.29.

名的泡沫收入税协会(Bobble Income Tax Society)的诈骗中受到损害。普赖尔家协会提出指控,但在提交之前,新协会的代理律师发现被起诉者中也有他们的客户。然而,当这一案件送交法庭时,新协会的代理律师并没有出庭,因而普赖尔家协会需要承担所有的费用。这一事件使普赖尔家协会的财政状况十分紧张,普赖尔家协会希望以后遇到类似案件时两个协会一起合作,但毫无结果。利明顿两个协会之间的竞争,很好地说明了在重罪诉讼协会之间缺乏基础的合作。

总之,18世纪以来各种类型的有产者组织的治安力量以非官方的形式呈现。个体商人雇人守护他们的财产,商业社会团体也设立了治安力量以看守商店和仓库,并雇用夜间值班员进行巡逻,雇用代理人以查找被盗财物。这些社会民间警务力量在维持安全、稳定社会环境方面起到了积极作用,但它们都有一个共同的特点,即仅对或基本上只对私人或组织负责。它们在体制及事务上基本保持独立,通常在各自的职权范围外没有管辖权及利益关系,也不受外部的控制,力量分散,处于"分兵把守,各自为战"的状态。民间力量在执行警务活动的过程中,一直处于英国宪政传统以及个人或团体自发组织来操作的局面,缺乏正式的法律法规支持,没有明确的法律地位、法律保障,没有相应的职责权限,也缺少应有的监管机构,这样赋予个人或组织执行公共权力,极易导致社会治安人员为了个人利益而滥用权力或者过度使用武力,侵害公众合法权益。

3. 军事力量参与地方社会秩序的维护

在英国,普通法及成文法对于打架、聚众闹事、携带武器及非法集会、激烈请愿和骚乱有明确的规定。在一个崇尚自由的国家,政府当局对于不端行为及骚乱的镇压还是极为慎重的,对公共集会及下层民众的抗议采取极力克制态度。对于重大的民众骚动事件,都铎王朝和斯图亚特王朝时期的地方当局通常可以使用巡夜看守、警务员及宣誓处理突发事件的临时警务员(Special Constable)来处理。但在通常情况下,地方法官希望通过好言相劝来平息骚动。如果劝说及当地治安力量不能制止骚动时,法官可以请求军事力量的支持。在各郡,受过训练的军事力量主要是当地乡绅领导的郡民团(County Militias)。各郡的这些民团基本上很少训练,而且有时靠不住。革命时期,英国第一次出现受过良好训练、职业的军队。这样,从复辟时期(The Restoration)开始,在骚动期间或受到骚动威胁时,地方法官可以召集而且经常使用一支人数不多的常备军来制止骚动。但是,在斯图亚特王朝晚期及汉诺威王朝时期的英格兰,运用军队镇压骚动的方式引发民众的严重不满。这使人们想起克伦威尔时期维持秩序的方式,军队的将军成为行政管理者,维持全国地方政府的有效运转。利用军队来承担治安任务,导致军官及士兵都不受欢迎;并且利用军队来执行治安行动,仍然是一个争论不休的宪政问题。[①]

18世纪初期,1688年光荣革命的胜利者们,因詹姆士二世党人不断反对新继任的汉诺威王朝,采取了都铎王朝时期镇压骚动的严厉措施,于1714年通过《骚乱法》(The Riot Act)。该法规定,12人或多于12人的非法集会的参与者将遭到逮捕、判刑,并与重罪犯一起执行。该法还规定在对骚乱者进行镇压之前,需要宣布:"我们尊贵的国王陛下告诫、要求正在集会的所有人,你们立即自行解散,回到自己的家里,回到各自的岗位,否则将根据乔治元年通过的法令进行惩罚,制止骚乱和狂暴的集会。愿上帝保佑国王。"[②]在实施《骚乱法》之前,有一个小时的冷静时期。

[①] Clive Emsley, *The English Police: A Political and Social History*, p.14.
[②] "An Act for Preventing Tumults and Riotous Assemblies, and for the More Speedy and Effectual Punishing the Rioters", *The Statutes at Large from the Twelfth Year of Queen Anne, to the Fifth Year of King George I*, London: Joseph Bentham, 1764, http://reactor-core.org/riot-act.html.

1749年,亨利·菲尔丁指出,许多英国人对于新通过的《骚乱法》十分不满,认为该法"违反宪法……是一次压制性的改革,对于国民的自由有很大的危险性"①。而斯坦利·H.帕尔默认为,1714年骚乱法恰恰不是为了镇压。他认为:① 该法旨在对无序状态产生威慑。在1714—1715年詹姆士二世党人危机(The Jacobite Crisis)中,辉格党政府当局并没有提出建立一支"镇压性"的治安部队来逮捕那些违反新《骚乱法》的人。② 菲尔丁在34年间里,仅能找出两例根据该法进行起诉的案例。在18世纪以后的时间中,起诉骚乱者的案例没有出现过。③ 1780年首席法官曼斯菲尔德指出,实施该法仅作为一种温和的警告措施,骚乱时宣读《骚乱法》仅是一种布告。② T.A.克里奇利认为,该法中一个小时的冷静时期很明显地体现了英国的特征,警告骚乱人群危险即将发生,允许无辜者有足够的时间回家或回到各自的岗位,因此该法并不是使血腥镇压合法化,而是确立了一种控制人群的惯例,便于对英国骚乱者进行有效的宪法保护。③ 以上各位学者的看法都有其合理之处,笔者认为,1714年《骚乱法》的制定是英国政府在传统治安力量出现危机、无力对严重骚乱事件进行有效治理的情况下,通过该法赋予治安法官召集军队镇压骚乱的权力,这样就为采用军队来维护社会秩序提供了法理上的依据;此外,如治安人员在执法过程中造成骚乱人群的人员伤亡,他们也将"免于承担职责及被起诉",这样就为治安人员在镇压骚乱过程使用暴力方式解除了后顾之忧。此后,当英国出现严重骚乱事件时,政府当局调集军队进行镇压的行为获得了合法性,造成了一系列流血事件的发生。

19世纪地方政府改革之前,英国地方公务主要由教区中不领薪的地

---

① Henry Fielding, *A True State of the Case of Bosavern Penlez*, London: A. Millar, 1749, p.26.
② Stanley H. Palmer, *Police and Protest in England and Ireland*, 1780 - 1850, p.59.
③ T. A. Critchley, *The Conquest of Violence: Order and Liberty in Britain*, New York: Schocken Books, 1970, p.73.

方治安法官处理。地方法官是"地方的统治者",他们不需接受伦敦的命令,政府也没有想要给他们发布命令。① 在理论上,18 世纪的地方法官可以使用以下几种力量来阻止骚动人群:① 根据古代法赋予法官征募地方民兵(power of the county)来应对突发骚动的权力;实际上,地方民团由忠诚有名望的农场主及乡绅构成,以抵御平民的骚动。但是这种力量只是临时性的,必须经过特别的协商,而且首先要征得个人同意才能加入。② 民团。理论上而言,由拥有一定财产的乡绅指挥、自由民(free-born Englishmen)组成的军事力量,是最符合英国宪政的用于镇压骚动的治安力量。但实际上,正如 J. R. 韦斯顿所指出的:"在一个十分崇尚自由的国家采取不民主的方式,把全国的大部分成年男性武装起来,这必定是一件十分棘手的事件。"②在七年战争之初,全国出现广泛的反对义务兵役制的骚动,政府试图把民团编入治安力量。但是,这些民团有很强的地方联系及利益,这可能影响甚至决定他们处理骚动性示威活动的方式。③ 常备军。这是令英国人十分讨厌但却相当必要的治安力量。在詹姆士二世时期,英国的常备军从 1670 年的 2 000 人增加到30 000人。1688 年光荣革命以后,军队的控制权转至议会,和平时期常备军的数量维持在 17 000 人。③

1757 年,英国发生范围广泛的食品及民团骚乱,政府机构首次陷入瘫痪。为应付这一危机,国防部(The War Office)从 20 个军团中调遣了 5 200 名士兵。这年夏季,伦敦第一次赋予军官可以应法官的要求全权负责军队的权力,而不再需要提前获得国防部的授权。1766 年,英国发生了更大规模的面包骚动(Bread Disturbances)。这些骚动蔓延到英国 20 个郡

---

① Sidney and Beatrice Webb, *English Local Government from the Revolution to the Municipal Corporations Act: The Parish and the County*, London: Longmans, 1906, p.534.
② J. R. Western, *The English Militia in the Eighteenth Century: The Story of a Political Issue*, 1660 - 1802, London: Rutledge and Kegan Paul, 1965.
③ Stanley H. Palmer, *Police and Protest in England and Ireland*, 1780 - 1850, p.61.

的 68 个城镇,主要发生于英国东南部的一些地区。国防大臣威廉·怀尔德曼(William Wildman)再次允许地方法官使用军队而不需要伦敦有关方面的事先同意。国防部派遣当时负责四个军团的陆军中校沃德(Lieutenant-Colonel Warde),在西部建立了一个军事指挥部。在这些骚动中,军队逮捕了 200 多人,并在基德明斯特(Kidderminster)军队与骚动群众的冲突中导致 13 人死亡。① 1766 年骚动再次重申了地方法官有权召集军队来平息骚动,维护秩序。

当骚动发生时,利用军队来维护秩序经常使军队与骚动者之间出现冲突,造成流血事件。例如,在 18 世纪 60 年代的赫克瑟姆民团骚乱(Militia Riot at Hexham)及伦敦威尔克事件(The Wilkes Affair)中,出现流血冲突。1761 年在赫克瑟姆,骚乱的人群想尽力从地方法官那里获得民团投票名单,聚集了 8 000 多人,军团指挥官(The Regimental Commander)要求骚动人群自行解散,并且宣读了几次《骚乱法》,都没有效果,最后只能命令军队开火,从而导致 21 人死亡。在 1768 年的威尔克追随者骚乱(The Wilkes Riots)中,6 人死亡,15 人受伤。② 此外,在铁路时代之前,军队的调遣速度十分缓慢。在天气晴朗时,一支军队 1 天可以行军 15 英里。1768 年,某军团从埃克塞特调往 70 英里之外的布里斯托尔,花费了 7 天时间,其中包括 1 天的休息时间。大城市的地方法官与伦敦的内政部长(The Secretary of State)之间的信息传递要更快一些,马车从巴斯到伦敦只需要 29 个小时,但从乡村及偏远地区到伦敦的信息传递则需要更长的时间,收到伦敦的回复可能需要几天时间。

英法战争之前,英国常规军的规模没有什么变化。英法战争爆发后,英国常备军及民团的规模迅速扩大。1793 年,英国有作战实力的军队人数只有 17 000 人;十多年后,到 1808 年时该人数增加到 60 000 人。政府

---

① Stanley H. Palmer, *Police and Protest in England and Ireland*, 1780 – 1850, p.64.
② Stanley H. Palmer, *Police and Protest in England and Ireland*, 1780 – 1850, p.66.

为了让士兵远离饮酒及激进政治的影响,不再让其驻扎在私人的住房或酒馆里,增加了常驻兵营的建设,常驻兵营数量急剧增加:1660—1847 年期间,共建立 109 个常驻兵营,其中至少一半是在 1792—1815 年期间建立的。英国战争也带来英国民团规模的扩大。1793 年英法战争爆发后,经过三年的发展,1796 年英国民团的人数与 1793 年前的规模相比,增加了两倍,达到 95 000 人,而且直到战争结束时其规模一直保持在 50 000—80 000 人。民团不仅成为招募常备军的兵源,而且成为维持社会秩序稳定力量的后备人员。1811 年《民团法》(The Militia Act)被通过,该法使英格兰与爱尔兰的民团互换合法化。英格兰 1/4、爱尔兰 1/3 的民团可以被调往相对应的郡。1811—1815 年期间,英格兰 40 个郡的 32 支民团与爱尔兰 32 个郡的 16 支民团进行了互换。爱尔兰的民团力量主要来源于南部天主教集中的曼斯特(Munster)及康农特(Connaught)地区,这引起了生而自由的英国人对这些天主教徒的憎恨。1815 年战争结束后,这种运用民团来维护公共秩序的方法结束了,民团部队被解散。此外,战争引起的危机带来新的军事制度的产生,在英国出现了义勇骑兵队(The Yeomanry)。英国义勇骑兵队于 1794 年建立,1794 年其人数达到 11 000 人;自 1803 年以后,其规模一直稳定在大约 25 000 人。1815 年英法战争后,战争期间建立的义勇骑兵队继续存在。义勇骑兵队由郡里的乡绅及城镇商人组成,遭到国外军队侵犯时可执行防卫任务,此外还承担镇压国内骚乱的职责。这些义勇骑兵队经常出动防范粮食骚动者,战后人数保持在 20 000 人左右,继续用于防范骚动的群众。[①]

英法战争期间,当骚动发生时,除了以个人及协会组成力量来维护社会治安外,更重要的一种方式就是征招临时警察。"这是对于如何处理突

---

① Stanley H. Palmer, *Police and Protest in England and Ireland*, 1780-1850, pp.160-161.

发事件最独特的英国方式之一……他们伴随突发事件的出现而不断出现"①，每当社会治安受到严重威胁时，征招临时警察就成为英国的惯例。例如，1804年春，博街警察局就让504名临时警察宣誓就职，以应付法国入侵的威胁。临时警察在1662年法令中首次得到正式承认，但这种理念及其应用可以追溯到中世纪时期的民团。征招的临时警察大部分来自有产阶级，也有贫穷的居民；对于伦敦的一个教区委员会而言，唯一的规定是避免招收爱尔兰人，除非他的品行相当高尚。起初的临时警察招募动员通常是由地方发出的，但在紧急情况下有组织的动员由内政部发起。在19世纪初的十多年时间里，最大规模地征招临时警察是在1810年6月，负责把激进议员弗朗西斯·伯德特爵士押送到伦敦塔。为了控制弗朗西斯·伯德特爵士的支持者，7个警察局的地方法官招募了140名临时警察，伦敦城召集了900名临时警察，志愿军团（Volunteer Corps）及许多私人协会进行协助。这些民众进行了为期10天的执勤，除了在皮卡迪利发生民众与士兵短暂的冲突外，想象中的大规模骚动并没有发生。② 在19世纪初期，历届政府都依靠这种小规模军队提供着有形的、精神上的支持。这种对市民力量的动员也成为英国专业警察缓慢出现的原因之一。

总之，18世纪以来随着群体性骚动发生次数的增多、规模的不断扩大以及间隔时间的缩短，英国政府在利用警务员、巡夜看守等传统治安力量无法有效维护秩序的情况下，开始越来越多地动用军事力量来镇压骚动、制止破坏等，以维持社会秩序。军队成为工业革命时期英国政府维持治安秩序最重要、最坚定的关键力量，它以迅猛和坚决镇压民众抗议骚动的实际行动为当局化解危机提供了必要的武力支撑。但是，军队的干预行动通

---

① Leon Radzinowicz, *A History of English Criminal Law and Its Administration from 1750*, Vol.2, pp.215-216.
② Stanley H. Palmer, *Police and Protest in England and Ireland*, 1780-1850, p.148.

常更能激起参与骚动者对当局的抵制情绪。同时,单纯依靠军事力量进行镇压只能制止骚动或予以打击,而不能从根本上缓解经济衰退、物质匮乏和社会不公等问题。而军队盲目开枪杀伤抗议民众,则会激化社会矛盾,导致更严重的危机。

二、19世纪上半叶治安状况恶化

面对18世纪以来英国传统社会以社区自保为基础的治安制度出现的困境,为应对犯罪浪潮,英国政府采取了一系列权宜措施,改进了巡夜看守制度,加重刑罚处罚、实行惩戒性刑罚,加大悬赏制度;有产者采取一些自保补救措施,自愿组成巡逻队及一些与治安有关的协会。对于持续不断的骚动事件,地方社会精英力量组成临时警察、义勇骑兵队,与军队共同维护社会治安秩序。政府及个人采取的这些强化传统治安制度的措施,虽然起到了一定的作用,暂时维护了社会治安,但根本无法遏制19世纪以来出现的更大规模的犯罪浪潮和应对持续不断的公众骚动,民众的财产和人身安全得不到保障,社会秩序进一步混乱。

1. 持续增长的犯罪浪潮

19世纪以来,英国的犯罪率持续上升,到19世纪20年代增长速度加快,整个40年代一直处于一个较高的水平。根据内政部每年公布的犯罪统计(见表3-3),仅在英格兰和威尔士,发生的刑事犯罪数量逐年增长:1805年4 605起,1815年7 818起,1825年14 437起,1830年

表 3-3　1805—1830 年英格兰、威尔士犯罪统计表①

(单位:人)

年份	英格兰、威尔士犯罪总人数	被定罪	死罪	执行
1805	4 605	2 783	350	68
1806	4 346	2 515	325	57
1807	4 446	2 567	343	63
1808	4 735	2 723	338	39
1809	5 330	3 238	392	60
1810	5 146	3 158	476	67
1811	5 337	3 163	359	45
1812	6 576	3 913	450	82
1813	7 164	4 422	593	120
1814	6 390	4 025	488	70
1815	7 818	4 883	496	57
1816	9 091	5 797	785	95
1817	13 962	9 056	1 187	115
1818	13 567	8 958	1 157	97
1819	14 254	9 510	1 206	108
1820	13 710	9 318	1 129	107
1821	13 115	8 788	1 020	114
1822	12 241	8 209	921	95
1823	12 263	8 204	914	54
1824	13 698	9 425	1 017	49
1825	14 437	9 964	986	50
1826	16 164	11 007	1 146	57
1827	17 921	12 564	1 456	70
1828	16 564	11 723	1 086	79
1829	18 675	13 261	1 311	74
1830	18 107	12 805	1 351	46

---

① Chris Cook and John Stevenson, *British Historical Facts, 1760 - 1830*, London: Macmillan, 1980, p.154.

18 107起。① 而到1840年则达27 187起,1841年达27 760起,1842年达31 309起。不难发现,在短短的37年中,犯罪数量竟增加了将近6倍,犯罪率以不可思议的速度增长。伦敦地方法官帕特里克·科洪指出,当时英格兰的赤贫阶层和犯罪人口多达130万人,约占总人口的1/8;伦敦潜在的犯罪人口多达11.5万人,约占伦敦人口的1/9(按1801年伦敦人口数量为90万来算)。② 也就是说,9个生活在伦敦的人中就至少有1人是潜在罪犯。戴维·阿斯科利(David Ascoli)则将当时的伦敦描绘成一片无序、放荡之地:"犯罪是这个城市最大的产业。"③虽然这种描述可能有所夸张,但至少表明了当时的犯罪问题是多么严重。在地方乡村地区,此时也不再是"快乐的英格兰",不断受到犯罪的困扰。从1805—1839年英国各郡人口与犯罪比率表(见表3-4)可以看出,犯罪增长率明显高于人口增长率。

表3-4 1805—1839年英国各郡人口与犯罪比率表④

郡名	人口增长率/%	犯罪增长率/%	犯罪与人口增长比率
兰开夏	118	475	4.0
达勒姆郡	93	362	3.9
贝德福德郡	60	457	7.6
诺福克郡	46	349	7.6
多塞特郡	45	417	9.3
伯克郡	39	390	10.0
威尔特郡	39	403	10.3
赫里福德郡	24	299	12.5

① Friedrich Engels, *The Condition of the Working Class in England*, London: Penguin, 2005, p.155.
② Patrick Colquhoun, *A Treatise on Police of the Metropolis*, 1800, pp.515-562.
③ David Ascoli, *The Queen's Peace: The Origins and Development of the Metropolitan Police*, 1829-1979, p.27.
④ David Philips and Robert D. Storch, *Policing Provincial England, 1829-1856: The Politics of Reform*, London and New York: Leicester University Press, 1999, p.45.

表 3-5　1785—1825 年大伦敦判处死刑人数表①

（单位：人）

年份	人数	年份	人数	年份	人数
1785	151	1799	72	1812	132
1786	127	1800	101	1813	138
1787	113	1801	101	1814	158
1788	83	1802	97	1815	139
1789	97	1803	82	1816	227
1790	67	1804	67	1817	208
1791	83	1805	63	1818	201
1792	89	1806	60	1819	180
1793	58	1807	74	1820	211
1794	71	1808	87	1821	151
1795	49	1809	89	1822	138
1796	93	1810	118	1823	122
1797	81	1811	106	1824	149
1798	82			1825	168

来源：*Sessional Papers of the House of Commons*, 1819, xvii, 295-299; 1826—1827, xix, 199-200; and HO 6/4.

除了一般的犯罪之外，重罪案件也时有发生。从 1785—1825 年大伦敦判处死刑人数表（见表 3-5）及 1811—1849 年英格兰及威尔士（不包括伦敦）起诉及被判刑事犯罪人数表（见表 3-6）可以看出，自 18 世纪末以来，首都伦敦及地方的刑事犯罪人数不断增加。1812 年 5 月 1 日，斯宾塞·珀西瓦尔（Spencer Perceval）首相经过下院休息室时，遭到一位精神失常的谋求官职者约翰·贝林厄姆（John Bellingham）的行刺。虽然

---

① Simon Paul Ross Devereaux, "Convicts and the State: The Administration of Criminal Justice in Great Britain During the Reign George Ⅲ", Unpublished Ph.D. Thesis, University of Toronto, 1997, p.462.

这起犯罪没有任何意识形态的动机,但下层阶级的激进分子对贝林厄姆的行为大加赞扬,这种野蛮的行为引起了令人震惊的政治影响。① 而在此之前,1811 年 12 月发生在伦敦的拉特克里夫公路连环谋杀案则更加令人震惊。

表 3-6 1811—1849 年英格兰及威尔士(不包括伦敦)起诉及被判刑事犯罪人数表②

(单位:人)

年份	每 10 万人中被控刑事犯罪人数	每 10 万人中被判刑事犯罪人数
1811—1813	78	不确定
1814—1820	89	58
1821—1829	105	74
1830—1835	131	93
1836—1839	145	105
1840—1849	162	118

来源:Calculations have been made from the statistics published as *Parliamentary Papers*, particularly 1831-1832, xxxiii; 1835, xiv; 1841, xviii; and 1870, lxviii.

1811 年 12 月 7 日,这一天是星期六。午夜前,一位受人尊敬的亚麻织品零售商马尔先生(Mr. Marr),关上他在伦敦东区韦平区拉特克利夫路 19 号的店铺。他在伙计的帮助下,开始更换货架上供白天出售的货物。12 点钟左右,他让女仆去附近的店里买一些牡蛎以备晚饭食用。女仆出门时,忘记关门了。当她回来时,门已经被关上。她多次敲门,屋内没有任何反应。一小时后,女仆在一位巡夜看守的陪同下,再次敲门,屋内仍然没有反应。旁边的一位邻居注意到,院子里的门是敞开的。他们爬过围墙,进入屋里。但眼前的一切让他们十分震惊,屋子里是一片骇人的惨景。马尔和他的店伙计

---

① E. P. Thompson, *The Making of the English Working Class*, New York: Vintage Books, 1963, pp.570-571.
② Jenifer Hart, "Reform of the Borough Police, 1835-1856", *The English Historical Review*, Vol.70, No.276 (1955), p.413.

平躺在店铺里,已经死了,脑袋已被敲碎;马尔夫人也倒在走廊里,头部遭到重击,他们的小孩也被杀害在摇床里。在马尔的身边,找到了店铺木匠断了的凿子及大槌。这些人都倒在血泊中。12月15日,马尔一家的葬礼在东区的圣乔治教堂(The Church of St. George)举行,现场有大量的围观民众,马尔一家人被葬在一起;店铺伙计由他的朋友们进行安葬。这一特大惨案自然给人带来恐惧。现场的一位目击者认为,这一血案与历史上所记载的惨案一样血腥。用马尔的一位邻居的话来说:"最近发生的这个残忍、令人恐怖的惨案,清楚地表明在我们当中存在着一些丧失人性的恶魔,他们甚至与最野蛮的民族一样残暴。"①

公众的恐惧还没有消失,惨案却再次发生。12月19日晚上,在新格拉韦尔小巷(New Gravel Lane)附近,靠近拉特克利夫路,离圣乔治教堂不远的地方,平静的夜晚被来自81号的"国王之臂"酒馆的呼喊声——"杀人啦!"——打破,随后到处陷入一片混乱。一个男人,几乎赤身裸体,被两根系在一起的布条从二楼的窗户上吊下来,并且大声呼喊"屋子里的人被杀了"。一位警务员及几位邻居来到现场,他们首先看到的是威廉森先生(Mr. Williamson)的尸体,这位72岁的业主已经在此经营这家"国王之臂"酒馆15年了。他的喉咙遭到严重刺穿,大腿被打断,脑袋严重破裂,而在其身边放着一把铁锹(或许是大锤)。在大厅里,威廉森夫人也是脑袋破裂,喉咙被严重刺穿。在其不远处躺着的女仆的尸体,也是残缺不全。

这两起杀人案手段之残忍、受害人之多史无前例。沙德韦尔警察局(The Shadwell Office)的一位地方法官写道:"完全有理由认为,杀害马尔先生一家的凶手也是残暴作案的犯罪分子。"恐惧、不安在邻近地区蔓延,并迅速扩展到大伦敦地区,甚至更远的城镇。12月20日,内政大臣被告

---

① Leon Radzinowicz, *A History of English Criminal Law and Its Administration from 1750*, Vol.3, pp.315-316.

知:"这些令人震惊的事情对公众,特别是对城东区的人们造成的恐惧和不安,是无法想象的。"同一天,他收到来自更远地区的一封来信,信中指出:"之前几乎闻所未闻的谋杀案如今不仅在整个伦敦城,而且在全国都引起了普遍的不安。"公众的紧张状态也影响到了政府当局。当局人员急切希望立即将犯罪分子抓捕归案。一位从肖尔迪奇(Shoreditch)前往贝克特的官员写道,"受最近发生的可怕谋杀案的影响,此时人们的情绪十分恐惧、不安","我不能走出大门","我一出门就要应付人们的询问,问我韦平谋杀案的凶手是否已经被抓到"。① 同时,政府当局也发出悬赏公告,希望有人提供谋杀案的相关线索。当马尔被杀害时,圣乔治教区悬赏50英镑,奖励给任何帮助把杀人凶手抓捕归案的人。12月12日,内政大臣赖德(Ryder)作出批示,由财政委员会拨款100英镑作为悬赏金,政府将其奖励给任何把一个或多个犯罪分子抓捕归案的人。两天后,政府颁布类似的公告,将悬赏金提升到500英镑。后来,当威廉森一家也遭到像马尔一家一样的灭门后,内政大臣赖德再次作出批示,又设立了一项悬赏金。这一次的悬赏金为:只要能够证明断了的凿子是谁的或者威廉森身边的铁锹是从哪儿买的,就能得到20几尼的奖金;如果抓捕到凶手,就能得到100英镑。

在第一次恐慌浪潮期间,人们普遍认为多起凶杀案是由外国人干的。外国海员是制造摩擦的因素之一,特别是其人数正在大量增加。12月23日,内政大臣赖德收到一封匿名信,认为这些惨无人道、灭绝性质的凶杀案是外国人干的;强烈要求发表一份有关谋杀案的声明,而且声明应被翻译成葡萄牙语、东方诸国的语言及其他各种语言,被张贴在酒馆、商店及停靠在泰晤士河上的船上。② 在此之前,应哈里奥特的请求,贝克特已经发现

---

① Leon Radzinowicz,*A History of English Criminal Law and Its Administration from 1750*,Vol.3,p.317.
② Leon Radzinowicz,*A History of English Criminal Law and Its Administration from 1750*,Vol.3,p.319.

有三个葡萄牙水手在马尔谋杀案现场附近,并且他们的裤子上沾有血迹,因而对三个葡萄牙水手进行询问,但已经证实他们凌晨 4 点刚从格雷夫森德(Gravesend)过来。其他一些外国的船只也受到检查,但没有任何结果。爱尔兰人也是被怀疑的对象。几个爱尔兰人受到调查,一些甚至被拘留。对葡萄牙人和爱尔兰人的怀疑甚至拘捕,很多时候是没有正当的理由的。塞缪尔·罗米利爵士认为这类情况是"最可怕的不幸,如此多的人因为轻微的怀疑而遭到拘捕",据他统计,"有 40 到 50 人没有什么嫌疑也遭到逮捕。"①

随后不久,正当人们一筹莫展时,当局收到一些重要的信息。有人提供信息,说有位丹麦人约翰·彼得森(John Petersen),由于某位叫约翰·威廉斯(John Williams)的男士的原因,曾被抓到科尔德巴斯场的教养院接受调查。威廉斯是韦平地区一个叫"梨树"的旅馆的房客,他与另外两个人——卡特布尼(Cutburn)及哈里斯(Harris)同住一个房间。哈里斯曾在报纸上看到对马尔谋杀案中马尔身旁铁锹的描述,从中辨认出这是丹麦人约翰·彼得森的物品。约翰·彼得森是"梨树"旅馆的一位房客,偶尔来"梨树"旅馆居住,但是他当时已经回丹麦了,临走时他把铁锹及其他的工具交由威廉斯看管。哈里斯为了证实他的怀疑,曾去寻找铁锹但没有找到。然后,他把这一消息告诉房东弗米利(Vermillee),弗米利把这一线索转告当地的法官们。哈里奥特立即对铁锹进行了重新检查,发现铁锹上的确刻有"J. P."的字母;当约翰·威廉斯重新回到旅馆时,他被逮捕。到这个时候,各种证据表明他就是凶手,而且在其马甲下找到一把有血迹的匕首。②

在对约翰·威廉斯进行判决之前,法官们决定再次对其进行审问。但

---

① Leon Radzinowicz, *A History of English Criminal Law and Its Administration from 1750*, Vol.3, p.321.
② Leon Radzinowicz, *A History of English Criminal Law and Its Administration from 1750*, Vol.3, pp.321 - 322.

是,12月27日当监狱看守进入关押他的单人牢房时,他们发现他已经上吊自杀,死了。毫无疑问,威廉斯是这两起谋杀案的凶手。随后,审判委员会最后对其进行了判决。根据惯例,威廉斯应被葬于十字路口附近,但是在此案中,内政大臣在与沙德韦尔的法官罗伯特·卡珀(Robert Capper)协商后,决定将威廉斯的尸体沿着他从事犯罪的地区进行公开示众,让当地的人们意识到威胁已被消除。1812年1月1日,威廉斯的尸体被公开示众。这一示众过程被记载得十分详细,在法律编年史中史无前例,并且有许多令人毛骨悚然的细节。①

虽然在1857年之前,法院没有统计被判犯罪人数;而且被指控及判刑犯罪人数可能受到其他因素,如警察的效率、刑法数及起诉的具体案例等影响,但这些并不影响了解犯罪的变化情况。19世纪以来,犯罪事件不断增加,恶性杀人案件频发,说明政府所采取的权宜之计及私人采取的治安措施仍然不能保障民众的财产及人身安全,民众缺乏安全感。此外,关于通过加重刑法处罚来打击犯罪的方式,布罗代尔指出:

> 强迫国民服从,不惜进行打击和威胁,这是国家的职责所在。国家"有权以公共利益的"名义消灭个人。国家履行刽子手的职责,这本身无可指责;即使下手很重,也是正当的。在绞架和断头台四周以一种病态的好奇围观的人群从不站在被处决的死囚一边。只为犯有细小的过错,往往便被处以极刑,人们对这种刑罚的敏感心理也变得淡薄。②

因此,这种方式不但不能较好地打击犯罪,还会助长犯罪事件的发生。

---

① Leon Radzinowicz, *A History of English Criminal Law and Its Administration from 1750*, Vol.3, p.323.
② [法]布罗代尔:《15至18世纪的物质文明、经济和资本主义》(第2卷),第570页。

2. 19 世纪上半叶公众骚动的持续不断

英国人有着崇尚自由的传统,在历史上"抗议权总是被英国人看成是与生俱来的权利"①。自光荣革命以来,抗议权被所有的英国人看成是一项基本的自由和权利,逐渐形成了反对暴政、限制王权、维护自由的思想。17 世纪的英国政治思想家洛克对此作了系统阐述,他在《政府论两篇》中提出了"自然权利说"和"社会契约论"。他认为,统治者与被统治者之间存在着一种契约关系,统治者的权力来自被统治者的同意,一旦这种契约被破坏,被统治者不再有服从的义务,反抗是其合法的权利。② 18 世纪以来,英国激进思想家谢比尔(Shebbeare)在《给英国人民的信》中认为,民众反抗政府专制的权利是合理的,是一种自然权利。③ 这种权利"一直渗透到社会下层,许多身份低微的平民也意识到,他们是自由的人,而不是奴隶"④。当他们认为其权利受到侵害或处于危险之中时,就会挺身而出保卫它们。这样,"自由"与"反抗"成为英国人所珍视的传统和不可剥夺的权利,强烈而且根深蒂固,为民众进行维护自由和权利的斗争提供了理论依据。

因此,骚动及社会抗议被下层民众看成一种合法的方式,用以表达他们的困境,缓和社会压力。此外,这些抗议活动被看成非精英阶层就社会不公与精英阶层沟通的一种方式。正如博迪(Bordua)所言:"假如统治者尽职尽责,那么民众将会热情地拥护他的领导。但是,如果他玩忽职守,民众将会举行抗议活动,直到他能承担职能为止。对于这种抗议的机制,双

---

① George F. E. Rude, *Hanoverian London, 1714 – 1808*, London: Secker and Warburg, 1971, p.221.
② [英]约翰·洛克:《政府论两篇》,赵伯英译,西安:陕西人民出版社,2004 年,第 2 页。
③ Kathleen Wilson, *The Sense of the People: Politics, Culture and Imperialism in England, 1715 – 1785*, Cambridge and New York: Cambridge University Press, 1995, p.200.
④ [英]H.T.狄金森:《十八世纪英国的大众政治》,陈晓律等译,北京:商务印书馆,2015 年,第 129 页。

方都十分清楚,并且除偶尔会出现财物损毁外不会产生任何政治问题。"①只要示威游行保持在长期形成的限定规则范围内,这些抗议活动就能够被社会精英所接受。但是,如果抗议者偏离了接受的抗议规则,精英阶层就不再把这些集会看成合法的抗议,而视为暴民行为。合法的抗议活动之所以转变为骚乱、自发的集会,之所以成为"暴乱",其原因之一就是合法的抗议活动失控。在许多情况下,对于民众的合法抗议活动,政府当局因处理措施不当而最终导致骚动演化为骚乱,这在19世纪上半叶持续不断的骚乱中表现得尤为突出。

1795年11月,小皮特政府颁布了《叛乱集会法》(*The Seditious Meets and Assembles Act*)。② 该法令规定,"凡举行50人以上的集会,须经3个以上治安法官的批准,否则治安法官可下令解散,直至调用军队,拒绝解散者可处以死刑"③。这个法令实际上完全取消了群众的言论和集会自由,一切民主活动几乎都成为违法活动。1799年,议会再次通过《结社法》,禁止成立一切结社组织,包括工人群众的工会,互助会,等等。这样,一切自由的权利都被取消,一切合法的活动都是"非法"了。这给人们带来了双重的苦难:一方面粮食匮乏,生活费用昂贵;另一方面,它又刺激着工业发展,工业革命全速进行,把更多的手工业工人驱向饥饿的边缘。工人们眼见机器正夺走自己的饭碗,结社法又不准工人有组织地自卫,因此群众的一切运动都隐入地下,成为秘密性质的活动。

秘密结社活动的高潮是1811年爆发的卢德运动④。这场运动是以砸

---

① Robert Sanderson, "The Development of the London Metropolitan Police, 1785-1829", Unpublished M.A. Thesis, The University of Texas at Arlington, 1993, p.29.
② "The Seditious Meeting and Assembles Act, 1795", in W. C. Costin and J. S. Watson, *The Law and Working of the Constitution*: Documents, 1784-1914, Vol.2, London: Adam and Charles Black, 1952, pp.12-16.
③ 王觉非主编:《近代英国史》,南京:南京大学出版社,1997年,第370页。
④ 卢德运动的一个很明显特征是手工工人与工厂主对立(不是工厂工人与工厂主),其原因是:工厂机器夺走了手工工人的饭碗,把他们推入无以为生的绝境中。

毁机器为主要表现的手工工人抗议事件,起因于海外市场崩溃引起的经济危机,导致食品价格飞涨、工资下降,失业人数不断增加。运动首先在诺丁汉郡及德比郡东部地区爆发,次年扩展到约克郡、兰开夏南部及相邻近的柴郡。卢德分子主要表达对当地经济的不满,他们很少涉及政治改革,并且没有证据表明各郡之间的卢德分子存在合作,也没有全国性革命的方案。实际的卢德分子人数可能相当少。1811—1822年在约克郡及兰开夏发生的事件只有几十例,在英国中部大约也只有 100 例。卢德主义(Luddism)之所以引起人们的恐慌,是由于它的组织性、秘密性及团结一致性。较低阶层通过效率、系统地运用组织及可控性地使用暴力,以实现其目标,这一点令人害怕。各种群体的人,不管认识与否,20 至 30 人组成一伙,有时携带武器,蒙着脸,在偏僻的各区之间穿梭。此外,选择性地破坏机器及财产也令人惊恐;他们叫喊成员及回答都是使用数字,不用名字;鸣枪表示他们的离开,按照严格的军队方式撤退,然后成员从不同的方向散开。卢德分子的武装突袭最早是在 1812 年 1 月,5 月在伦敦发生的刺杀首相斯宾塞·珀西瓦尔事件更加剧了阶级恐惧。

建立警察力量来处理这些骚动没有取得进展。在农村地区,教区治安力量要么根本没有,要么人数极少并且治安人员都是年老体弱不能胜任者。城镇的情形也几乎如此。莱斯特人口约有 23 000 人,其中仅有 6 名警务员;奥尔德姆人口约有 29 000 人,其中仅有 2 名警务员;曼彻斯特人口约有 116 000 人,维持治安由代理警务员约瑟夫·纳丁(Joseph Nadin)领导的 15 名教区执事及街道管理人(Streetkeepers)、70 名巡夜看守负责;诺丁汉(Nottingham)人口约有 34 000 人,其中仅有 6 名警务员。1811年3月,诺丁汉首次出现骚动时,就召集常备军来恢复秩序,此后也采取同样的方式。[①] 在城镇,维护秩序的传统方式是招募临时警察。1811 年 12 月,

---

① Stanley H. Palmer,*Police and Protest in England and Ireland*,1780 - 1850,pp.179 - 180.

诺丁汉征招了600名临时警察用于夜晚街道巡逻;1812年4月,与曼彻斯特相邻的索尔福德,招募了1 500名临时警察(临时警察的人数占该地成年男性总人口的1/10);博尔顿征招了400名临时警察。① 这种治安体制的缺点是在最需要的地方不能发挥作用。临时警察适用于城镇、中产阶级群体,但绝大部分骚动发生在农村地区。此时,这些地区的中产阶级规模不是很大;较低阶层的人对骚动要么表示同情,要么感到害怕,因此不愿意担任志愿治安力量,而且也不可靠。在镇压卢德运动的过程中,临时警察发挥的作用不是很大。

在缺乏强有力的非军事治安力量的情况下,政府只好采用几种军事力量来镇压卢德运动。第一种是出动义勇骑兵队,但这类军队规模很小(大约每支50人),而且十分分散。第二种是调用郡民团。1812年春,从伯克郡、坎伯兰郡、南林肯、多佛及白金汉郡调派民团,支援诺丁汉郡。约克郡的3 000人民团,英国中部地区的3 000人民团及兰开夏的1 000人民团成为政府侦探服务的主要力量。② 此外,在中部及北部地区,驻扎了英国有史以来规模最大的军队。当诺丁汉出现骚动时,60名骑兵驻扎到当地的兵营里;曼彻斯特及约克开始骚动时,也驻扎了类似数目的军队。1811年11月,派往英国中部地区的民团及常备军达2 000人,两个月以后达到4 000人。1812年5月,5 000名步兵、1 400名骑兵调驻兰开夏,1 800名军队调派约克郡。到1812年夏,在莱斯特与约克两城市之间仅相隔100英里的地区,政府就聚集了规模达12 000人的军队。这支军队人数众多,比1818年威灵顿率领前往葡萄牙作战的军队人数还要多。③

运用军队来打击卢德分子、维护治安秩序也存在一定的问题。这些军

---

① Frank Ongley Darvall, *Popular Disturbances and Public Order in Regency England*, London: Oxford University Press, 1969, pp.252-253.
② Stanley H. Palmer, *Police and Protest in England and Ireland*, 1780-1850, pp.180-181.
③ Frank Ongley Darvall, *Popular Disturbances and Public Order in Regency England*, pp.259-260.

队的将领们熟悉战场作战策略,能集中进行大规模的军事作战;但其分散行动容易受到攻击,遭到乡村大规模群众的堵塞,因此他们尽量避免分散行动。但是,卢德分子却比较分散,迫使军队分成小队穿梭于骚动发生的地区,以保护财产。同时,这么大规模的军队的住宿也成问题。例如,在约克郡的哈德斯菲尔德,共有人口 9 671 人,1 000 名士兵驻扎在城镇的 33 个酒馆里。居住在这里的士兵,每天喝得醉醺醺的,毫无纪律,而且容易受到政治激进主义的影响。① 在偏远地区,很难为士兵解决住宿问题。此外,文职地方法官没有军队协助,无法进行逮捕工作,并且很少与军队进行有效的沟通;而军队如果没有地方法官发出命令,他们也不能执行任务。

为了应对卢德分子的挑战,1812 年 2 月英国议会制定了两项公共秩序法令。第一项是《破坏机器法》(The Framebreaking Act)。该法规定,对破坏机器者实行严厉的惩罚,判处死刑。第二项为《诺丁汉治安法》(The Nottingham Peace Act),也就是通常所说的《日夜守卫法》(The Watch and Ward Act)。该法旨在强化当地的治安体制。《诺丁汉治安法》规定,在骚动普遍存在的地区,当地的地方法官应任命警务员担当看守,负责白天及晚上的守卫任务。警务员的人选来源于所有年龄在 17 至 50 岁的户主,警务员每年可领取 20 英镑的薪金;如果警务员或其代理疏忽大意、不称职,将要支付高额的罚款;这些治安人员所需费用来源于济贫税。② 这样,这支治安力量的管理及经费仍然由当地负责。但是该法实施的效果却令人失望。在诺丁汉,仅把巡夜看守人员从 1811 年 3 月的 12 人增加到 11 月的 36 人。诺丁汉也没有执行《日夜守卫法》,1813 年夏城市巡夜看守也遭到解散。在麦克尔斯菲尔德、斯托克波特、奥尔德姆建立了日夜看守体制,但到 1813 年这些地区也都取消了这项制度。在约克郡,哈利法克斯及哈德斯菲尔德也只建立了小规模的日夜看守。大部分根据《日夜守卫法》宣誓

---

① Stanley H. Palmer, *Police and Protest in England and Ireland*,1780 – 1850,p.182.
② Stanley H. Palmer, *Police and Protest in England and Ireland*,1780 – 1850,p.183.

而成的警务员,他们都不巡逻而且也认为没有必要巡逻。关于这些地区没有扩大警务员的原因,我们不难理解。在经济萧条时期,地方当局反对增加济贫税以维持日夜看守制。由于这一原因,许多村庄反对实行该项法令。许多地区很难找到足够值得信任的人,并且有很多人不愿意担任警务员。地方法官也不愿意执行该项法令。此外,这些地区的许多人对卢德分子的目标有同感。因此,从莱斯特到约克之间的广阔地区仍然依靠12 000名军队人员来维持秩序。政府当局调集军队及运用现有的治安力量并不能有效地阻止卢德运动的发展,卢德运动的消失是一个自然的过程。使用军队及传统的治安力量并不能保证社会的长治久安,促使上层阶级第一次意识到非军事力量对于维持法律及秩序的价值所在。①

1815年,持续20多年的英法战争结束,民众本来期望和平能带来繁荣,却不料停战引起需求骤减,经济猛衰,出口贸易直线下降,失业率大幅增加;加上连年歉收,人民生活已苦不堪言。当政的托利党政府为维护土地贵族的利益,操纵议会通过谷物法,人为地把粮价维持在一个惊人的水平上,引起全国怨声载道。在这种情况下,人们的不满再次促成激进主义抗议运动的高涨。1815年谷物法通过后,伦敦出现了反谷物法骚乱(The Corn Bill Riots)。在这场反对谷物法的运动中,1815年3月的骚动持续了将近1个星期。反对谷物法的集会在全国各地举行,并且有42项申请停止谷物法的请愿书送抵议会,其中曼彻斯特的请愿书上的签名人数达52 000人,伦敦的一份请愿书上也有41 000人签名。1815年3月6日,当议员们到达议会大厅时,他们遭到一大群人的围困,被敦促考虑长期战争带给穷苦民众的灾难问题。

内政大臣西德默斯及警察局的地方法官们并没有准备好如何控制抗议的群众。1815年3月6日,一位地方法官罗伯特·贝克爵士(Sir Robert

---

① Robert Sanderson,"The Development of the London Metropolitan Police, 1785 – 1829", Unpublished M.A. Thesis, The University of Texas at Arlington, 1993, p.60.

Baker)把他的 50 名警察安置在议会里面,而他自己却前往皇家骑兵卫队(The Horse Guards)调派军队;另一位地方法官带领 30 名警察前往旧王宫广场,其后就离开了,前往城市的其他地区。威斯敏斯特高级市政官带领他手下的 40 名警察赶到议会。下午 3 点,当军队赶到议会大厅时,发现 180 名警察中仅有 80 名待在议会大厅外面,其他的警察都待在议会大厅的走廊里。因此,军队在保护议员进入议会大厅时必须承受抗议群众更多的侮辱、挤压。惊慌失措的皇家近卫骑兵团(The Life Guards)使用军刀,对抗议的群众进行乱砍。

在 3 月 7 日到 10 日的 4 天时间里,大伦敦不得不采取传统的紧急措施——调用临时警察和军队来维护秩序。每个警察局征招了大量的临时警察,每个教区也采取了同样的措施。此外,内政大臣西德默斯调集了各种义勇骑兵队,并且在几十处重要的场所驻扎了 1 300 人的步兵团及骑兵团,包括在大英博物馆(The British Museum)、英格兰银行(The Bank of England)及纽盖特监狱驻扎了大量军队。9 支军队在从怀特查珀尔向西直到奈特布里奇,从白厅向北直到拉塞尔广场的街道上巡逻。在伦敦塔、波特曼广场、奈特布里奇、圣詹姆士公园及摄政公园(The Regent's Park),每个地方都有 300—600 人的预备队(Reserve Force)维持治安。内政部同意派遣军队保护那些持谷物保护主义观点的议员的住宅;尽管采取了这些保护措施,但还是有 20 所大的住宅遭到抗议群众的破坏。①

1815 英法战争后,伴随战时经济的结束,英国失业人数再次增加,地方陷入骚动的浪潮。1816 年的面包及工资骚动遍布英国东部的农业地区,在中部地区也出现了周期性的骚动。1816 年年底,伦敦出现斯帕广场骚乱(The Spa Fields Riots)。1817 年初,议会拒绝了汉普登俱乐部(Hampden Clubs)全国性的请愿书。在该请愿书上的签名人数多达 50 万。

---

① Stanley H. Palmer,*Police and Protest in England and Ireland*,1780-1850,pp.167-168.

请愿书要求每年召开一次议会,成年人拥有选举权及秘密投票权。为了应对这些骚动,1817年2月,议会暂时取消了人身保护令(habeas corpus),禁止公开集会。工人们为抗议这一镇压性措施,发动了负毯者进军运动(The March of the Blanketeer)①、哈德斯菲尔德暴动(The Huddersfield Rising)、彭特里奇暴动(The Pentridge Rising)。1818年1月,政府再次恢复人身保护令。7月,公开集会也再次被合法化。而此时,经济状况再度恶化,工人们运用新的合法化的武器——和平的户外公开集会,来实现选举权和废除谷物法。1819年7月,在伦敦的一次集会聚集了10 000人;而在伯明翰的一次选举一位合法议会代表的集会中,聚集了60 000人。1819年8月,在曼彻斯特举行了一次集会,亨利·亨特(Henry Hunt)到场进行演讲,这是曼彻斯特历史上最大规模的集会。

1819年8月16日早晨,曼彻斯特地区的约8万名工人、手工业者,身穿节日盛装,到邻近村镇整装出发,前往圣彼得广场参加大会。各队打出的旗帜上写着各种口号,包括"年度议会""普选与无记名投票""宁要作人死,不当奴隶卖""不要谷物法""没有平等代表权毋宁死",等等。这次大会丝毫不带革命倾向,但是曼彻斯特市政当局在托利党的默许下,却决定对其予以镇压。上午11点,地方法官已经在圣彼得广场周围布置了大量的兵力,其中包括300名临时警察,曼彻斯特义勇骑兵队,柴郡义勇骑兵队,第31步兵团的250名士兵,第88步兵团的160名士兵,第15轻骑兵团的300名骑兵,两支轻型火炮部队。下午1点20分,亨利·亨特到达圣彼得广场,穿过欢呼的人群,登上演讲台。下午1点30分,代理警务员约瑟夫·纳丁给曼彻斯特义勇骑兵队送出一封短笺,要求他们立即赶到现场。下午1点40分,曼彻斯特义勇骑兵队赶到圣彼得广场。在停顿了一会儿后,他们突然冲入密集的人群,挥动马刀对群众乱砍,以驱散集会的群众。

---

① Frank Ongley Darvall, *Popular Disturbances and Public Order in Regency England*, p.162.

但是这支义勇骑兵队很快陷入集会群众的汪洋大海。看到这种情景,几分钟后第15轻骑兵团也策马冲入人群,援救受困的义勇骑兵队。这些士兵比义勇骑兵队更加有力,对集会群众大砍大杀:

> 沿着空地的南侧毫不停顿地冲上去……冲锋号大作,三人队形立即滚滚向前,当我们进入阵地时,我们的阵线拉开,穿过了广场,广场上到处挤满了人,他们的帽子都好像碰到了一起。
>
> 10分钟内整个广场变成了一片空旷,几乎成为荒凉的地方……广场上到处扔着鞋帽、披肩,还有踩坏和撕碎的男女衣物,沾满血迹。……有一些倒下的人还躺在那里,有些是给挤倒的,有些是喘不过气来闷倒在那里。这些人中有的还在呻吟,有的圆睁双眼,上气不接下气,还有的则永远停止了呼吸。①

这就是英国近代史上最血腥的一次政治大屠杀——彼得卢事件。在这次事件中,11人丧生,560人受伤,死伤者全部是工人。②

彼得卢事件后,托利党政府对和平集会进行了全面镇压。他们以摄政王(Regent)的名义对曼彻斯特市政府大加褒奖,并立即在议会通过一系列镇压性法律,即所谓的"六项法律"。六项法律中:第一项禁止操练,违者可判7年流放;第二项禁止携带武器,并授权地方官可随时逮捕拥有武器的个人和搜查私人住宅,而不需要任何法律手续;第三项对公众集会加以限制,使群众大会难以召开;还有三项法律则针对出版物,授权法庭可任意没收"煽动性"报刊,并对其作者予以起诉判刑。这六项法律主要是限制了人民自由发表意见的权利,因而被讥讽是"六项钳口令"。此外,政府迅速调集大量的军队前往骚动的英格兰北部地区。到1819年12月,约11 000名士兵常驻英格兰北部地区,这相当于英国军队总人数的1/3。1817年,在

---

① 钱乘旦:《工业革命与英国工人阶级》,南京:南京出版社,1992年,第157页。
② Stanley H. Palmer, *Police and Protest in England and Ireland*, 1780 – 1850, p.188.

兰开夏仅驻有3个兵团,总人数仅276人;到1820年,则达到7个兵团共678人。① 从1812—1820年英格兰北部地区、英格兰及威尔士军队人数表(见表3-7)可以看出,常驻英格兰北部地区的部队人数不断增加。因此,E. P. 汤普森指出:"这一事件(彼得卢事件)违反了每一个生而自由的英国人的信念及成见——言论自由的权力、公平竞争的希望及对手无寸铁的人攻击的禁忌。"②彼得卢事件是滑铁卢战争之后英国政治的转折点。③

表3-7　1812—1820年英格兰北部地区、英格兰及威尔士军队人数表④

(单位:人)

时间	英格兰北部地区	英格兰及威尔士	英格兰北部地区所占比例/%
1812年	2 520	104 000[a]	2
1816年	2 100	30 000	7
1818年	3 260	28 500	11
1818年1月—3月	4 700	28 000	17
1818年4月—6月	4 700	24 600	19
1818年7月—9月	4 800	24 600	20
1818年10月—12月	8 050[b]	27 800	29
1820年1月—3月	9 250	32 200	29
1820年4月—6月	9 050	30 400	30
1820年7月—9月	7 950	30 800	26
1820年10月—12月	7 800	31 400	25

注:① 1819—1820年,3个月平均军队人数以每第一个月为标准;1819年前,平均军队人数以4月、8月、12月为标准。

② a指英法战争时期,包括民团;b指1818年12月达到10 780的顶点,其人数占英国军队总数的39%。

---

① Stanley H. Palmer, *Police and Protest in England and Ireland*, 1780-1850, p.189.
② E. P. Thompson, *The Making of the English Working Class*, p.689.
③ Stanley H. Palmer, *Police and Protest in England and Ireland*, 1780-1850, p.188.
④ Stanley H. Palmer, *Police and Protest in England and Ireland*, 1780-1850, p.190.

彼得卢事件以后，英国公众的激进主义运动暂时衰落，但并没有消失。1825—1826年，英格兰北部地区的经济萧条引发了罢工浪潮，同时再次提出要求普遍的选举权问题。此时，关于建立政府控制的全国警察力量的想法仍然遭到强烈反对，英国城镇及各郡的治安力量没有丝毫改变。面对不断出现的骚动，政府继续向北部地区增兵，从1822—1829年英格兰北部地区、英格兰及威尔士军队人数表（见表3-8）可以看出，到1826年夏，在英格兰北部地区驻防的军队达8 000人，相当于军队总数的1/4，大部分驻扎在兰开夏及约克郡；这大致相当于1822—1823年期间驻军数量的5倍，几乎相当于1819—1820年期间的英国驻军数量。

表3-8　1822—1829年英格兰北部地区、英格兰及威尔士军队人数表①

（单位：人）

时间	英格兰北部地区军队	英格兰及威尔士	英格兰北部地区所占比例/%
1822年	1 730	18 200	9
1823年	1 490	18 100	8
1824年	2 160	18 900	11
1825年	2 400	25 900	9
1826年4月—6月	4 340	30 200	14
1826年7月—9月	7 950	30 100	26
1826年10月—12月	7 340a	29 800	25
1827年	5 620	26 200	21
1828年	4 690	25 700	18
1829年	5 590	22 000	25

注：① 1826年，3个月平均军队人数以第一个月为标准；其他各年平均军队人数以4月、8月、12月为标准。

② a指到1826年10月期间达到8 630人的顶点，其人数约占英国军队总数的29%。

---

① Stanley H. Palmer, *Police and Protest in England and Ireland*, 1780-1850, p.280.

1826年,上千人的军队涌入北部地区,这样必然给英国军队的后勤工作带来困难。英国内陆地区缺乏常驻兵营,因此这些军队只能借住在居民家里,或租用临时营房。这样,士兵的住宿要么不合适,要么花费太高,或者不能在很短的时间立即获得。此外,19世纪20年代公众的激进主义运动给军队的可靠性造成威胁。将军赫伯特·泰勒(Herbert Taylor)曾说:"士兵的危险……他们所招募的许多士兵,正在受到许多有阴谋的、为害社会的人们的影响,……使这些新兵免受其长官们的直接监管是不合理的。"①让士兵常驻兵营中可以确保他们一起操练,避免与城镇保持亲密关系和受到激进主义思想的影响。但是,英国常驻兵营的费用需要由财政部负责,费用很高,而且不符合英国宪政。因此,到1828年,兰开夏仅有两个常驻兵营;为补充曼彻斯特已比较破旧的兵营,在布莱克本又新建立了一个。到1828年,英格兰常驻兵营的数量也才86个(这时的爱尔兰达到103个),并且只有5个郡1/8的常驻兵营能够容纳50个或更多的士兵。

在经历了1812—1821年的混乱期之后,19世纪30年代,英国再次出现了恐慌。在1830年的最后五个月间,乡村工人起义遍布英格兰南部地区,出现了斯温暴动(The Swing Riots)。斯温暴动是一场发生在英格兰南部及东部地区农业工人自发的地方抗议活动。这场运动开始于1830年,基本原因是战后农产品价格下跌,农业工人日益贫困;触发抗议活动的具体原因虽在各地有所不同,但共同原因是这一年农业歉收,工资降低,大量廉价爱尔兰工人的涌入及脱粒机的使用,严格地执行什一税及《狩猎法》(Game Laws),同时削减贫困救济。因此运动一发动,很快就蔓延开来。1830年8月,肯特郡的几百名农民捣毁了打谷机,焚烧了农场的谷垛。此后,运动迅速由肯特郡逐渐扩散到苏塞克斯、埃塞克斯、汉普郡等地,直至整个南部农业区。在暴动中,流传这些行动是由神秘的"斯温上尉"

---

① Stanley H. Palmer, *Police and Protest in England and Ireland*, 1780-1850, p.280.

(Captain Swing)指挥的。在六个月的时间里,就发生了 500 起起诉犯罪案件,其中一半是由于纵火(烧毁干草堆及谷仓)及捣毁脱粒机,直接财产损失达到约 120 000 英镑。政府出动大批军队进行镇压,当地的地方法官及贵族也积极投入其中,组成巡夜看守及临时警察。到 1831 年,各地的暴动先后被镇压下去。结果,共有 1 976 人遭到起诉,1 176 人被判刑,大约 644 人被判入狱,505 人遭到流放、送往澳大利亚;252 人被判死刑(几乎达到 1830 年英格兰及威尔士判处死刑人数的 1/5),其中 19 人被处死(占全国处死人数的 2/5)。[1] 同时,1829—1831 年北部地区的周期性经济萧条带来严峻的工人罢工及工业暴动,政府甚至认为有必要重新调用爱尔兰的民团力量。除经济萧条之外,1830—1832 年期间因改革危机出现政治骚动,各地出现民众抗议活动。1831 年 4 月选举期间,改革前的骚动在苏格兰及英格兰的几个城市爆发,包括以前相对平静的马姆斯伯里、拉伊、霍舍姆。10 月,上议院否决了改革法案之后,更加引发了一系列的骚动。在伦敦,出现了更多的街道暴力事件。在伯明翰,每次抗议集会的人数不断增多,聚集人群估计从最初的 15 000 人达到 150 000 人。在德比,市长禁止公众集会,暴徒们攻击了德比市及郡监狱,释放了囚犯,其中包括一些最近逮捕的改革骚动者。在恢复秩序的过程中,军队及义勇骑兵队杀死了 3 人。从 10 月 9 日至 12 日,在诺丁汉发生了持续 4 天的骚乱。暴徒们抢劫了一座议会大楼的科尔威克厅,毁坏了附近的一家丝绸工厂,烧毁了诺丁汉城堡。在莱斯特及伍斯特发生了抗议群众的骚动,甚至蔓延到多塞特郡和德文郡。10 月 29 日至 31 日,在布里斯托尔出现了最严重的暴力事件。在骚动过程中,愤怒的民众烧毁了市长的住宅、主教的官邸、税收大楼、3 座监狱及位于女王广场的许多反对改革者的住宅。这次骚动导致的直接财产损失达到 150 000 英镑。布里斯托尔的警务员们及巡夜看守没有发挥任何

---

[1] Stanley H. Palmer, *Police and Protest in England and Ireland*, 1780 – 1850, pp. 385 – 388, 393 – 394.

作用,因此政府只能借助于军队来恢复秩序。在镇压过程中,大约有12人被杀,94人受伤;104人遭到逮捕,其中的34人被流放、4人被处死。这时的政府也没有什么力量来用于镇压骚动。义勇骑兵队自彼得卢事件以后,其人数大量减少,并且现在这些人中有许多人本身就是改革者;此时英格兰军队的2/3驻扎在北部地区及伦敦周围。在这种情况下,格雷政府不得不采取果断的行动。政府一方面对工人进行镇压,另一方面极力笼络中等阶级。面对骚动,辉格党决心向中等阶级让步。1832年6月7日,经过18个月的激烈斗争,改革法案由国王签署,正式生效。第一次议会改革取得成功。[①] 1835年,在英格兰南部及北部地区都爆发了反对1834年新济贫法的骚动。反对新济贫法骚动是由英国议会修改济贫法而引起的反抗运动,最先在英格兰南部和东部首先实施新济贫法的各郡爆发。愤怒的群众举行抗议集会,攻击新成立的济贫院。1835年12月,军队及伦敦警察被派往伊普斯威奇对骚动进行镇压。在南部地区,骚动是周期性的,持续时间不长;不存在严重的人身攻击或财产破坏,许多教区没有受到影响。但是在北部地区,新济贫法于1836年年底开始实施,情况就完全不同。北部的工人通过请愿、群众集会、激进评论等方式,发动了反对"穷人的巴士底狱"的抗议活动。在兰开夏的许多工业城镇,出现一连串的骚动。1837年5月,在约克郡的哈茨黑德莫尔举行的一次游行示威中,参加的群众超过100 000人。在这年夏天的普选中,数万群众举行抗议游行示威,并且在哈德斯菲尔德及韦克菲尔德出现反济贫法的骚动,当局调派军队维持秩序。参加反对新济贫法斗争的还有其他阶级的人士。反济贫法抗议取得了一定的成功,一些地方推迟该法的实施,还有些地区被迫回到以前的院外救济方式。到1838年底,反对新济贫法的斗争逐渐消失,取而代之的是更大规模的宪章运动,它的其中一个目标就是废除新济贫法。[②] 该法对穷人的

---

① Stanley H. Palmer, *Police and Protest in England and Ireland*, *1780 – 1850*, pp.388 – 396.
② Stanley H. Palmer, *Police and Protest in England and Ireland*, *1780 – 1850*, pp.391 – 393.

救济资格进行了限制,并且取消了为征税而对纳税人的财产所做的评估。正当反济贫法骚动逐渐衰弱时,又出现了最严重的挑战——工人们要求普选权的宪章运动。

宪章运动是1838年至19世纪50年代初发生在英国的一次群众运动。这场运动的目标体现在1838年5月的《人民宪章》(People's Charter)中,即要求实行男子普选权;每年举行一次议会选举;实行平均的选区,每个选区选民数应该相等;议员领取薪金;取消议员的财产资格限制;实行无记名投票。这次运动的成员包括英国西南部村舍的织布工人,约克郡的手摇纺织织工,兰开夏的工厂工人,伦敦工匠,威尔士及英格兰东北地区的矿工。宪章运动是英国1815—1821年及1830—1832年激进政治传统的顶点;它是对1832年改革幻想的破灭、是对新济贫法的失望、是对以财产为基础的市政选举权的愤怒、是对全国工会运动失败的厌恶、是1837年开始的经济萧条引发饥饿的产物。①

1836年,伦敦工匠成立了一个新的组织,名叫"伦敦工人协会",其领导人是著名的工人领袖威廉·洛维特(William Lovett)。1837年2月,伦敦工人协会提出6条纲领,要求对议会进行新的改革。5月,伦敦工人协会的6名领导与议会中的6名激进派议员会谈,并把这些要求写成议会法案的形式,不久以后起草了一份法律文件——《人民宪章》。《人民宪章》在1838年5月被公布。同月21日,在格拉斯哥召开了第一次大规模的群众集会,要求实行《人民宪章》,参加者超过20万人。由此,震惊世界的宪章运动就拉开了序幕。在此后大约20年里,宪章运动反复荡涤着英伦大地。

宪章运动采取了群众运动的斗争方式,包括征集签名,提交请愿书,大规模的群众集会与游行,出版,办报纸,散发小册子,指派宣传员到全国各地宣传鼓动,召集全国性的代表大会,等等。宪章运动中还出现了一些独

---

① Stanley H. Palmer, *Police and Protest in England and Ireland*, 1780-1850, p.411.

特的斗争方式,比如对不支持宪章运动的中小店主进行抵制,不购买其商店货品;征集"国民捐",为运动筹集经费等。此外,还直接参与议会的选举,包括指导宪章派群众投哪一个党派的票,以及选出宪章派自己的议员,等等。在宪章运动中,规模最大的一次武装行动是纽波特起义(The Newport Rising)。1839年11月4日,约有上万名矿工在市政官员约翰·弗罗斯特的带领下携带武器进入纽波特,打算解救被关押的宪章派领袖亨利·文森特(Henny Virent)。矿工们在行进途中,遭到埋伏在韦斯特盖特旅馆的28名士兵的伏击,被杀死了20名。①

宪章运动给政府当局带来的真正威胁不在于实际的革命,而在于使大量的工人阶级拥有革命的信念,这将破坏英国政府及社会的基础。宪章派国民公会的宣言是"和平、合法及有秩序",在大部分情况下采取了议会的模式。1838年8月最初在伯明翰开始的请愿书,到1839年7月被下院以235∶36否决时,上面签名的人数达到1 280 000人。同时,宪章运动的分布范围也遍布整个英国,在经历工业变革的地区尤为强烈。在约克郡的毛纺织区及兰开夏的棉纺织区,曼彻斯特及其周围的纺织区城镇,如奥尔德姆、博尔顿、布莱克本,宪章运动也最为坚定。

总之,伴随城市化、工业化的不断推进,英国人口及财富获得了急剧的增长,但用于维护社会秩序的地方治安力量自卢德运动或者更早之前仍然没有出现任何的改变。英国北部的大部分城镇并没有被特许成为自治市,也就是说这些城市的管理没有特许自治市的一些特权;在这些城镇,治安管理由一些小的民事法庭(Courts Leet)及治安委员们负责。在这些新兴的城镇,居住着大量的工人阶级,而地方法官的人数则很少。从1835—1838年改革前英国北部城镇的警察数表(见表3-9)可以看出,治安人员的数量相当少。这么少的治安人员在驱散抗议群众及骚动过程中,几乎起

---

① Stanley H. Palmer, *Police and Protest in England and Ireland*, 1780-1850, p.414.

不到什么作用。此外,考虑到民众很不愿意宣誓担当临时警察及其服务效率低下等因素,政府只能借助另一种传统的治安体制——军队来协助市民治安力量。但是利用军队来维护治安与英国的宪政不合,而且人员有限、费用昂贵,不仅英国民众的抗议权利得不到有效的保证,还会造成巨大的人员伤亡。

表 3-9 1835—1838 年改革前英国北部城镇的警察数表①

(单位:人)

城镇	警务员	巡夜看守	1841 年人口
利物浦a	44	130	286 500
曼彻斯特b	30	150	235 000
伯明翰b	30	170	182 900
布拉德福德	4	—	66 700
索尔福德	5	22	53 000
博尔顿b	10	—	51 000
普雷斯顿a	5	—	50 900
奥尔德姆	2	5	43 000
布莱克本	3	—	36 600
哈利法克斯	4	—	27 500
威根a	—	14	25 500
罗奇代尔	3	13	24 300
阿什顿安德莱恩	4	—	22 700
斯泰利布里奇	6	—	20 000
韦克菲尔德	3	11	18 800
伯利	1	9	14 200

注:a 指 1835 年的自治市镇(Incorporated Towns);b 指在 1838 年是自治市镇,但其特许状在法律上存在争议。其他未标注的城镇都是非自治市镇。

---

① Stanley H. Palmer, *Police and Protest in England and Ireland*, 1780-1850, p.397.

因此，一些人认为，有必要建立一种新的非军事体制来维护社会治安。如在 1812 年，塞缪尔·梅里克（Samuel Meyrick）向内政大臣西德默斯提出一个计划，使政府的治安力量系统化而不危及人们的自由。根据该计划，英国将被分成许多警区。在英国的地图上标明军队的兵营、道路、人口、粮食运输及各警察局之间联系的时间。1814 年，萨里郡的 J.哈代（J. Hardy）提出建立一支军事警察，以取代英国各地的巡夜看守；这支部队的经费来自以前的看守税及财政部的拨款，并且可用于镇压各种暴动。1816 年，针对英国中部的骚动事件，奥尔索普（Allsopp）提出"建立一支专职警察的治安力量是政府的唯一的解决办法"[①]。因此，建立专职警察的方案再次成为政府官员及个人探索的议题。

总之，面对 18 世纪以来传统治安制度的危机及治安状况的恶化，英国政府由于害怕建立职业警察制度会威胁到人民的自由，因而主张在原有的宪政基础上，对传统的治安制度加以调整。面对严重的犯罪问题，英国政府采取了改进巡夜看守制度、加重刑法处罚、实行惩戒性惩罚等措施；私人采取了一些自保的补救措施，自愿组成巡逻队及一些与治安有关的协会。针对不断发生的骚动，利用社会力量（临时警察、义勇骑兵队）和军队共同维护社会秩序。但这些措施效果不大，19 世纪以来英国的犯罪数量仍在不断增长，民众的财产及人身安全得不到保障，缺乏安全感；而针对民众骚动采取的措施虽在短期内有效，但利用军队镇压有违英国宪政精神，而且费用昂贵，造成巨大的人员伤亡，民众的基本权利之一——抗议权得不到保障，以致通过调整传统治安制度以确保英国人的自由成为幻想，因此必须探讨新的措施来维护英国的治安秩序。

---

① Stanley H. Palmer, *Police and Protest in England and Ireland*, 1780－1850, pp.190－191.

第四章
1829—1856 年现代警察制度的建立

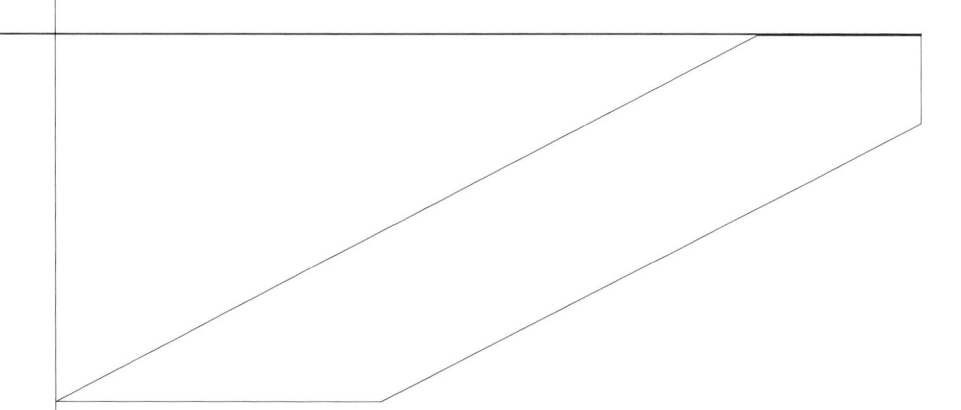

19世纪,面对犯罪浪潮和传统治安力量应对持续不断的民众抗议的代价,英国开始建立起现代警察制度。1829年,内政大臣罗伯特·皮尔创建了大伦敦警察,这是英国历史上第一支统一指挥的、穿制服的、专职的、集中控制的警察队伍。经过1835年《市镇自治机关法》、1839年《郡警察法》、1856年《郡和自治市警察法》,英国建成了大伦敦警察、伦敦城警察、自治市警察和郡警察四种类型的警察队伍,形成了一整套从中央到地方覆盖全国的现代警察制度。从此,社会大众逐渐淡出治安主体领域,政府成为承担治安工作的责任主体。

一、大伦敦警察的建立与发展

1828年4月,英国组成了以威灵顿公爵(Duke of Wellington)为首的政府,罗伯特·皮尔回到内政部[①]。皮尔认为,进行警察改革的时机已经成熟。他在1828年2月写给已退休的前副内政大臣亨利·赫博豪斯(Henry Hobhouse)的信中指出:"在我看来,现有的警察机构完全不适应国家——其中的困难……是去弄清楚任何普遍的规律,它能适用于各地区差别如此之大的像我们一样的社会。"[②]在再次担任内政大臣后,他开始了新一轮的伦敦警察改革的探索。

1. 大伦敦警察的建立

19世纪初,随着英国经济地位的不断提高,首都伦敦的地位日益重要。伦敦不仅是国家的首都,而且是大商品市场和财政机构的中心,是国

[①] 1822年任内政大臣。1826年首相利物浦伯爵去世,支持天主教解放运动的乔治·坎宁成为新首相,皮尔因与其政见不合而下台。1827年8月,坎宁去世,威灵顿公爵出任首相,皮尔重新回到内政部。

[②] Elaine A. Reynolds, *Before the Bobbies: The Night Watch and Police Reform in Metropolitan London, 1720–1830*, p.129.

家的主要港口和工业区。① 1810 年伦敦人口数达 100 万,成为欧洲第一个人口超过百万的大城市。到 19 世纪 30 年代,伦敦的总人口数已经上升到 150 万,相当于不列颠群岛上其他 15 个最大城市人口数的总和;在其边界以外,正在形成一系列的城市,如布伦特福德(Brentford)、德特福德(Deptford)、格林威治,这些城市已经逐渐连接起来成为另一个更大的城市联合体。伦敦的商店、政府机关、教堂、仓库及公寓,向东延伸到船桅杆聚集于地平线的大码头之间。在霍尔本(Holborn)及圣吉尔斯(St. Giles)存在的大量贫民窟,在布洛姆斯贝里(Bloomsbury)及肯辛顿(Kensington)新建立的居民区,在无数的城区街道,居住着约占全国人口 1/12 的英国人。②

当时,在伦敦人口及建筑物大量聚集的地区,维持社会治安仍然是采取 18 世纪以来就已经混乱、毫无效率的治安制度。在面积只有 600 英亩的伦敦城,有 108 个教区,人口达到 125 000 人,拥有自己的治安力量;其巡夜看守、警务员及教区执事大约 1 000 名,分布在 26 个行政区当局管理之下;此外还有 50 名常设城市警察。威斯敏斯特的人口比都柏林还要多,萨瑟克的人口比布里斯托尔还要多,这两个区及边远的教区、特别行政区,全部由 1792 年建立的 7 个警察局控制,每个警察局里配有 3 名领薪地方法官、2 名办事员及 8—12 名警务员。除了以上这些治安力量外,还有主要负责他们各自地区、彼此独立的治安人员,如 1800 年建立的泰晤士警察;18 世纪中期建立的在伦敦城外整个地区拥有一般司法权的博街警察局;前面提到的 19 世纪初期因对这些治安机构采取强化措施而建立的治安力量,如 1805 年建立的骑兵巡逻队和其后建立的步兵巡逻队。这些治安力量对于维护伦敦郊区的社会治安起到了一定的作用,但这一巡逻措施

---

① H. J. Dyos, *Exploring the Urban Pasta: Essays in Urban History*, Cambridge: Cambridge University Press, 1982, p.143.
② Norman Gash, *Mr. Secretary Peel: The Life of Sir Robert Peel to 1830*, London and New York: Longman, 1985, pp.487-488.

把罪犯都赶向了伦敦中心地区。1821年的步兵巡逻队仅限于大伦敦地区,另一支徒步巡逻队主要用于维护市郊的社会治安。此外,维护社会治安的力量还有各教区及其他地方当局雇用的效率低下的警务员、巡夜看守、私人、公司及协会偶尔设立的用于特定场所和内政部每天补偿5先令的临时警察。但是以上这些治安力量彼此独立,相互争夺司法管辖权:

> (皮尔曾经与威灵顿公爵谈到)正如在某个教区当局,有18个不同的地方委员会管理治安力量,彼此之间的行动相互独立……记得布伦特福德与德特福德当局在夜里没有任何维持治安的力量!我真的觉得我需要明确告诉您,有必要立即结束这种状态。①

19世纪20年代,英国经济在经历了短暂的繁荣后,出现金融危机。经济开始萧条,物价开始下降,恐慌随之而来。在银行业,出现金融大恐慌,7家伦敦银行及80家郡银行破产。工资随之降低,工厂倒闭,失业人数增加,在以棉纺织业为主的郡出现反对降低工资的罢工,骚乱随后出现。在伦敦,斯皮特菲尔兹的纺织工人中有一万多人失业,机器被捣毁,军队被用于打击暴徒,饥饿的民众哄抢商店面包。② 当时伦敦的公共秩序及生命财产安全大部分仍仅依靠军队维持。社会形势动荡,迫切需要一支有效的力量来维持社会秩序的稳定。

1828年4月,罗伯特·皮尔回到内政部时,伦敦的治安状况不容乐观。在伦敦12个教区中,总人口达20 000人,却没有1个夜间警察;1828年,伦敦每383个人中就有1个犯罪分子。③ 皮尔认为,对大伦敦治安及法

---

① Norman Gash,*Mr. Secretary Peel: The Life of Sir Robert Peel to 1830*,p.489.
② J. L. Lyman,"The Metropolitan Police Act of 1829: An Analysis of Certain Events Influencing the Passage and Character of the Metropolitan Police Act in England",*The Journal of Criminal Law,Criminology and Police Science*,Vol.55,No.1(1964),p.149.
③ J. L. Lyman,"The Metropolitan Police Act of 1829: An Analysis of Certain Events Influencing the Passage and Character of the Metropolitan Police Act in England",*The Journal of Criminal Law,Criminology and Police Science*,Vol.55,No.1(1964),p.149.

律改革的时机已成熟,于是敦促议会再次建立一个委员会以调查大伦敦地区的治安状况及犯罪增长的原因。在议会中,他提出:"时机已经成熟,随着人口增加,资源扩大,我们明确地认识到,我们的治安制度已经不能适应国家的需要,最廉价、最安全的方式就是采用一种新的警戒制度。"①

1828年成立的伦敦治安状况调查委员会决定,绝对有必要发明一些方法,使人身和财产权利得到更大的安全保障。该委员会成员由25名代表组成,主席由皮尔的朋友——牛津大学校长T.G.B.伊斯特科特(T. G. B. Estcourt)担任。经过广泛咨询,该委员会最终在1828年7月11日向下院提交了调查报告。在议会成立的治安状况调查委员会的历史上,1828年委员会第一次在报告中宣布支持对治安制度进行一次根本性变革。报告由两部分组成。第一部分是说明伦敦犯罪率增长的情况。内政部的统计数据显示,1811—1817年和1821—1827年,除铸造假币和制假这两项犯罪案件外,其他所有犯罪案件的数量都增加了,最明显的犯罪案件是偷窃牛和马;被定罪的总人数以年均55%的速度增长,考虑到人口的增加,最后确定的增长速度为36%。第二部分是关于大伦敦的社会治安。报告建议,建立一支由内政大臣直接控制的警察厅,管理所有警察,包括夜间巡逻;该警察厅管理整个伦敦及城郊地区;解除地方法官负责一切普通司法治安的权力;新建立的警察所需费用一部分由公共资金承担,另一部分由建立新警察的教区承担。对于棘手的伦敦城问题,报告中认为没有必要干涉现有城市当局的权力,特别是由于最近城市警察的改进。②

在建立委员会的同时,皮尔表达了以圣保罗大教堂为中心,在半径10英里的区域内实施警察改革的计划,建立统一、中央集中管理的警察制度。1828年,皮尔与专门律师威廉·格雷格森(Willam Gregson)一起起草了《大伦敦警察法》议案。1829年4月15日,皮尔向下议院提交了他的最终

---

① *Hansard's Parliamentary Debates*, Vol.18, London: Thomas Curson Hansard, 1828, p.795.
② Norman Gash, *Mr. Secretary Peel: The Life of Sir Robert Peel to 1830*, pp.494–495.

议案。在议案序言中,他抨击了传统的治安制度:

> 最近伦敦及其附近地区侵犯财产的案件增加,地方当局建立的夜间守卫和值夜警察组织已不能充分地发挥预防和侦破犯罪的作用。造成这种现象的原因是雇用人员素质低劣、人数不足和权力有限,以及他们之间缺乏合作。建立一种新型而更有效的警察制度,以取代那种夜间巡夜看守和值夜警务员已成为当务之急……组建一种直接由内政大臣指挥的警察,内政大臣将指挥和控制整个伦敦地区所有的新式警察。①

在介绍议案的演讲中,皮尔主要谈了以下三个问题:一是伦敦的犯罪率正在不断上升;二是为了建立一支更有效的警察力量,主张实行中央集中管理;三是改革的费用问题。

皮尔首先向议员们介绍了伦敦犯罪案件迅速增长的情况,并且运用数据加以论证。他指出,在1829年之前,议会已多次任命委员会调查英国的刑事法律体系及当前用于预防和侦查犯罪的治安力量。在这些治安调查委员会所提交的报告中,特别是在最近的报告中都曾明确指出:"大伦敦的治安状况存在问题,维护大伦敦及其附近地区人们的生命财产安全的教区看守,整天十分松散,毫无效率,很明显这是相当危险的。"②随后他用数据论证了伦敦和米德尔塞克斯最近几年犯罪案件快速增长的事实。他指出,在1811—1818年和1821—1828年这两个7年时段内,伦敦和米德尔塞克斯的人口增长率为19%,而其犯罪增长率却为55%,犯罪增长率比人口增长率多了36个百分点。③

面对伦敦和米德尔塞克斯犯罪增长率与人口增长率之间的巨大差距,

---

① Philip John Stead, *The Police of Britain*, p.37.
② "Metropolis Police Improvement Bill", *Hansard's Parliamentary Debates*, Vol. 21, London: Thomas Hansard, 1829, p.868.
③ "Metropolis Police Improvement Bill", *Hansard's Parliamentary Debates*, Vol.21, p.871.

虽然有很多人都在试图找出其中的原因,但对犯罪率增长的根本原因并没能得出满意的结论。在各种原因中,皮尔认为其中最有影响力的原因是伦敦治安力量的分散管理。治安状况调查委员会及议会成员也都认识到,每个教区建立各自的看守所,各自雇用自己的看守人员,有各自的纪律及职责,保护其教区内居民的生命财产安全的方式完全由教区当局决定。这样,每个教区完全孤立,预防犯罪的相关事情也由各教区承担,没有统一的领导,也没有统一的任务。因此,皮尔认为,教区治安制度的缺陷显而易见,是相当危险的。他强调了迁移理论(The Migration Theory):

> 一般而言,一个教区采取了十分有效的控制,但周围的五六个教区并没有尽力改善无效的看守制度,它能有什么进展吗?这样直接的结果难道不是把小偷及盗贼从受到保护的教区驱逐到其邻近的地区?其结果难道不是控制较好的教区使其邻近地区的治安状况更加恶化吗?①

因此,他重申除非在邻近地区建立统一的治安力量,否则继续执行这种分散的治安体制将加速周边地区治安情况的恶化。

此外,在大伦敦邻近地区的一些教区,根本没有任何巡夜看守,居民只能依靠自己的警觉及附近地区小偷的良知来维护生命财产安全。由于没有治安力量,这些教区成为由威斯敏斯特驱逐出来的犯罪分子的避难所。在这些地区,经常出现抢劫事件。因此,很有必要在大伦敦邻近地区组建一支有效的治安力量。皮尔向议会提议,所有的教区治安人员包括夜间看守人员,应统一由一个警察委员会管理,委员会的职责是监督并管理治安所需的所有人员;废除"巡夜看守"(watchman)一词——这词的确声名狼藉,考虑用另外一个词来代替这种夜间巡逻者。该议案提议任命3位法官

---

① "Metropolis Police Improvement Bill", *Hansard's Parliamentary Debates*, Vol.21, pp.872-873.

管理这个委员会;同时提议,今后废除所有的看守税,以治安税取而代之。① 当然,所有教区的差别将被消除,这样将能弥补目前治安制度的一些缺陷。他提出,刚开始时只是在很小的范围内实行,不断总结经验,最后逐渐完成改革。他并不是主张立即废除所在教区的治安人员,而是首先在大伦敦附近的一些区进行试点,在其优势展现出来后再逐渐扩大到其他地区。

关于改革的费用问题,皮尔认为新警察的费用将由伦敦的纳税人负担,但其花费不会比现有的费用多,而且如果公众的人身安全和财产安全能得到更好的保障,这种花费就是值得的。皮尔指出,由于新警察把预防犯罪放在首位,那么遭起诉的人的数量将下降,被监禁的人将会更少,大伦敦纳税人的由于以前起诉的数量和花费而增加的教区其他税费也将因此而减少。② 最后,皮尔告诫议员们,只有当一个更有效的警察系统建立起来以后,才有可能遏制犯罪上升的势头,才有可能减少当前犯罪带来的严重后果。最后,皮尔又回到那些犯罪数据,重申财产犯罪数量正在上升。

应该说,皮尔的演讲是非常成功的,皮尔介绍完议案后,议员伯纳尔(Bernal)认为不仅夜间需要这种巡逻或街道看守人员,而且有必要在大伦敦的所有街道建立一支常规的白天巡逻队伍。皮尔指出,这是对所提议案的误解,认为委员会仅包括控制和管理夜间巡逻,实际上也应负责夜间和白天大伦敦的治安状况。他认为只要一个统一管理的巡逻制度形成以后,就不需要动用军队来维护大伦敦的稳定。另一位议员休姆(Hume)提出:是否由教区自由决定采取这项制度?皮尔指出这是一个渐进的过程,首先在威斯敏斯特实行,然后扩展到肯辛顿、哈默史密斯(Hammersmith)及其

---

① "Metropolis Police Improvement Bill", *Hansard's Parliamentary Debates*, Vol.21, pp.876-877.
② "Metropolis Police Improvement Bill", *Hansard's Parliamentary Debates*, Vol.21, p.880.

邻近的其他地区,最后扩展到整个大伦敦地区。① 绝大多数议员都没有什么反对意见,议案一读在下院顺利获得通过。1829年6月5日,威灵顿公爵把这一法案提交上院讨论。他指出目前英国的治安制度存在很多的缺陷,大伦敦地区犯罪的迅速增加明显地说明了这一点。在过去的6年,各种犯罪案件的总数以40%的速度增长。1822年,伦敦和米德尔塞克斯的犯罪人数为2 539人,1825年达2 902人,1828年达3 516人。关心这一问题的人都相当清楚,犯罪人数的快速增加主要是由警察组织存在的弊端引起的。看守被公认为毫无效率,而且从最近发生的一些事情可以十分清楚地看出,看守对于教区来说十分昂贵。因此,迫切需要对目前的制度进行大幅度改革。确实,在大伦敦邻近的一些教区,根本没有保护人身或财产安全的人员。在大伦敦——威斯敏斯特——每个教区都有一位巡夜看守,这一管理体制相当混乱,一个教区的看守人员与其他教区的看守人员之间没有协作交流;即使在同一教区,也经常存在由不同的地方当局管理的不同看守组织。在圣潘克拉斯教区,至少有18个不同的组织,根据议会不同的法案组建,彼此之间没有任何交流。结果是一个教区的看守人员满足于把小偷从他们的教区赶往邻近地区。威灵顿意识到,需要一种新的警察来加以控制,以有效地预防犯罪。许多议员都记得前几年发生在大伦敦附近交通要道的事件,马车通过时几乎没有不被抢劫的,乘客经常被迫与大批拦路强盗进行搏斗。另外,英国普遍存在减少死刑数量的愿望,使这些案件的惩罚严酷性得到缓解,避免实施刑法的最好方法是增加预防犯罪的措施。通过这些措施,法官控制一支有效的警察队伍,就不需要经常的惩罚。达成这种目的的措施就是在大伦敦及其周边地区组建一支新的警察队伍。根据该法案,成立一个机构,负责指挥全部新警察,由内政大臣任命两位法官管理这一机构。这两位法官负责保护该地区的社会秩序,执行该项措

---

① "Metropolis Police Improvement Bill", *Hansard's Parliamentary Debates*, Vol.21, pp.881-884.

施。组建的新警察由该机构管理,其巡逻的费用将由像济贫税一样的税收支付,但对 1 英镑征收的税收不会超过 8 便士。①

威灵顿在上院提出该法案后,只有霍兰勋爵(Lord Holland)和德拉姆勋爵(Lord Durham)提出了一些意见。霍兰勋爵对大伦敦警察法案中征收治安税提出意见。他认为通过该项措施,将对田地及住房征收统一税收,对那些有土地而无住房的人与拥有住房的人征收统一的税收,存在不公平。显而易见,拥有住房的人将从该议案获得更多实惠。德拉姆勋爵认为序言与议案的主要条款不一致。他指出序言提出由于现存的看守制度存在诸多弊端,因此建立一支新的更有效的警察制度相当必要。但随后提出一项条款限制该法案的运行,并且把伦敦城排除在外。他认为应该首先在伦敦城进行尝试。他提出,一个教区的新警察是否有义务为其他没有采取该制度、不支付治安税的教区提供帮助呢?② 议案二读在上院顺利获得通过。6 月,国王乔治四世正式签署《改进大伦敦及附近地区警察法案》(*Act for Improving the Police in and near the Metropolis*,简称《大伦敦警察法》),皮尔多年来致力推动的警察改革终于迈出了具有决定性意义的一步。

自 1785 年以来,建立职业警察制度一直是极具争议性的话题,但 1829 年大伦敦警察议案没有遭到较大的反对并在议会中顺利通过。究其原因,除了 18 世纪以来以社区自保为基础的传统治安制度不能适应新形势发展的需要、治安问题日益恶化之外,还与以下几个因素密不可分。

第一,建立职业警察逐渐获得社会精英的认同。

正如前文所言,"警察"一词源于法国。18 世纪后期,英法频繁战争,在英国的大部分地区,人们都不大熟悉法国的思想。此外,法国警察在法国大革命"恐怖"期间所扮演的角色,使英国领导人确信警察是与英国传统

---

① *Hansard's Parliamentary Debates*,Vol.21,pp.1750 - 1752.
② *Hansard's Parliamentary Debates*,Vol.21,pp.1752 - 1753.

对立的,违背了英国本土的价值观。因此,这本身就阻碍了警察为人们广泛接受。

1815年以后,随着对法国职业警察认识的加深,英国国内舆论、地方教区官员都开始支持建立一支职业警察部队。1829年,乔治·斯蒂芬(George Stephen)出版了他的《改进警察的建议》,强烈主张建立一个统一的、中央集中管理的、等级制的警察机构。① 1828年辉格党的《早晨纪事》(Morning Chronicle)写道,仅仅七八年以前,任何一位赞成强有力警察的人表达异端邪说,无异于冒险。托利党的《四季评论》(Quarterly Review)宣称,警察是人类的自由、财产、社会稳定的基础。它谴责大伦敦无能的巡夜看守,痛斥政府的愚笨状态,要求建立一支强有力、组织有序的常设警察力量。文职人员如果没有警察的支持,几乎不能做任何事情,应该以警察为基础。② 19世纪20年代,地方教区官员对中央集权化警察的支持增强,他们开始相信中央集中控制的统一警察制度能够提高打击犯罪力度和控制社会治安秩序。他们认为,虽然加强巡夜管理可以改善自己教区的夜间守望情况、提高本教区的巡夜看守的素质,但由于各个教区的情况不一及犯罪的流动性,因而对整体改善犯罪状况的作用并不大。因此,大多数地方教区官员在接受1828年犯罪状况调查委员会咨询时认为,各个教区治安状况的不一致与犯罪率的上升有关,解决之道在于建立一支由政府统一控制、集中管理的警察队伍;另一些教区官员认为统一的、中央集中控制的警察队伍能够降低当地在维护治安方面的经费开支。③ 很显然,如果一个新的警察系统花费与过去相同,却能给公众提供更有效的保护,人们当然会接受它。这样,建立一支强有力的警察队伍来维护秩序在政治层面已开始

---

① Elaine A. Reynolds, *Before the Bobbies: The Night Watch and Police Reform in Metropolitan London*,1720-1830,p.132.
② Stanley H. Palmey, *Police and Protest in England and Ireland*,1780-1850,p.293.
③ Elaine A. Reynolds, *Before the Bobbies: The Night Watch and Police Reform in Metropolitan London*,1720-1830,p.135.

为统治精英所接受。统治精英观念的变化,对建立一个统一的、由中央集中控制的新警察制度相当重要。①

第二,爱尔兰天主教解放问题分散了人们对警察问题的注意力。

天主教解放问题实质上是爱尔兰问题。② 5世纪,天主教传入爱尔兰,从此在这里深深扎根。1171年10月17日,英格兰国王亨利一世率4 000大军大举入侵爱尔兰,爱尔兰开始沦为英国的殖民地。16世纪宗教改革后,英国改信国教,脱离罗马天主教会;而爱尔兰人仍然保留了原来的天主教,成为罗马天主教的坚强堡垒。宗教信仰的不同,使两个民族之间极为仇视,互相把对方视为异教徒。法律歧视、经济剥削和政治压迫交织在一起,宗教分歧又使双方差异更加明显,因此18世纪末19世纪初,爱尔兰加快了争取独立的步伐,内部冲突不断加剧。

为了实现1800年威廉·皮特作出的让爱尔兰天主教徒得到被选举权的许诺,在伦敦的议会中有天主教代表(这一点被乔治三世否决),天主教律师丹尼尔·奥康内尔(Daniel O'Connell)组织牧师及农民发起了一次全国范围的解放天主教运动,成立了天主教协会(Catholic Association)。在英国政府中,天主教解放问题一直是一个公开的悬而未决的问题。乔治·坎宁(George Canning)虽赞成天主教徒解放,但皮尔则一向认为爱尔兰需要"一个纯正的、专政的政府",所以对这一问题持异议。多数托利党人和民众都和皮尔的观点相一致。③ 1828年夏,在克莱尔郡的补缺选举中,天主教协会的领导人丹尼尔·奥康内尔参加竞选,以2/3的选票竞选成功。④ 这意味着爱尔兰人通过合法的渠道选举出了一位他们的天主教代表,这对国教产生了威胁。

---

① David Taylor, *The New Police in Nineteenth-Century Crime, Conflict and Control*, p.21.
② [爱尔兰]艾德蒙·柯蒂斯:《爱尔兰史》,江苏师范学院翻译组译,南京:江苏人民出版社,1974年。
③ [美]罗伯兹:《英国史:1688年至今》,鲁光桓译,广州:中山大学出版社,1990年,第189页。
④ Stanley H. Palmey, *Police and Protest in England and Ireland, 1780–1850*, p.273.

面对这种情况,新教徒表现出大规模的强烈愤怒。强硬的新教徒几乎处于疯狂的状态,他们感到他们的事业正面临危险,十分担忧自己会受到任何损害,不愿意让天主教问题和平地解决。他们成立了布伦士威克俱乐部(Brunsivick Club),并筹集资金维护新教制度,捍卫新教宪法在大英帝国的统一。到1828年年底,布伦士威克俱乐部已经在爱尔兰的148个城镇及26个郡成立。① 天主教徒与新教徒之间的冲突不断升级,这一事件如果处理欠妥,爱尔兰将会出现大规模的混乱。因此,英国人都把主要目光集中到爱尔兰问题上,这分散了人们对警察问题的注意力。

第三,罗伯特·皮尔拥有建立警察的经验及其不断努力。

罗伯特·皮尔是英国近代著名的政治家。他1788年出生于一个兰开夏纺织工厂主家庭,在父亲的拼命工作、把成就事业作为人应有责任的信念熏陶下长大。② 皮尔在哈罗公学和牛津大学接受了传统的上层阶级的高等教育。1809年,21岁的皮尔通过他父亲购买的爱尔兰一个腐败选区的选票而进入下院。一年后,他被任命为陆军和殖民部的副官。此后,他在政府部门工作到1830年,这使他积累了丰富的政治经验。

1812年5月,利物浦伯爵接替珀西瓦尔成为首相。出于对皮尔在殖民部工作的赞赏,利物浦伯爵向爱尔兰总督推荐皮尔担任爱尔兰事务大臣之职。9月皮尔到达爱尔兰时,爱尔兰政府正面临严重的农民暴动。当时,爱尔兰维护社会秩序的力量主要由民兵、义勇骑兵队及军队组成。民兵中大部分是天主教成员并且相当腐败,义勇骑兵队虽然装备精良但组织涣散,所以维持爱尔兰秩序的职责主要由常备军承担。1812—1813年,为增援西班牙的韦尔斯利和镇压英国国内的卢德运动,驻扎在爱尔兰的常备军人数不断减少。1814年6月,皮尔向议会提出建立维护治安力量的法案。在法案中,他建议创立一支领薪的、由总督控制的警察部队,用于维护

---

① Stanley H. Palmey, *Police and Protest in England and Ireland*, 1780 – 1850, p.274.
② Paul Adelmn, *Peel and the Conservative Party*, 1830 – 1850, London: Longman, 1989, p.1.

爱尔兰骚乱地区的治安。① 这一法案获得议会的支持。皮尔在爱尔兰建立治安警察的尝试,为他以后建立大伦敦警察提供了经验。

1822年,罗伯特·皮尔接任内政大臣。面对当时严重的犯罪问题,他促使议会成立一个委员会调查大伦敦警察状况,以期组建一支由中央控制的新型警察队伍。1823年,该委员会只是提议对现有的警察制度进行微小的改进,而且在建立警察队伍的关键问题上认为建立警察将会损害或剥夺英国人的自由及不受干涉的权利。随后,皮尔转向了对英国刑法方面的改革。皮尔减轻、简化了刑法;同时他增加法官的人数,建立三级巡回法庭(Third Assize)以减轻案件的积压,"到1830年离开内政部时,他已经改革并事实上统一了英国的刑法"②。皮尔在刑法方面的改革使警察改革成为迫切需要。

1826年首相利物浦勋爵去世,支持天主教解放运动的乔治·坎宁成为新首相,皮尔因与其政见不合而下台。皮尔的警察改革计划由此中断。1827年8月,坎宁去世,威灵顿公爵出任首相,皮尔重新回到内政部。在皮尔的敦促下,议会再次成立大伦敦警察调查委员会。皮尔以1828年委员会的提议为基础,起草了《大伦敦警察法》议案。1829年,为了确保议案在议会中获得顺利通过,皮尔果断地将有可能强烈反对议案的伦敦城排除在议案之外。这样,"经过对职业警察的整体思想争辩、猜疑甚至仇视了3/4个世纪之后,1829年《大伦敦警察法》在没有任何反对甚至几乎没有任何争辩的情况下就获得了通过,这是英国警察史上的一项非凡成就"③。皮尔在建立现代警察上的不断努力,最终促成了1829年大伦敦警察的建立。

---

① Galen Broeker,"Robert Peel and the Peace Preservation Force",*The Journal of Modern History*,Vol.33,No.4(1961),pp.363-367.
② A. A. W. Ramsay,*Sir Robert Peel*,London:Constable,1928,p.68.
③ T. A. Critchley,*A History of Police in England and Wales*,p.50.

由于上述多种因素的作用，1829年6月《大伦敦警察法》在未遭大的反对的情况下在议会顺利通过。根据法令，在大伦敦及其周边地区（伦敦城除外）建立一个新的警察机构，由两名直接向内政大臣负责的治安法官指挥。他们负责管辖的范围包括以下地区：威斯敏斯特、霍尔本、芬斯伯里（Finsbury）、托尔哈姆莱茨（Tower Hamlets）、肯辛顿、哈默史密斯、伊灵（Ealing）、阿克顿（Acton）、布伦特福德、德特福德、格林威治；萨里的一部分，延伸到巴恩斯（Barnes）、帕特尼（Putney）、旺兹沃斯（Wandsworth）、图廷（Tooting）、坎伯韦尔（Camberwell）、伯蒙德西（Bermondsey）及萨瑟克自治市。伦敦城由其地方当局管理，但其他地区，从伊灵到波帕拉（Popular）、从汉普斯特德（Hampstead）到图廷则组成一个警区。这两名警员由内政大臣批准，在警察征募、训练及纪律建设方面被赋予广泛的权力；新警察组织建立后，他们直接负责整个警区。根据法令，警员任命教会执事济贫助理征收治安税，根据其财产标准确定1英镑征收不超过8便士的税收。此外，为了确保新警察组织的财政效率和行政操守，在大伦敦警区还设立了第三位官员——财政主任，控制警察部队的经费开支，负责所有的法律协议并监护治安法官。财政主任的计划由其中一位治安法官批准，其账单由政府部门定期稽核。①

《大伦敦警察法》通过后，这两位治安法官被命名为"警察厅长"（Commissioners of Police）。"警察厅长"这一名称并不是首次被使用，在安妮女王时期就已经出现。1707年，苏格兰与英格兰合并后，"警察厅长"也被称为"警察总监"（Lords of Police），负责管理苏格兰的内部事务。18世纪，根据当地法律在各城镇建立了改善厅长（Improvement Commissioners），也就是大家所熟悉的警察厅长，主要负责警察事务（这里的"警察"是旧意义上的，从事照明、清扫等工作）。1662年，在伦敦和威斯

---

① "The Metropolitan Police Act, 1829", *Halsbury's Statutes of England*, Vol. 25, London: Butterworths, 1970, pp.240-246.

敏斯特建立了第一批改善厅长,他们的办公地点就在苏格兰场,因此他们以"苏格兰场厅长"(The Commissioners of Scotland Yard)而著称,职责包括给新的出租马车发放执照。1839 年,内政部在伯明翰、曼彻斯特、博尔顿建立的警察部队的首领也被称为"警察厅长",但自这些警察部队由地方当局接管后,其首领就被改称为"警察局长"。现在的英格兰和威尔士,除大伦敦警察的领导人被称为"警察厅长"外,就只有伦敦城警察厅长。① 皮尔选择了查尔斯·诺万(Charles Rowan)②和理查德·梅恩(Richard Mayne)③为警察厅长,任命约翰·雷伊(John Wray)④为文职财政主任。为了确保苏格兰场在决策中的中心地位,厅长诺万和梅恩确立了等级制为大伦敦警察的结构模式。最初,大伦敦警察区被分为 5 个大区,每个大区被划分为 8 个分区,每个分区再被分为 8 个巡区。最初计划每个大区由 165 位警察组成,其中包括 1 名警监(Superintendent),4 名督察,16 名警长,144 名警员。⑤ 警察总部设在内政部附近白厅 4 号的一所房子里,与一个被称作"苏格兰场"的院落相毗邻,所以"苏格兰场"便成为这个警察机构的代名词,尽管后来其总部数易其址,但至今人们仍然习惯以"苏格兰场"来指代大伦敦警察厅总部。

1829 年夏末,政府通过了一些决议,决定了这支新警察部队的具体特征。其一是新警察穿统一的制服,这样使新警察以明显的标志出现在街道上,从而达到威慑民众、预防犯罪的目的。其制服包括一件蓝色燕尾服上

---

① J. F. Moylan, *Scotland Yard and the Metropolitan Police*, p.31.
② 查尔斯·诺万(1782—1852),出生于阿尔斯特(Ulster),1797 年加入第 52 步兵团,在滑铁卢战争中担任第 52 步兵团副指挥,在战争中身负重伤。1822 年 4 月退伍后,成为爱尔兰的一位地方警务员。
③ 理查德·梅恩,1796 年出生于都柏林;1818—1821 年求学于剑桥大学三一学院(Trinity College, Cambridge),获得学士和硕士学位;1822 年被邀请进入林肯法学协会(Lincoln's Inn)担任律师,随后在英格兰北方地区担任律师。
④ 约翰·雷伊是一位律师,负责向各个教区征收治安税,为大伦敦警察提供经费支持,并负责行政管理。
⑤ Stanley H. Palmey, *Police and Protest in England and Ireland*, 1780–1850, p.296.

衣(上衣领子上印有一个字母,代表该警察所属的警察署,字母后面是他的个人编号)、一副皮革硬领巾和一顶加厚陀螺帽(1864年被头盔取代),再加上一个可以发出警报和召唤救援的手摇警报器(1846年被口哨取代)。但督察及警监所穿的服装必须由自己出钱购买。直到1839年,警察厅长才穿制服。① 这种统一的着装有利于统一管理和开展工作。此外,新警察按照军人方式组建、训练和管理,但强调保持其非武装性和文职性。为了避免警察的军人形象引起热爱自由的英国人的反感,规定新警察在日常值勤中不带枪支(这一传统一直延续至今),携带的唯一武器是一根挂在燕尾服后面的木制警棍。督察可以配有手枪,但手枪和短剑要保存在警察局里。这种自上而下的组织结构实际上是借鉴了军队的模式,使之形成一种等级控制体系,便于整个队伍的指挥和控制。

发出招募新警察的通知后,有数千人申请这一职业。皮尔认识到,让警察有效执法、队伍优良的根本措施是把好进人关。因此,在招募新警察时,他要求警察身高至少5英尺7英寸,年龄在35岁以下,身体健康、智力正常并且有阅读和书写能力。这些要求事实上把以前的地方治安力量——巡夜看守排除在外。1829—1833年,仅有170名博街巡逻队员成为新警察。② 从1832年6月招募的3 184名新警察的有关情况统计表(见表4-1)来看,超过1/3的新警察以前的职业是工人,只有近1/6的人是士兵和海员,其他的是工匠、仆人、小商人及小店主等。这在公众心目中留下警察属于下层阶级的印象,不过这倒使新警察更容易为中上层阶级的人士所接受。因为这样一来,警察便真正成了为中上层阶级提供服务的工具,他们不可能分享中上层阶级的权利,更不可能威胁到他们的自由。

---

① Stanley H. Palmey, *Police and Protest in England and Ireland*, 1780–1850, p.297.
② Stanley H. Palmey, *Police and Protest in England and Ireland*, 1780–1850, p.300.

表 4-1 1832 年大伦敦警察人员的应聘前职业构成表①

应聘前职业	人数/人	比例/%
劳工	1 154	36.2
士兵	402	12.6
仆人	205	6.4
鞋匠	198	6.2
职员/办事员	151	4.7
店员	141	4.4
木匠	141	4.4
高级技工/机械工	141	4.4
屠夫	135	4.2
面包师	109	3.4
海员	101	3.2
砖匠	75	2.4
铁匠	55	1.7
裁缝	51	1.6
织工	51	1.6
水管工人及油漆匠	46	1.4
车床工	20	0.6
石匠	8	0.3
总人数	3 184	100

从一开始,内政大臣就坚持认为社会地位及贵族血统在新警察中没有任何存在的位置,警察晋升靠的是政绩。任命警官仅仅靠候选人的"品质、资格、专业水平";这一点将被严格执行,"成为严格的规定,……没有人能被提升为高级官员除非他已经在基层工作了一段时间"。② 实际上,这一政策从一开始就被严格地遵守。皮尔执行这一政策,与他的出身及成长环境密不可分。他本人在英国统治阶级中是比较快地发展起来的,是工业革命的产儿。皮尔的祖上是约曼农和英国北方的制造商。他倡导努力工作,完全通过

---

① Stanley H. Palmey, *Police and Protest in England and Ireland*, 1780-1850, p.565.
② Stanley H. Palmey, *Police and Protest in England and Ireland*, 1780-1850, p.301.

自己的才干才走上政治道路。1812年8月他24岁时,开始担任爱尔兰事务大臣,1818年离任;1818—1822年担任下院特别委员会主席,负责解决现金支付的金融问题;1822—1827年和1828—1830年担任英国内政大臣。1814—1818年,皮尔招募的爱尔兰警察,都有在都柏林警察、军队、民兵及义勇骑兵队中的从业经历。他在担任爱尔兰事务大臣期间,驳回了爱尔兰土地贵族的抗议,而且自1822以后他反对委任没有警察经验的贵族担任警察局长的做法。这样,皮尔自身的性格和他管理爱尔兰治安警察的政策,共同决定了他在1829年对大伦敦警察雇佣人员的做法。从理论上来讲,皮尔更倾向于通过警察的业绩来决定警察的晋升,实现机会均等。皮尔倡导以警察的能力作为晋升的标准被认为是民主的表现。广大民众对新警察的最初印象,确实缓解了人们因宪兵队由少数官员指挥而产生的普遍恐惧,从而有利于新警察获得各界人士的认可。

1829年9月28日,在大伦敦教堂的门口张贴了一张告示,其内容如下:

> ××教区委员会及教会执事济贫助理,威斯敏斯特自由区、上述所有教区的每一位巡夜看守和其他的夜间治安人员,及与此相关的其他人员:
> 我们是根据议会法案,并经国王签字生效的《改进大伦敦及附近地区警察法案》所任命的治安法官,特此公告根据上述警察法案,自9月29日起一支新的警察队伍将负责上述教区的治安,在该法案通过之前上述教区所任命的或单独的巡夜看守及夜间治安人员将停止执法。
>
> 查尔斯·诺万
> 理查德·梅恩[①]

---

① Ronald C. Sopenoff, "The Police of London: The Early History of the Metropolitan Police, 1829-1856", Unpublished Ph.D. Thesis, The Temple University, 1977, p.65.

此后,当地的执法职能就由政府管理下的新警察承担。1829年改革是个转折点:大伦敦治安区取代了以前的分区巡夜看守制,一支领薪的、负责的、经过训练的专职警察队伍也由此产生。身穿制服的大伦敦警察开始上街值勤,这既是现代警察制度的开端,也是现代警察立法的开端。直接由内政大臣指挥的新型而有效的警察厅将指挥和控制整个大伦敦地区的所有新式警察。也就是说,统一着装的警察直接对内政大臣负责,这在英国历史上确实是一件具有革命性的事。从罗伯特·皮尔以法定程序创建警察制度开始,"警察"一词就比较稳定地成为行使国家治安行政权力并以强制手段来维护公共安全和秩序的治安人员的专称,此后英国的治安力量逐渐由新警察组成。

之所以将罗伯特·皮尔创建的大伦敦警察作为现代警察制度的确立标志,不仅因为它是英国历史上第一支着警装的、享受国家警俸的正规职业警察部队,更因为它具备了现代警察制度接近成熟的特征:从合法性层面看,大伦敦警察的权力源于法律,并向地方当局负责,它是一支为公众所有的警察队伍,不是私人警察;从组织结构层面看,大伦敦警察标志着非专门化警察时代的结束,警察成为一支受过专门训练的、有统一制服的、以一种组织哲学和以预防犯罪为主的治安思想为武装的文职力量,其内部逐步开展各种专业化的分工;从功能层面看,它已完全从司法、社会福利中分离出来,特别是与军队脱离,成为一支专职的非武装的力量;从示范和影响上看,英国的警察模式伴随其海外扩张成为日后各国纷纷效仿的楷模。[①] 因此,1829年《大伦敦警察法》的颁布和大伦敦警察的建立可以说是伦敦由非正式警察向正式警察过渡的重要分水岭,之后很长一段时间,大伦敦警察的发展完善是一个渐进的过程。

---

① 王大伟编著:《英美警察科学:热点、改革与启迪》,第159页。

2. 大伦敦警察的发展

在《大伦敦警察法》通过后的一年多,新警察在大伦敦建立起来。在随后的二十多年里,苏格兰场规模不断增大,大伦敦警察所承担的职能不断扩展。

第一,新警察成立初期与民众的冲突。

虽然《大伦敦警察法》在议会几乎未遭大的反对而顺利通过,但是新警察并不被民众完全接受。正如所预料的那样,大伦敦警察被各个阶层的人反对、憎恨。几乎每一个人都有不喜欢警察的理由,犯罪分子和穷人,奸诈的商人,生活困难的工人阶级,熟练的劳工及技工(大部分是激进分子),怨恨新税的纳税人,固守旧的宪政理念的传统主义者,激进分子和拥有超前观点的辉格党人,在街道上喜欢与新警察厮打的士兵及水手,即使是在不受警察厅长控制的伦敦城,人们也用污言秽语对新警察进行谴责。①

在伦敦,1830 年建立新警察的警区由原来的 5 个扩大到 17 个。随着一个又一个的教区当局被新警察所取代,民众的抗议也不断增加。在托特纳姆、圣拉克斯、圣潘克拉斯、圣格雷戈、玛丽里博恩及其他许多教区,城市居民开会反对由一个集中权威力量来单独控制大伦敦的社会治安,而地方仅保留支付治安税的义务。《权威》(Standard)杂志认为:"我们最主要反对的是从人们手中夺走维护大伦敦社会治安的力量……既不是法院也不是议会这些拥有普遍权威的机构……这些改革所保护的威胁不是教区所要求的……这东西不是,而且从来不是英国式的。"在玛丽里博恩召开的大会上,发言人宣布他们决不同意警察处于内政大臣的控制之下,也决不忍受整个英格兰建立宪兵队。玛丽里博恩教区的 1 000 位请愿者敦促回归普

---

① Stanley H. Palmey, *Police and Protest in England and Ireland*, 1780 - 1850, pp.303 - 304.

通法。考文特花园的居民反对这支警察"完全独立而且不对住户负责",并且警告政府"任何不得当的措施都是对人民权利的侵犯"。①

在所有的教区诉状中,最深刻、最长的一份是 1832 年 12 月由玛丽里博恩提交的。这份诉状基于财政、全面管理及合宪性提出了反对意见。申请人要求警察的一些费用由统一基金负担,取消警察厅长,恢复地方当局一定程度上的控制权。他们承认以前的看守制效率低下,可能需要一种更统一的治安制度,但他们要求对 1829 年的警察制度进行一定改造。请愿者批评了政府的做法是从一个极端走向另一个极端,提出是否可以采取一个折中的方法。诉状中的最大部分是关于合宪性的问题,申请人对时任内政大臣的辉格党人墨尔本子爵(Viscount Melbourne)指出,长期以来辉格党反对建立一支强有力的警察队伍,并明确提出新警察给人一种不是为了预防犯罪而是为了镇压公众的抗议活动的感觉:

> 递交请愿书的人们恭敬地请求最棘手的部分……即刚建立的这支部队②是否与宪政精神及自由主题相一致;不久它将最有可能遍及整个王国,这支部队以军事体制建立,由政府任命的人领导而不是由支付费用的人控制,以保护人的生命及财产安全。
>
> 它将不需要有力的论证及理论依据以满足一种精神,这种精神由像你们一样构成,这样的一支部队将与自由的主题不相容。它与军事部队仅在名称上有所不同,它拥有军队的所有特征及力量,而且在发生公共骚动时能随时被调动,按照现存政府的意愿镇压为这支部队提供费用的人们。
>
> 递交请愿书的人承认,长期以来由人民之友(指辉格党)领导政府经过半个多世纪的追求恢复人们长期被侵占的权利,他们没有丝毫害

---

① Stanley H. Palmey, *Police and Protest in England and Ireland, 1780 - 1850*, p.305.
② 指 1829 年以来建立的大伦敦警察。

怕,但是对目前政府的政治完整是人们的保证,谴责这支部队并不足够……

递交请愿书的人们不能忘记首先由强有力的托利党人建立这支部队,与人民之友及坚定的提倡相距甚远,而且他们也不能忘记这些恐惧……使用这支部队的时候……大量的民众骚动发生在大伦敦地区……①

虽然教区委员会及地方当局可能存在为自己的利益考虑的一面,而且他们中的许多人在治安方面毫无效率、办事腐败,但是上面这段教区诉状确实反映了大部分伦敦人的观点,他们反对新警察主要是由于新警察存在侵犯人民自由的可能,更为重要的是它剥夺了地方一部分人的利益,同时也存在财政方面的原因,即反对警察费用的来源。为了削减治安税,一些教区已经给米德尔塞克斯郡当局递交了关于降低对房屋租金收入的征税的提议。到1832年年底,政府意识到地方的纳税人不能支付警察的所有费用;大臣们认为政府控制的部队,政府至少应该承担部分费用。1833年的一项法案声明,统一基金将承担警察费用的1/4,达60 000英镑,剩余的3/4由教区税收负担,教区税的征税标准为1英镑征收6—8便士。②

第二,苏格兰场的规模扩大。

随着大伦敦警员人数的不断增加,大伦敦警察厅的工作人员和办公场所也不断扩大。位于白厅3号、4号的苏格兰场,最初只是作为警察厅长的办公场所,到1839年时已经有十几名工作人员了,成为大伦敦警察运转的枢纽。因此,梅恩认为需要扩大办公场所。在请求更大的办公场所时,梅恩解释了苏格兰场的空间是如何被使用的:

第一层,完全是大伦敦警察厅职员的办公室,甚至用于接待客人

---

① Stanley H. Palmey, *Police and Protest in England and Ireland*, 1780-1850, p.307.
② Stanley H. Palmey, *Police and Protest in England and Ireland*, 1780-1850, p.308.

的接待室也不能仅用来待客,单独的职员主任办公室也是如此……

第二层,其中一间较大的房间用于存放警察工作所需的大量地图……同时这里也是警察厅长们用于接待客人的地方。隔壁一间小的房间是财政主任的办公室,另一间是诺万上校(Col. Rowan)的办公室。①

梅恩希望能把大伦敦警察厅扩展到白厅 5 号及苏格兰场后面的地方。于是,英国林业部迁出白厅 5 号,同时苏格兰场后面的地方被划归大伦敦警察厅。这些地方对于警察厅来说相当需要,因为苏格兰场的工作人员的职责不断增加,包括:审查申请者的信函、有关警察工作的 32 份记事表,召集申请者参加测试,为申请者开具证明书,核查每周的警察工资收据,每月列出警监工资清单,提交警用物质审查,誊写及安排警察报告,刊印警察厅长们的通知,绘制起诉及犯罪统计数据,管理奖励基金,登记大伦敦警区的警察财产。②

到 19 世纪 50 年代,新建立的警察办公楼已经完成,管理申请者及接收新警员的一些工作转移到位于新国王街 A 区的警察署,这里迁入了以前警察厅 1/4 的机构。警察署的第一层设置了审查驾驶员及售票员,发放执照、警察退休金、检查受伤者及警用物资的办公室;第二层是处理公共马车事务的职员、公共马车及马匹总督察的办公室;第三层设立了普通住宿登记和预备动物许可证办公室。③ 由于大伦敦警察的行政职责增加,新警察署很快就过于拥挤。直到 1890 年警察厅迁到泰晤士河畔的一所楼房时,其拥挤的状况才得到缓解。

---

① Ronald C. Sopenoff, "The Police of London: The Early History of the Metropolitan Police, 1829-1856", Unpublished Ph.D. Thesis, The Temple University, 1977, p.213.
② Ronald C. Sopenoff, "The Police of London: The Early History of the Metropolitan Police, 1829-1856", Unpublished Ph.D. Thesis, The Temple University, 1977, pp.213-214.
③ Ronald C. Sopenoff, "The Police of London: The Early History of the Metropolitan Police, 1829-1856", Unpublished Ph.D. Thesis, The Temple University, 1977, p.214.

第三，大伦敦警察职能的扩展。

随着大伦敦警区的发展、警员人数的增加、警察厅规模的扩大，大伦敦警察履行的职责也相应扩展。在1839年之前，新警察开始承担以前由博街缉捕队和1792年建立的警察局治安人员担负的任务。1838年，厅长们同意负责维持白金汉宫及下院的治安秩序。而且，大伦敦警察也取代博街缉捕队开始承担了押送囚犯往返于治安法庭的任务。①

大伦敦警察开始执行的另一项职能是控制和指导消防工作。1832年以前，所有的消防任务由独立消防保险公司（Independent Fire Insurance Companies）或教区消防队承担。1832年，所有的伦敦消防公司被统一为一个公司。警察厅长们颁布法令，尽力为救火现场的警察提供指导。火灾发生时，警员被派往现场控制人员及马车通行、疏理街道、阻止人群涌入。起初，警察干预消防工作使一些消防公司产生抱怨情绪。但经过一段时间后，警察在发现火情、疏导人群及协助消防队员灭火等方面的作用得到肯定。查尔斯·狄更斯（Charles Dickens）曾描述了警察在救火现场的场景：

> 起火了！起火了！街上到处是人们哭喊的声音。警察奔往最近的消防队，他们不断把起火的事情传给另一位警员，直到附近所有的警员都聚集到街道上。一些警察奔赴火灾现场，他们要么迅速通知消防队……要么把起火的消息告诉其他警察，让他们通知附近更多的消防队。②

大伦敦警察承担的最重要的职责是刑事调查。随着博街缉捕队被并入大伦敦警察厅，1839—1842年，伦敦没有专门的刑事调查力量，因而内政部批准在大伦敦警察厅内设立刑事调查机构。1842年6月14日，大伦

---

① Ronald C. Sopenoff, "The Police of London: The Early History of the Metropolitan Police, 1829-1856", Unpublished Ph.D. Thesis, The Temple University, 1977, p.215.
② Ronald C. Sopenoff, "The Police of London: The Early History of the Metropolitan Police, 1829-1856", Unpublished Ph.D. Thesis, The Temple University, 1977, p.216.

敦刑事侦查处建立。它由督察和警长共 8 人组成,督察的工资为每年 200 英镑,警长的工资为每年 73 英镑。起初,许多人反对建立刑事侦查处。警察厅长诺万就对建立侦查处表示怀疑,他认为进行侦查就需要与小偷及其他的犯罪分子亲密接触。但是,1842 年后刑事侦查处不断扩大。到 1845 年,每个警区要求任命 2 名警员为侦探。到 1854 年,刑事侦查处有 15 名警长和 55 名穿便服的警员,另外还有 2 名警长和 102 名可以被临时指派到各警区执行侦查任务的警员,总人数达到 174 人。①

为了更有效地维护社会治安,诺万提议建立一支独立的预备役力量,以协助警区警察。1837 年,第一支预备役部队建立,当某一地区出现大量的治安问题或犯罪数量增加时,这支部队即被调往该地区。1848 年秋,经过一个夏天对欧洲革命的恐惧,预备役警察被编成一支独立的部队,被部署到大伦敦警区的各个地方,协助平息骚乱。最初,预备役警察被编成 6 队,每队 56 人,用于执行特殊任务。1855 年,理查德·梅恩认为这支预备役警察是警察精英部队,曾在警区内经受了一段时间的锻炼,能够适应任何形势下的治安行动。

19 世纪 40 年代,大伦敦警察刑事侦查处及预备役警察的建立表明了自《1839 年警察法》(The Police Act of 1839)之后,大伦敦警察对治安工作越来越熟练。查尔斯·诺万及理查德·梅恩这两位警察厅长所建立的这支新警察部队,随着警区范围的不断扩大,其服务日益增多,职责不断扩大。经过二十多年的发展,大伦敦警区包含了伦敦周围 90 英里 700 平方英里的范围,警区人口达 2 400 000 人。② 建立三十年后,新警察不再被看成仅仅在大伦敦的街道上巡逻的人,其职责还在不断扩大。1843 年《出租

---

① Ronald C. Sopenoff, "The Police of London: The Early History of the Metropolitan Police, 1829-1856", Unpublished Ph.D. Thesis, The Temple University, 1977, pp.217-219.
② Ronald C. Sopenoff, "The Police of London: The Early History of the Metropolitan Police, 1829-1856", Unpublished Ph.D. Thesis, The Temple University, 1977, pp.221-222.

马车法》(The Hackney Carriage Act)赋予大伦敦警察管理大伦敦警区车辆停靠的权力。法令要求理查德·梅恩担任公共马车注册官。到1853年，大伦敦警察控制了出租马车行业的各个方面，包括：指派警员管理大伦敦各种车辆停靠，采取限制措施避免车辆阻塞，审查驾驶员的执照，检查出租马车及公共马车是否符合法律所规定的标准。1853年，警察被授权执行交通法规，更好地管理公共马车。1851年7月，警察被授权执行《普通住宿法》(The Common Lodging Act)，职责包括：检查住房的卫生状况，如符合要求给房主颁发证明；视察要求维修的住房修缮情况；汇报不适当、未改造的住房，把新法规通知到普通出租房房主。①

总之，自1829年大伦敦警察建立后，经过20多年的发展，大伦敦警区扩展，警员人数增加，警察厅规模扩大，大伦敦警察履行的职责扩大，这些都表明大伦敦的警察体系更加统一和规范，大伦敦警察在维护伦敦治安方面起到越来越大的作用。大伦敦警察的建立与发展，表明政府权力第一次在大伦敦地区得到延伸，政府开始逐渐成为维护治安的责任主体。

---

① Ronald C. Sopenoff, "The Police of London: The Early History of the Metropolitan Police, 1829 – 1856", Unpublished Ph.D. Thesis, The Temple University, 1977, pp.225 – 227.

二、英国现代警察在地方的建立

1829年《大伦敦警察法》是英国在建立现代警察进程中的一个里程碑。大伦敦警察的建立并不意味着这一"新警察"模式就会自动推广到英国其他各地,地方自治市和各郡依然按照以前的治安制度运转。如果说,大伦敦警察在建立过程中遇到了一定的阻力,那么后来它在地方自治市和各郡遇到的阻力更大。中央政府、郡季审法院、整个绅士阶层甚至纳税人等各方力量,在新警察由内政部统一管辖还是由地方自治管理的问题上争议很大,这种分歧在各项立法过程中都有体现。到19世纪60年代末,英国地方基本建立了中央监督与地方自治相结合的现代警察制度。

1. 改革前的英国地方治安制度

在英国历史上,教区是从7世纪出现一直延续到19世纪才逐渐退出历史舞台的最基层的行政单位。"1833年以前,英国的地方行政机构由大约15 500个教区、5 000名左右经王室任命的治安法官和200个王室特许的选区构成。"①从1688年光荣革命到19世纪30年代中期,英国的地方行

---

① 王觉非主编:《近代英国史》,第533页。

政还保持着相对的独立性,每个教区独立地负责管理贫民救济、维修公路及维持乡村治安等工作。从 18 世纪初开始,治安法官几乎包揽了地方政府的所有工作,承担一大堆的行政职责,负责地方司法、执法和民事管理等诸多复杂事务,达到无微不至的程度。当议会通过一项法令要求地方执行时,治安法官通常成为地方执行人员。部分任务由当地治安法官们集体执行,他们组成治安委员会(The Watch Committee)来决定地方的重要事务,并通过参加季审法院、小治安法庭或在自己家中裁决的方式来履行其执法功能。①

当时,虽然 1829 年大伦敦地区已经建立起现代职业警察制度,但承担英国地方自治市和各郡主要治安职责的仍然是业余的警务员。从 1836 年 285 个小治安法庭管辖区警务员任命情况抽样表(见表 4-2)可以看出,当时地方警务员由民事法庭、教区委员会、地方法官(Magistrates)任命。从 1836 年英国 7 个郡兼任警务员人员的职业情况表(见表 4-3)可以看出,这时任命的警务员不再与 17 世纪一样来自乡村社会中有较多财产的比较富有的成员,他们大部分来自小农场主及零售商,而且在现实中许多实际的警务员工作由代理人去做。这样,这些实际承担警务员工作的人的社会地位可能更低,因为代理人通常比委托人的社会阶层更低。由于警务员来自较低阶层,一些法官担心他们与偷窃者可能关系比较密切,并且他们经常光顾啤酒馆,更可能会对反济贫法的示威者、村庄中的微小偷窃行为表示同情。

前文提到,19 世纪以来,同伦敦一样,英国地方上的犯罪和失序状况也变得更加严峻,而传统治安体制在应对犯罪和民众抗议骚动时往往效率低下。面对这些危机和困境,英国自治市和郡地方当局对治安制度采取了一些改革措施。最早对治安制度进行改革的是 1829 年的《柴郡警

---

① J. J. Tobias, *Crime and Police in England*, 1700-1900, pp.26-30.

察法》(The Cheshire Constabulary Act)。这是一项私法法案,由柴郡季审法院主席特拉福德(Trafford)提议,主要由于季审法院及巡回审判庭(Assizes)的审判人数大量增加,起诉费用不断增长,特别关注了柴郡治安问题严重的北部制造业地区,即斯托克波特与麦克尔斯菲尔德周围地区,这些地区被看作犯罪及骚动的温床。为加强对未领薪金、轮流担任的警务员的管理,季审法院曾任命麦克尔斯菲尔德百户区的一位警务员乔治·伯吉斯(George Burgess)为领薪的警务员,以监督其他警务员。然而,虽然他们可以给伯吉斯一些补助,但不能给他支付稳定的薪金。因此,特拉福德与其他地方法官向议会申请一项私法法案,提议地方法官可以依法任命警务员并支付给他们薪水。

表 4-2 1836 年 285 个小治安法庭管辖区警务员任命情况抽样表①

警务员任命的来源	占调查区警务员数的比例/%
民事法庭(Courts Leet)	48
主要由民事法庭(Predominantly by Courts Leet)	15
教区委员会(Parish Vestry)	5
主要由教区委员会(Predominantly by Vestry)	17
地方法官(Magistrates)	7
主要由地方法官(Predominantly by Magistrates)	5
其他	3
总计	100

来源:PRO(Public Record Office),HO(Home Office),73/5/1 and 2 justices' returns to Constabulary Force Commission.

注:其他指约克郡东部及北部的少数区;还有康沃尔的一个区,比较特殊,由济贫助理任命。

---

① David Philips and Robert D. Storch, Policing Provincial England, 1829 - 1856: The Politics of Reform, p.14.

表 4-3 1836 年英国 7 个郡兼任警务员人员的职业情况表①

(单位:个)

郡名	兼任警务员人员的职业	区数
贝德福德郡	劳工(乡村)及零售商	3
埃塞克斯	零售商/小零售商	7
	零售商/小农场主	4
	劳工/小零售商	3
	劳工/较低阶层	2
	共计	16
汉普郡	劳工/小农场主	6
	劳工/小工匠	4
	劳工/工匠	1
	较低阶层	1
	没有资料	1
	共计	13
肯特郡	农场主/零售商	3
	零售商	2
	有名望的户主	1
	约曼农	1
	小农场主/劳工	1
	不明确	1
	共计	9
斯塔福德郡	小农场主/小零售商	5
	农场主/约曼农	2
	共计	7
威尔特郡	小农场主/零售商	3
	小零售商	1
	中等阶层/常居户主	2
	不识字的劳工/较低阶层	2
	共计	8

---

① David Philips and Robert D. Storch, *Policing Provincial England*, 1829 – 1856: *The Politics of Reform*, p.19.

续 表

郡名	兼任警务员人员的职业	区数
约克郡(东区)	农场主/零售商	5
	农场主	3
	不明确	1
	共计	9

来源：PRO，HO,73/5/1 and 2 justices' returns to Constabulary Force Commission.

在该法案二读的辩论中，特拉福德主要强调柴郡与兰开夏制造业地区的毗邻地区。据称，在曼彻斯特、利物浦及沃灵顿都已经建立了有效的治安体制，这样就把犯罪分子全赶往了他们所在的警务员完全不足的地区；柴郡北部的制造业中心、人口稠密地区就是这种情况。因此，特拉福德主张任命一些常备领薪警务员，以便对这些效率低下、未领薪水、轮流担任的警务员进行监督。议案在下院和上院几乎没有遭到什么反对便顺利通过①，并于1829年6月1日获得国王签字后正式成为法律。根据该法，季审法院的法官可以任命以下两种类型的领薪警务员：① 在任何百户区及柴郡选区可以任命一名临时高级警务员（或代理高级警务员），其薪水来源于郡中税收，依据百户区或选区人口数决定其每年薪资，为60—150英镑；② 在一个城镇或一批城镇可以任命低级警务员助理，其薪金来源于城镇当地的新济贫税，其每年工资在20—50英镑。低级警务员助理由当地小治安法庭的3位治安法官推荐，然后由季审法院任命。这两种类型的警务员都是全职警察，不允许从事其他工作，并且不能因提供服务而收受酬金或礼物。他们作为警务员在全郡都拥有权力，但需要常居在他被任命的百户区或城镇。季审法院的法官有权解雇他们，当地的小治安法庭也有权暂时让他们停职（直到下一次季审法院的听证为止）。②

---

① *Hansard's Parliamentary Debates*，Vol.3，1829，pp.740-742.
② David Philips and Robert D. Storch，*Policing Provincial England*，1829-1856：*The Politics of Reform*，pp.86-87.

1829年8月,根据该法,柴郡季审法院为麦克尔斯菲尔德百户区的两个区、巴克洛百户区任命了3名临时高级警务员以及少量的低级警务员助理。《柴郡警察法》并没有扩展到全郡,只是在百户区或选区的治安法官认为需要领薪警务员时才予以实施。从1829—1839年根据《柴郡警察法》任命的警务员人数表(见表4-4)可以看出,第一年在柴郡实施该法的地区仅有7个,到1837年利用领薪警务员来维护治安的区仅有8个。领薪警务员人数在不断波动,但一般不高于30人;一般情况下是3名临时高级警务员,20—24名低级警务员助理。因此,该法的实施旨在为原有的警务员补充一些长期的专业指导,并没有建立领薪警务员以取代原有的教区警务员。

19世纪30年代,除柴郡根据《柴郡警察法》采取任命领薪临时高级警务员及低级警务员助理之外,英国其他地方的领薪治安力量一般采取以下四种方式。

第一,根据议会通过的一项地方法,教区或城镇任命警务员并为他们支付薪水。

在没有享有自治市镇地位并且此后不再拥有市政权力的城镇,可以申请一项地方私法,赋予其一些地方政府的权力。这些城镇最常申请的权力包括照明、看守及清洁城镇。这些地方法包括有权对城镇征收改善税,以支付这些服务的费用。这些权力的行使通常由当地改进委员会执行。1839年前,许多城镇都申请了这种地方法,雇用领薪警员。19世纪30年代,城镇采用这种方式来任命领薪警员,可以雇用受训过的警员,其成员通常来自1829年建立的大伦敦警察。根据地方法成立的警察由改进委员会管理,其成员通常由纳税人选举产生。但是采用这种方式来改善治安的不足之处主要是费用问题,特别是包括从议会获得地方法的最初费用,行使这些权力需当地纳税人承担雇用警员的费用问题。因此,这种方式需要以充足的税收费用为基础,仅在城镇的一些地方实行,实施范围受到限制。

表 4-4 1829—1839 年根据《柴郡警察法》任命的警务员人数表①

(单位:人)

年份	百户区	选区	临时高级警务员	低级警务员助理	总人数
1829年	麦克尔斯菲尔德	普雷斯特伯里	1	2	3
	麦克尔斯菲尔德	斯托克波特	1	3	4
	巴克洛		1	4	5
	埃迪斯伯里			5	5
	楠特威奇			5	5
	诺斯威奇			3	3
	奥尔特灵厄姆及利姆城镇			2	2
	共计		3	24	27

警察委员会报告(第 111 页)指出,最初的人数仅为 3 名临时高级警务员及 24 名低级警务员。1829—1836 年期间发生了一些变化。1831 年在楠特威奇百户区开始有 20 名低级警务员助理,但由于纳税人抱怨费用太高从而减少了人数,1832 年被全部取消。布罗克斯顿百户区开始有 3 名低级警务员助理,到 1836 年被全部取消。

年份	百户区	选区	临时高级警务员	低级警务员助理	总人数
1836年	麦克尔斯菲尔德	普雷斯特伯里	1	2	3
	麦克尔斯菲尔德	斯托克波特	1	3	4
	巴克洛		1	3	4
	埃迪斯伯里			5	5
	诺斯威奇			5	5
	威勒尔半岛			2	2
	共计		3	20	23
1837年	麦克尔斯菲尔德	普雷斯特伯里	1		1
	麦克尔斯菲尔德	斯托克波特	1	2	3
	麦克尔斯菲尔德	海德		2	2
	巴克洛		1	2	3
	埃迪斯伯里			4	4
	楠特威奇			6	6
	诺斯威奇			5	5
	威勒尔半岛			3	3
	共计		3	24	27

---

① David Philips and Robert D. Storch, *Policing Provincial England*, *1829－1856: The Politics of Reform*, p.88.

第二，根据1833年《照明及看守法》任命领薪警务员。

《照明及看守法》(*The Lighting and Watching Act*)旨在为小的城镇及郡教区提供一种较为廉价的方式来改进治安。该法明确规定，如果教区委员会的投票表决有2/3的多数赞成采用该法，就能任命督察来征收教区税，用于支付当地全天巡逻教区的治安力量的薪水。① 这样教区就不需要从议会获得一项单独地方法，省去了相关费用及麻烦。到1836年，这种方式被许多小的城镇及教区采用。但是，这种方式也受到一些因素的限制，无法被广泛采用。一些警察改革者认为，如果任命的督察来自普通的农场主或者零售商，他们对警务员的监督将缺乏专业性；而且改革者担心一些吝啬的纳税人可能会使治安力量人员不足。此外，该法中的一项条款允许教区可以投票自行决定采用或取消实施该法，这样不利于建立一支长期的治安力量；而且该法要求教区或城镇中的投票表决有2/3的多数成员赞成才能实施该法，从而限制了该法的实施。

第三，当地有产者自愿筹资建立治安力量。

为了保护他们的财产，一些地方有产者聚集到一起，组成某种形式的抓捕、诉讼协会，其中重罪诉讼协会是当时比较普遍的一种形式。1744—1856年，在英格兰和威尔士至少有450个这样的协会。② 这些协会中有一部分建立起了他们自己的私人治安力量，由成员筹资支付治安人员薪水。这种方式的治安力量只要几个地方绅士提出倡议，吸纳足够的地方有产者参加，就能够很容易地被建立，从而绕过像实施《照明及看守法》时出现的地方农场主或零售商阻挠的情况。这些治安力量一般由当地治安法官、牧师及其他的地方显要管理。这一时期较为成功的私人治安协会是在科茨

---

① David Philips and Robert D. Storch，*Policing Provincial England*，*1829 - 1856*：*The Politics of Reform*，p.94.
② Victor Bailey，ed.，*Policing and Punishment in Nineteenth Century Britain*，p.27.

沃尔德建立的山地斯托治安协会（The Stow-on-the-Wold Police Association）。1834年5月，在山地斯托城郊发生了一起残忍的谋杀抢劫案，随后协会在山地斯托及其邻近村庄被建立。协会聘请了两位大伦敦警察担任地方治安人员，负责以山地斯托为中心的周围3英里地区的治安。他们集中在晚上巡逻，对嫌疑人员进行监督，经常巡查酒馆及流浪人员居住的出租房。他们有责任对逮捕的犯罪嫌疑人提起诉讼，包括搜集证据、组织证词和将案件呈交法庭。据地方法官反映，他们的治安效果十分明显，一般的乡村犯罪——偷盗绵羊及家禽、捣毁谷仓、破坏房屋——数量减少，并且酗酒及无序行为也明显减少。① 这些私人治安协会建立的治安力量虽然较为便捷，但是也有明显的不足之处。经过一段时期以后，如果当地对于这些治安协会的热情消失，其筹资就更加困难，这些方案最后可能因为财政经费问题而不得不被取消。

第四，当地教区当局任命治安人员，用教区济贫税来支付治安人员的薪资。

各地的许多教区及新济贫法协会（The New Poor Law Unions）所采取的权宜之计是使用地方济贫税来支付当地治安力量的薪资。几个教区组成更大的委员会，这样就可以为济贫提供更多的税收来源，因此一些地方精英们建议济贫法委员会可以转变成一种新的、有效的、肩负各种目的的地方政府行政单位，其最适合管理、控制地方治安人员。里士满公爵（Duke of Richmond）就是持这种想法的人之一，他曾草拟计划，想以济贫法协会为基础建立治安力量。② 许多人认为，新济贫法协会适合治安区域上的划分，虽然它与教区、小治安法庭管辖区、百户区或郡相对，但对治安

---

① David Philips and Robert D. Storch，*Policing Provincial England，1829 - 1856：The Politics of Reform*，p.98.
② David Philips and Robert D. Storch，*Policing Provincial England，1829 - 1856：The Politics of Reform*，p.101.

人员的管理不应局限于济贫法当局。在英国的东部地区,以济贫法协会为基础建立治安力量成为受人欢迎的权宜之计,特别是在萨福克出现反对新济贫法的骚乱之后。1836年3月,济贫法委员会宣布将济贫税用于刑事司法为非法行为,此后虽然一些地方当局仍然使用济贫税支付治安人员薪水,但却永远中止了以济贫法协会为基础建立乡村警察体制的可能性。

总之,19世纪30年代英国地方通过地方法、《照明及看守法》、济贫税及私人筹资等方式建立了领薪治安力量。虽然这些增加治安力量的方式在一些小范围内短期取得一定效果,但是由于这些体制各自存在的一些不足之处,不可能在地方建立起一支现代治安力量,因此需要通过新的方式来完成建立职业警察的任务。

2. 1835年《市镇自治机关法》与自治市警察的建立

19世纪30年代初,英国各城市的组织与行政仍与中世纪时的情形相同:

> 大多数城市政府由所谓"限制自治团体"(Close Corporation)控制。这个团体由市长、市参议、市议员和自由民共同组成,有处理一切城市事务的权限。当时市民中具有自由民资格的很少。市议会仅由自由民选举,一般市民没有选举权。市参议和市长由市议会选举产生,而市议会中常有身兼市议员和市参议两种身份的议员,所以限制自治团体又被称为"自己永久存在的团体"。城市政府实际上完全由少数人操纵,官吏腐败无能,而广大市民无权预闻市政,结果导致市政糜烂。[①]

[①] 赵可:《近代欧美国家市政改革运动述论》,《城市史研究》2004年,第286页。

伴随工业化和城市化的不断推进,社会问题多样化,城市交通问题、穷人救济问题、卫生问题、犯罪问题等复杂事务需要专门的机构去管理,但治安法官却不具备这些功能。另外,治安法官对工人要求普选权的斗争以及1834年《新济贫法》带来的骚乱也显得力不从心。在工业区和矿产区,甚至连可以担任治安法官的乡绅也越来越少。因此,在这些城市中建立警察的迫切性也相当大。早在19世纪20年代中后期就有人提出,在伦敦实行的各种改革举措可以比较容易地扩展到其他城镇之中。① 1832年,内政大臣墨尔本提出议案,提议建立一支覆盖全国的警察队伍,在全国设立领薪地方法官,其拥有与伦敦警察局(The London Police Office)地方法官一样的权力;在这些地区再任命和监督职业警察,其经费来源于地方征收的治安税;另外,还要在人口超过1万的所有自治及非自治城镇中建立新的警区,或者如果政府觉得有必要,可以将几个城镇或者乡村联合在一起共建一支警察队伍。但是,围绕1832年改革法出现的政治骚乱分散了注意力,并且由于此后出现的公众骚乱、处理自治市方面的复杂性以及征收地方税达成一致协议的困难,该议案不得不被终止。②

1832年7月,在皮尔的不断努力下,英国议会成立了一个市镇自治机关特别委员会(The Select Committee on Municipal Corporations)。③ 1933年6月,该委员会报告指出:"目前存在的市镇团体已不适应现存社会的需要,建议成立一个调查委员会。"④ 于是7月,辉格党内阁建立了一个以约翰·布莱克斯通为主席的委员会,调查英格兰及威尔士现存的城市自治团体的情况。该委员会于1835年4月正式提出一份详细的报告。在报告的

---

① David Taylor, *The New Police in Nineteenth-Century England: Crime, Conflict and Control*, p.31.
② David Philips and Robert D. Storch, "Whigs and Coppers: The Grey Ministry's National Police Scheme, 1832", *Historical Research*, Vol.67, No.162 (1994), pp.75-90.
③ Stanley H. Palmer, *Police and Protest in England and Ireland, 1780-1850*, p.398.
④ Asa Briggs, *The Age of Improvement, 1783-1867*, London: Longman, 1979, p.276.

第102条指出：

> 市自治机关所属的治安力量在大多数情况下严重不足,后备人员缺乏,因而不得不依靠地方法。治安力量的监管,市镇看守、铺路、照明、清洁及供水所需的权力不是交由市镇当局,而是在大部分情况下通过地方法由各种独立团体行使;尽管这些市镇没有一个由于面积太大而不能采取一种市政府体制(例如,巴斯市除一个地区没有任何保护外,其他每个地区都处于一个单独的委员会管理之下),但当局的这种相互独立状况,最终导致了许多混乱。地方征税权及对与居民幸福舒适生活紧密联系的相关事情的监管——目前这些事情都由独立团体承担——应该属于市镇当局最初赋予的这类机构;但把这些权力交由市自治机关,现在建立这种机构,将在居民中引起普遍的不满。在几个市镇,居民对于根据这些地方法采取的市镇行动,目前表现冷漠,缺乏兴趣;在南安普敦,在地方法的权力之内需要居民的一致同意才能建立,几乎一半的市镇居民拒绝采取市镇行动。在自治机关、地方法委员会领导的警务员之间,双方经常相互提防戒备,并且自治机关很少采取积极行动来分担委员会的任务,其委员会成员组成小集团。……在一些情况下,委员们与自治机关之间的分离与抵触,被用于公开牵制自治机关的政治影响,委员会被看作与自治机关相抗衡的力量。在利兹,如果不反对自治机关的政治原则,就不能被选拔成为治安委员会委员。
>
> 一些市镇通过筹资建立私人巡夜看守,希望建立一套组织有序的体制来消除这些弊病,但这种做法毫无效率。在温彻斯特,获得一个地方法后,他们发现其权力仍然不够,并且市镇目前通过私人筹资来承担看守职责,委员们从税收中也捐赠了100英镑。

在许多市镇,铺路、照明等的监管状况同样不能令人满意。但是在治安方面,一个独立负责的当局,或许能减少弊病,更为便利。①

根据这一报告,首相墨尔本提出一项议案,对自治市政府进行彻底改革,所有的官员对当地纳税人负责。7月,该议案在下院被通过。9月,该议案在上院经过反复辩论后被通过。1835年《市镇自治机关法》(The Municipal Corporations Act)规定:① 法律宣布取消200余个古老的市镇自治团体,改设179个市镇选区。在这些选区中,所有的纳税人都拥有选举权,城镇由选举产生的市镇委员会进行管理,市长和市参议员通过间接选举产生。② 废除市政官和法院的职权,将司法权转交治安法官和郡法庭,在城市实现司法权和行政管理权的分离。③ 市政府财政公开,市政收入必须用于当地居民,不得为私人利益或娱乐而用,从而提高了市政府财政的透明度,有助于减少腐败现象的出现。④ 地方政府可以制定必要的法规。⑤ 市议会的讨论公开,允许公众旁听。② 这样,通过1835年的市政改革,自由、公开、民主的城镇政府取代了封闭的旧式城镇寡头的统治,打破了城镇寡头对城镇的行政控制。

《市镇自治机关法》促进了地方政府改革,市镇的治安管理系统也包括在改革的范围之内。1835年法案有关警察方面的部分几乎没有引起大的争论和修改。在议会快要结束时,首相墨尔本再次提出这一论题,他并没有把犯罪看作自治市存在的问题之一,而是提到了皮尔的伦敦新警察的成功。他认为,大伦敦警察最大的成果在于,自1829年以后,政府发现没有必要再调派军队来镇压首都街道上出现的骚乱。在地方各城镇,居民对市政委员会丧失了信心,纳税人拒绝增加费用以建立充足的市民力量,因此,

---

① "Royal Commission on Municipal Corporations (1835)", in G. M. Young and W. D. Handcock, eds., *English Historical Documents*, 1833-1874, London and New York: Routledge, 1996, pp.626-627.
② "Municipal Corporations Act (1835)", in G. M. Young and W. D. Handcock, eds., *English Historical Documents*, 1833-1874, pp.628-631.

当出现骚乱时,政府不得不调派军队来维护秩序。墨尔本希望在新成立的市镇委员会,能组建一支与大伦敦一样有效的警察。① 该法第76条规定:

> 任何自治市应在新选举产生的市镇委员会中任命足够的人员,包括现任自治市市长在内组成自治市治安委员会;此后,这些委员的权力通过出席委员会会议次数的多数决定,全体开会人数不得少于3人。委员会将委任足够数量的身体健康的男子,他们在自治市拥有司法权的治安法官前宣誓成为警察,维护白天及夜晚的社会治安,预防抢劫及重罪的发生,对扰乱治安的犯罪分子进行逮捕。宣誓成为警察的人员,不仅在这些自治市,而且在这些自治市所在的郡,在这些自治市周围7英里范围内的各郡,在这些郡中的所有特别行政区(Liberties),在所有这些地区都将拥有执法的权力和特权,并承担相应的责任和义务。从今以后,警察被任命后将依照王国普通法及相关法令在其职权范围内执法,服从这些自治市中拥有司法权的治安法官的合法指示,如其他各郡请求其担当警察协助执行任务,他们也应该尽职尽责。②

《市镇自治机关法》颁布后的两年内,英国171个没有警察力量的自治市中,已经有93个城市宣称采取措施组建了警察力量,该法尤其是在一些大城市得到积极响应。在利物浦,由于港口码头的扩建,吸引了大批外地移民,犯罪与治安问题尤为严重,所以该市最早组建了新警察力量。虽然进度不同,但从19世纪30年代到40年代,主要自治市的警察数量明显增加。利物浦的警察人数从1836年的360人增加到1848年的800多人;曼彻斯特的警察人数从1840年的360人增加到1848年的450人;伯明翰的

---

① *Hansard's Parliamentary Debates*, Vol.29, London: Thomas Curson Hansard, 1835, pp.1354 - 1355.
② "The Municipal Corporations Act (1835)", *Statutes of the Realm*, 5 and 6 Wm. Ⅳ, cap.76, http://www.victorianweb.org/history/municipa.html.

警察人数从 1839 年的 30 人增加到 1844 年的 300 人;利兹的警察人数从 1836 年的 20 人增加到 1842 年的 129 人。① 同时该法规定,治安委员会要从大伦敦警察那里得到必要的指导。② 由此可见,1835 年法令对于将职业警察推向各自治市发挥了重要作用。

1835 年法令的通过得益于地方人士的让步。1815—1819 年英国大规模的政治骚动及 1826 年兰开夏的工业动乱,令很多地方人士心中充满对社会即将爆发革命的担忧。同时,他们觉得专职警察对自由的威胁比常备军要少一些,因此同意颁布并施行此法令。但是,我们也不能过于夸大其作用。在 1835 年《市镇自治机关法》中,治安委员会被赋予整个自治市地区的司法权,任命的警察局长负责城镇所有治安人员的管理。这与以前相互独立的教区治安组织形成了鲜明的对比。但是,治安委员会的权力仅限于市镇委员会管辖的区域,而市郊的大部分城镇未被包括在其中。治安委员会任命警察后,会贴出告示宣布他们开始执法,城镇中所有现存的有关看守及治安的地方条款被停止使用。这意味着改进委员会对自治市警察的管理结束,但是地方法官对自治市警察还拥有一些模糊的权力。地方法官暂时还有权发布、延缓或取消命令。这样,各城镇治安委员会和地方法官对警察进行双重控制,有时它们之间会出现争论的情况。③

在 1835 年《市镇自治机关法》中,没有对委任警察人数制定明确的标准。因此,许多自治市为了减轻负担,任命的警察人数有限。从 1844 年英国自治市警察人数及警察与当地人口数的比率表(见表 4-5)中可以看出,除个别自治市外,两者之间的比率相当之大。即使到 1856 年,英格兰及威尔士最大的 25 个自治市,2/3 都低于全国地方城镇警察与人口之比;它们

---

① David Taylor, *The New Police in Nineteenth-Century England: Crime, Conflict and Control*, p.28.
② Clive Emsley, *The English Police: A Political and Social History*, p.37.
③ Jenifer Hart, "Reform of the Borough Police, 1835-1856", *The English Historical Review*, Vol. 70, No.276 (1955), p.417.

表 4-5　1844 年英国自治市警察人数及警察与当地人口数的比率表①

自治市	警察人数/人	近似人口数/千人	警察人数与当地人口数的比率
利物浦	715	300.0	1∶420
曼彻斯特	392	235.1	1∶600
伯明翰	313	190.0	1∶607
利兹	140	150.6	1∶1 076
布里斯托尔	229	128.0	1∶559
纽卡斯尔	110	80.0	1∶727
巴斯	198	70.0	1∶354
索尔福德	29	55.0	1∶1 897
莱斯特	51	48.2	1∶945
赫尔	105	41.6	1∶396
普利茅斯	39	36.5	1∶936
麦克尔斯菲尔德	10	32.6	1∶3 260
考文垂	17	30.0	1∶1 765
南安普敦	32	30.0	1∶938
约克	24	30.0	1∶1 250
伍斯特	26	27.0	1∶1 038
伊普斯威奇	15	26.1	1∶1 740
剑桥	30	24.5	1∶817
沃尔索耳	10	22.0	1∶2 200
怀特黑文	13	20.0	1∶1 538
格洛斯特	17	18.0	1∶1 059
班伯里	5	15.6	1∶3 120
坎特伯雷	17	16.0	1∶941
兰开斯特	10	16.0	1∶1 600
林肯	12	16.0	1∶1 333

① David Taylor, *The New Police in Nineteenth-Century England: Crime, Conflict and Control*, pp.34-35.

续　表

自治市	警察人数/人	近似人口数/千人	警察人数与当地人口数的比率
巴里圣埃德蒙兹	11	14.0	1∶1 273
汤顿	16	14.0	1∶875
索尔兹伯里	12	11.5	1∶958
波士顿	12	12.9	1∶1 075
唐克斯特	13	11.0	1∶846
纽卡斯尔安德莱姆	4	10.0	1∶2 500
普尔	9	10.0	1∶1 111
斯卡伯勒	22	10.0	1∶455
特鲁罗	9	10.1	1∶1 122
劳斯	8	9.0	1∶1 125
圣艾夫斯	9	8.0	1∶889
斯坦福德	13	7.8	1∶600
温莎	11	7.8	1∶709
纽伯里	8	6.5	1∶813
彼得伯勒	11	6.1	1∶555
塔维斯托克	4	6.0	1∶1 500
蒂克斯伯里	6	5.9	1∶983
赫特福德	6	5.5	1∶917
庞蒂弗拉克特	6	4.8	1∶800
伊夫舍姆	7	4.2	1∶600
莫尔登	7	4.0	1∶571
塞特福德	7	3.9	1∶557
多尔切斯特	8	3.6	1∶450
布兰德福德	5	3.3	1∶660
莱姆里吉斯	4	2.5	1∶625
赫里福德	16	1.2	1∶75

来源："The Police and Constabulary List，1844"，"Police History Society Monograph"，no. 3，1990.

中间有 6 个自治市的警察数与当地人口数之比超出 1∶1 500,有 11 个在 1∶940 到 1∶1 500 之间;最糟糕的是斯托克波特,警察数与当地人口数之比为 1∶3 620;其次是奥尔德姆,达到 1∶2 850,博尔顿(Bolton)达到 1∶2 430。除伦敦外,英国最大的三个城镇——利物浦、曼彻斯特及伯明翰,1856 年的警察数与当地人口数之比虽高于地方平均水平,分别为 1∶460、1∶610 及 1∶840,但在 1836—1856 年期间,整个拥有独立警察力量的市镇自治市警察数与当地人口的比例仅为伦敦的 1/2。① 此外,1835 年《市镇自治机关法》并没有要求所有警员把其全部时间用于警察工作,自治市支付给他们的工资也没有明确规定;警察帮助公众而收受酬金及赠物并不是非法行为。这样,警员在担任警察之余还可以从事其他工作。

在英国地方自治市,现代警察的建立之所以如此缓慢,与以下几个因素密不可分。

(1) 新警察的建立完全由地方决定,这样就不可避免地受到一些利益集团的影响。在许多情况下,以前的地方既得利益者、以前承担新警察职责的成员阻挠进行根本性改革。在新警察的建立过程中,城镇市政委员会拥有任命、提拔及解雇警察人员的权力。一些市政委员甚至干预警察的工作,特别是在对酒馆老板及啤酒酿造者的诉讼过程中经常如此,而且在委员会中经常有烈酒行业利益的代表,由此对警察在这方面的工作产生极为不利的影响。

(2) 新警察的费用问题。虽然 1835 年法案规定可以征收看守税,但新警察的花费往往比原有的费用要高,这样城镇的市政委员会不断催促缩减警察力量的规模,以削减经费。

(3) 人们对警察制度仍然持怀疑态度。"警察"仍然是一个外国概念,人们经常把它与法国联系起来;在泰恩河畔纽卡斯尔,新警察被看作"奥地

---

① Jenifeer Hart, "Reform of the Borough Police, 1835 - 1856", *The English Historical Review*, Vol.70, No.276 (1955), p.419.

利式的绅士"。珍妮弗·哈特(Jenifer Hart)十分恰当地指出:

> 尽管有伦敦成功的例子,但在地方人们仍然反对建立职业警察。许多人认为有组织的、永久的、身穿制服的警察队伍与英国的自由传统不符;尽管自治市警察独立于中央政府,但人们仍然担心他们变成一种"新的常备军""一种宪兵""一支有依附特性的集权化部队"。①

自治市中的纳税人对于1835年《市镇自治机关法》承认他们的市政权力及自由感到十分自豪,因此他们为了确保这种地位,经常使当地的警察力量十分软弱;而且工人阶级也反对新警察,害怕他们成为暴力的机器。这样,直到1838年初,1835年《市镇自治机关法》中所提到的需要改革的178个自治市中只有100个宣布建立了警察队伍;之后又过了15年,即到1853年时,至少还有6个自治市没有建立警察力量。②

3. 1839年《郡警察法》与各郡警察的初步建立

1835年《市镇自治机关法》颁布后,英国大多数自治市相继建立起自己的城市职业警察。但由于1835年法令只要求在享有自治权的城镇建立警察,而那些没有自治权的城镇未被包括在列,同时很多郡的地方也没有被纳入其中,因此1835年《市镇自治机关法》所及范围仍然十分有限。改革者的下一步主要目标就是将其扩展到更多地区。促成这一目标实现的重要法令便是1839年的《郡警察法》③。

由于1839年《郡警察法》在英国警察史上的重要地位,许多学者对

---

① Jenifeer Hart, "Reform of the Borough Police, 1835 – 1856", *The English Historical Review*, Vol.70, No.276 (1955), p.422.
② Clive Emsley, *Crime and Society in England*, 1750 – 1900, New York: Longman, 2005, p.181.
③ 即《乡村警察法》,开始在各郡乡村地区建立警察制度,以增强地方治安力量。

该法进行了深入研究。1955年,珍妮弗·哈特在《英国历史评论》(*The English Historical Review*)发表文章,着重强调1839年《郡警察法》与宪章运动的联系,随后这种观点在F.C.马瑟(F. C. Mather)的论著《宪章运动时期的公共秩序》中得到进一步的阐述。① 而S.E.芬纳(S. E. Finer)则认为,1839年的《郡警察法》应归功于革新主义的杰出人物埃德温·查德威克(Edwin Chadwick)。② 查尔斯·里思对芬纳的观点进行了批判,指出其夸大了查德威克的作用,他认为大伦敦警察厅长、皇家委员会成员之一的查德威克的同事罗恩上校(Colonel Rowan)对1839年议案的组织结构更有影响力。③ 后来,芬纳对自己的观点进行了修订,认为查德威克对1839年的组织方案没有什么影响,并且指出内政大臣约翰·拉塞尔勋爵(Lord John Russell)甚至在任命皇家调查委员会之前,对郡警察法案就有了初步的想法。以上这些学者们的观点都有其合理之处,在论述1839年《郡警察法》制定之前,我们先来了解一下其出台的简要过程。

1839年《郡警察法》是在皇家治安调查委员会相关调查报告的基础上拟定的。1836年10月,埃德温·查德威克向约翰·拉塞尔勋爵提议任命一个皇家委员会,以调查建立乡村警察的最好方式。墨尔本与约翰·拉塞尔接受了查德威克的建议,成立了一个以查德威克、查尔斯·罗恩上校及一位汉普郡绅士查尔士·肖·勒费夫尔(Charles Shaw Lefevre)三人组成的皇家委员会,调查乡村地区的治安状况,"寻求在英格兰和威尔士各郡建立高效警察队伍的最好方式"④。后来,该皇家调查委员会的报告主要出

---

① Jenifer Hart, "Reform of the Borough Police, 1835-1856", *The English Historical Review*, Vol. 70, No.276 (1955), pp.411-427; F. C. Mather, *Public Order in the Age of the Chartists*, Manchester: Manchester University Press, 1959, p.128.
② S. E. Finer, *The Life and Times of Sir Edwin Chadwick*, London: Methuen, 1952, pp.164-180.
③ Charles Reith, *A New Study of Police History*, Edinburgh: Oliver and Boyd, 1956.
④ Philip Rawlings, *Crime and Power: A History of Criminal Justice, 1688-1998*, p.79.

自查德威克之手。报告的主要内容①如下。

第一，报告对乡村治安状况提出批评，指出英国地方，特别是乡村地区所面临的治安危险，持续有大量流窜小偷及流浪者从伦敦及其他的大城市进入乡村地区。

1839年报告首先用大量的篇幅介绍了乡村治安的恶劣状况。该报告指出，在英格兰及威尔士，每年有超过100 000的强壮人口因为刑事犯罪而被判入狱。在刑事监狱，所关押的人数经常在11 000至20 000之间；在这些人中，绝大多数人完全以经常性的劫掠为生；从调查中得知，在这些监狱关押的犯人中，有很大一部分是由于偷窃而被判刑的，在乡村地区，由于缺乏训练有素的警察，通常犯人在入狱前以劫掠为生，作案时间超过5年；在城市，由于有领薪、训练有素的治安力量，因劫掠而入狱的刑事犯人只是乡村地区的一半多一点。② 对于这群劫掠犯罪人员，未领薪的警务员并没有掌握他们的具体信息，并且他们中的大部分人都是"流动的"，从一个市镇流窜到另一市镇，他们藏匿在市镇及周边乡村地区，从事劫掠犯罪。由于有这些劫掠犯罪分子的存在，人民的生命财产安全得不到保证。在一些地方，劫掠行为甚至对一部分劳工阶层产生很大的影响，削弱了他们对于财产的价值观念以及对于勤奋节俭的动力。在乡村地区，农产品遭到更大规模的劫掠，对农业生产的正常运转产生极大的不良影响。

关于这群劫掠犯罪分子产生的原因，报告通过对监狱中的罪犯、流浪犯被判入狱前的生活调查，认为这些罪犯几乎都是由不可避免的生活困难及贫困所致，他们大部分受到了"财产诱惑"，不是通过正常的努力而是希望不劳而获；而且由于缺乏适当的法律保护国民，因而他们通过这种方式

---

① "Royal Commission on Constabulary Forces (1839)", in G. M. Young and W. D. Handcock, eds., *English Historical Documents*, 1833–1874, pp.641–649.
② G. M. Young and W. D. Handcock, eds., *English Historical Documents*, 1833–1874, p.642.

不劳而获并不会遭到惩罚。在制造业地区,通过对扰乱治安的公共安全状况的调查发现,自由资本投资、雇佣工人及制造工业的发展受到阻碍,面临危害;一些团体通过暴力或非法方式进行维持;为了达到他们的目标,集团成员采取谋杀或以谋杀、纵火及暴力袭击相威胁。为了预防在日益增加的人口中出现骚乱及普遍存在的扰乱治安行为,这些地区除军队外没有其他的力量可以调派。由于缺少有效的预防治安力量,乡村地区的社会秩序及制造业的繁荣面临着相当大的威胁。[①]

第二,提议建立一支领薪的预防警察力量作为上述治安问题的解决办法。

针对这种犯罪情况,接下来,报告分析了当前英国地方治安制度的现状及其不足之处。该报告指出,英国早期的地方负责抓捕罪犯的宪政原则,由于缺乏足够合适的人员来履行警务员职责,在多数情况下刑罚行政的宪政原则经常遭到完全摒弃,依靠私人及个人协会一起承担自保职责。但是,这些协会通常经费严重不够,并且赋予私人自由执行公共权力,会对公众权利带来损害。[②] 对于像柴郡一样建立领薪警务员的治安模式,该报告认为,不同地区领薪警察力量的任命及管理,由这些地区的小治安法庭法官自行分散决定,这本身就与所有高效、经济的预防犯罪体制不符;这种在不同地区任命及分散管理治安力量的模式,没有充分考虑当地利益,没有考虑不在女王保护下国家建造的主要公路附近人员的人身及财产安全,没有考虑王国当局应承担的宪政责任;并且为了维护治安,任命及管理这种领薪警察力量被证明了与治安法官正式公正的执法职责不协调,与维持该官职的尊敬地位、对治安力量本身的有效指挥管理、避免政党或当地人

---

① G. M. Young and W. D. Handcock, eds., *English Historical Documents*, 1833 – 1874, p.643.
② G. M. Young and W. D. Handcock, eds., *English Historical Documents*, 1833 – 1874, p.644.

士的憎恨、雇主与工人之中一部分劳工产生的猜疑不协调。① 在许多市镇根据大伦敦警察部队模式建立的领薪力量,通常把劫掠者们赶向了邻近的地区。乡村地区中的惯犯有很大一部分人藏匿在市镇中,在没有危险和任何阻挠的情况下,他们才会作奸犯科。这样,由于缺乏足够的警察力量和在乡村地区缺少适当的保护,市镇易受到偶尔逃逸的罪犯的骚扰,并且被迫维持一支比其他预防犯罪分子更为强大、费用更为昂贵的警察部队,这些犯罪分子主要通过对邻近乡村地区的劫掠来维持生计。这一类似的结果是由分散的、未联合的预防犯罪治安体制所致。②

经过对乡村地区领薪、严格选拔委任的警察力量中最有效的实例调查,报告认为这种治安力量已经达到了预期的目标。通过这支警察力量,常住惯犯的劫掠犯罪已经得到预防,并且这些惯犯已经得到改造并从事正当的职业。在有效警察力量执勤的地区,这些地区免遭流浪汉及乞丐、流动性劫掠者的侵扰,并且对农产品惯常的劫掠及普遍针对财产的犯罪已经得到预防。在啤酒馆及管理不善的公共场所,因其他的诱惑、国内萧条及不道德行为引起的骚乱事件,已经得到控制。在这些警察力量维持高效运作期间,在闹事或个人的违法乱纪行为方面,公共治安、法律效率、地方法官的权威已经得到恢复或得以进一步增强;并且秩序得以产生,在平静、友善的人们的意识中几乎没有什么急于需要进一步的改进之处。此外,这些警察力量提供了广泛的公共服务,预防了人员伤亡及财产损失,减少了因火灾及其他因素引起的灾难所造成的恐惧。他们可以提供各种地方的、市民的及行政的服务,如报告公路状况,保持人员及货物的自由通过等。他们还可以协助政府的行政管理部门做好公共服务,特别是对于制止违反税

---

① G. M. Young and W. D. Handcock, eds., *English Historical Documents*, 1833 – 1874, pp.644 – 645.
② G. M. Young and W. D. Handcock, eds., *English Historical Documents*, 1833 – 1874, p.645.

务及海关法的违法行为相当重要,从而增加国家的税收。①

因此,为了提高警察力量的效率及实现其服务与英国社会相协调,该报告认为以下几点至关重要:① 警员们应该接受训练,或来自受过训练的部队。② 通过任命或其他方式招募的警察,应该与其所工作的地区没有任何私人联系。③ 他们将定期地在各地区进行换岗。④ 他们在执行各种地方行政任务时,必须服从地方的指挥;在打击流动性劫掠者、流浪犯及超出某特定地方涉及整个社区的犯罪时,必须按照一般规则及原则采取行动,并且要服从最高负责行政当局的总体指挥。这样一支受过训练、变动的警察力量,其费用每年将低于50万英镑。这样一支警察力量提供的服务所挽回的损失是相当大的:单就目前个人遭到惯常的劫掠者们的损失来看,免遭损失将超过200万英镑;并且目前采取的各种主要用于打击及惩罚犯罪的费用,还有其他的对违法者的监禁、流放及作为惩罚的殖民地、预防各种偷税漏税行为的费用也将降低。② 因此,1839年皇家治安调查委员会指出:

(1)作为前面所阐述的弊病的一个主要消除方法,领薪警察力量应该经过培训后进行任命,并且按照在新的大伦敦警察队伍任命过程中议会所确立的管理原则进行组织。

(2)为了实现这一目标,所拟定的书面申请应获得参加郡治安季审法院法官们多数成员的赞同。申请中提出,郡中人民的生命及财产正处于危险状态,需要建立领薪警察,经内政部内政大臣批准的警察委员会负责管理足够数量的警察,并且通过警察委员会组织考查的这些警察一定完全能够保护郡内人民的生命及财产安全。

(3)这支领薪警察经费的1/4由统一基金拨付,3/4来源于郡中

---

① G. M. Young and W. D. Handcock, eds., *English Historical Documents*, 1833 – 1874, p.646.
② G. M. Young and W. D. Handcock, eds., *English Historical Documents*, 1833 – 1874, pp.646 – 647.

的税收,郡中承担的费用作为全郡全部经费的一部分。

(4)经任命的警察应该将他们的行动及时向他们所在的季审法院及小治安法庭的法官汇报。

(5)警监的解雇由季审法院治安法官的全体代表决定,警长(Serjeant)及警员的解雇由小治安法庭法官的全体代表决定。

(6)地方法官们将制定警察工作程序和参加季审法院及小治安法庭的条例与规章。这些条例首先应被提交内政大臣审议,如果获得批准,这些条例将被装订成册。

(7)警察委员会委员将制定警察管理的一般条例和规章,这些条例将经过内政大臣的批准,然后被装订成册。①

从上述可见,1839年皇家治安调查委员会的报告实际上建议建立一支统一的、训练有素的警察力量,以作为预防和打击犯罪的解决办法。因此,该报告在社会上引起了强烈的反对。地方治安法官认为,该报告所提出的这一建议排除了他们的权力,这是他们万万不能答应的。早在调查委员会成立不久时,《泰晤士报》就有文章尖锐地攻击它的调查活动会"带来巨大的暴政,比其预想补救的具有更大的危害"②。当报告发布之后,一家法律出版物《治安法官》刊文反对调查委员会报告中所提出的观点。文章指出,坚决反对引进这样一种组织化的制度,因为它会使大伦敦式的警察遍布全国,其目的仅仅是镇压犯罪和逮捕犯人,其引进的一个原因就是需要在这个国家建立政治间谍制度。同时,该出版物的编辑对报告所提出的严重的犯罪不以为然,认为它是"一种夸大的景象",其所引用的证据并不可靠,简直是一些"流言蜚语";同时它抹煞了地方自身改良的成就,其目的无非是建立一种"完全中央化"的制度,然而这种制度"令人讨厌",并与"我

---

① G. M. Young and W. D. Handcock, eds., *English Historical Documents*, 1833–1874, p.647.
② Leon Radzinowicz, *A History of English Criminal Law and its Administration from 1750*, Vol.4, p.261.

们的习惯和用法不能相容"。①

当时的辉格党政府清楚地知道,如果推行查德威克的警察计划,将会出现政治危险。考虑到地方上的反对意见,内政大臣约翰·拉塞尔和皇家委员会的另外两名委员查尔斯·罗恩上校及查尔士·肖·勒费夫尔也认为,新的乡村警察力量应该处在地方治安法官的控制之下。因此,1839年7月24日,内政大臣拉塞尔在向议会提交的议案中,删除了查德威克报告中的过激条款,其中包括有关由大伦敦警察派员到地方训练乡村警察的建议。

在议院中,拉塞尔首先强调该议案与以前的公共秩序法规的兼容性及连贯性,因而不会违背英国的宪政原则。然后他提到警察委员会,但为了确保议案被通过,抛弃了这种警察方案:

> 有很多因素影响乡村的治安,政府在此之前就已经开始考虑这些问题,并且特别关注治安委员会所提交的报告。但是当我们考虑委员会所提交的解决方案时,虽然这种方案可能是在整个乡村地区建立普遍警察体制的最好方式,但是如果立即在乡村地区实行这种方案的话,它就会让人感觉政府的权力过于庞大、过于广泛,并且这种方案超出了目前的实际需要。

现在有理由需要紧急立法:

> 最近宪章派们所召开的一系列集会,以及会后出现的骚乱和恐慌,要求增派军事力量……拉塞尔认为此时应针对这一问题提出一个法案,但并不是一个全面的措施,因为如果他提出一个全面的方案,这将意味着在目前不需要的许多地区提出建立一支领薪、正规的治安力

---

① David Philips and Robert D. Storch, *Policing Provincial England*, 1829 – 1856: *The Politics of Reform*, p.134; Clive Emsley, *The English Police: A Political and Social History*, p.39.

量……但是在一些地区,地方法官有必要任命一支有组织的警察,这支治安力量由法官长期指挥。①

当时,英国的宪章运动风起云涌,一些地区出现骚乱。在这种紧急情况下,议会对该议案并没有认真地详细审查。在下院,该议案遭到许多激进议员及包括迪斯累利(Disraeli)在内的托利党右翼分子的抨击;在上院,仅有议员斯坦诺普伯爵(Earl of Stanhope)对该法案持反对意见,其他人都支持这项议案的通过。② 8月底,该法案经女王签字后成为法律。

1839年《郡警察法》与皇家委员会报告中所提议的方案相比,有以下两个明显的不同:① 1839年《郡警察法》没有在警察委员们领导下建立单一、全国性的警察队伍,也根本没有强调建立任何警察力量。它只是一项选择性的方案,如果各郡希望建立警察制度,就允许它们建立各自单独的力量,在任何季审法院只要有5位治安法官就能提议实施该法。如果季审法院通过了他们的提议,他们就能向内政大臣提交一份报告,指出现有维护秩序的治安力量不足以维护本郡的治安,为了保护郡中居民的人身及财产安全,他们将启动在郡中建立一支治安力量的程序。反之,如果季审法院对他们现有的治安安排感到满意,就不必实施该法。该法对于建立的郡警察力量,并没有规定任何形式的中央或政府控制,只是要求内政大臣批准季审法院所提交的警察局长人选,为各郡警察力量颁布统一的法规。一旦警察局长被任命并获批准,那么委任警员及其管理将由警察局长根据季审法院的要求进行。该法限制了每支警察力量的数目,最多是每1 000个乡村居民配置1名警察,但对于每支警察力量的大小没有作出详细说明。② 关于常规警察的经费问题。由于19世纪30年代辉格党政府的财政困

---

① *Hansard's Parliamentary Debates*,Vol.49,London:Thomas Curson Hansard,1839,pp.729-730.
② *Hansard's Parliamentary Debates*,Vol.50,London:Thomas Curson Hansard,1839,pp.116-117,356-358 (Commons),453-456 (Lords).

境及考虑到易于被地方法官所接受,该法规定建立及维护警察正常工作的经费由郡独自承担。①

1839年《郡警察法》的第29条对新乡村警察力量的正常运转的财政安排几乎没有陈述,只是简单地规定了新警察的工资、补助及其他费用由郡税支付。因此,1840年修正法对经费问题作了更详细说明,其中规定:新增一项特殊的治安税,使其与郡税分开;为警员增设一项退休基金;有权为警察部队增设警察分局及拘留所;郡中自治市警察力量如果希望与郡警察力量合并,就有权这么做。该修正法也允许已建立警察力量的郡中止该法的实施,只要贴出告示6个月并且获得季审法院3/4的法官及内政大臣的同意。此外,该修正法允许季审法院把郡分成不同警区,分成不同的等级。②

实际上,像1839年《郡警察法》这样一个保留了地方权力的法令在各地实行起来也不顺畅。1839年各郡全部或部分地区实行该法令的只有11个,1840年增加到17个,1841年达到20个。③ 而且即使在那些执行该法令的郡中,对警察的反对声也没有停止过,如在赫里福德郡,1841年1月仅有1个区实施了1839年《郡警察法》,但1850年该区又取消了该法的实施(见表4-6)。但是,1839年《郡警察法》的通过与实施,表明了地方一部分人已经认识到地方治安制度的不足之处,开始对地方原有的维护治安的制度进行反思,为日后进一步的治安改革打下了基础。

---

① County and District Constables, *A Bill (As Amended by the Committee, on Re-commitment and on Report) for the Establishment of County and District Constables by the Authority of Justices of the Peace*, No.518(1839), http://parlipapers.proquest.com/parlipapers.
② Constabulary, *A Bill to Amend the Laws Relating to the Constabulary Force in England and Wales*, Session 1, No.5 (1841), http://parlipapers.proquest.com/parlipapers.
③ David Philips and Robert D. Storch, *Policing Provincial England, 1829–1856: The Politics of Reform*, p.157.

表 4-6　1839—1842 年最早采用 1839 年《郡警察法》的各郡①

采用警察法的郡(全部或部分,采用时间)	没有采用警察法的郡(后来采用时间)
贝德福德郡(1840 年 1 月)	伯克郡(1855 年)
坎伯兰郡(仅 1 个区,1839 年 10 月)	白金汉郡
达勒姆郡(1839 年 11 月)	剑桥郡(1851 年)
剑桥郡(伊利岛,1841 年 4 月)	柴郡
埃塞克斯郡(1839 年 11 月)	康沃尔郡
格洛斯特郡(1839 年 10 月)	德比郡
汉普郡(1839 年 10 月/11 月)	德文郡(1856 年在进行中)
赫里福德郡(仅 1 个区,1841 年 1 月;1850 年取消)	多塞特郡(1849 年)
赫特福德郡(1841 年 1 月)	亨廷顿郡
兰开夏(1839 年 11 月)	肯特郡
莱斯特郡(1839 年 10 月)	林肯郡(凯斯蒂文的部分)
诺福克郡(1840 年 1 月)	林肯郡(林齐的部分)
北安普敦郡(1840 年 1 月)	林肯郡(霍兰地区的部分)
诺丁汉郡(1839 年 11 月)	诺森伯兰郡
斯坦福德郡(1 个百户区,1839 年 11 月;整个郡,1842 年 11 月)	牛津郡
萨福克郡(东区,1840 年 1 月)	拉特兰郡(1849 年)
萨塞克斯郡(东区,1840 年 4 月)	什罗普郡(1856 年)
沃里克郡(仅 1 个百户区,1840 年 1 月)	萨福克郡(西区,1844 年)
威尔克郡(1839 年 10 月)	萨里郡(1851 年)
伍斯特郡(1839 年 10 月)	萨塞克斯郡(西区)
	威斯特摩兰郡
	约克郡(东区,1849 年)
	约克郡(北区)
	约克郡(西区)

---

① David Philips and Robert D. Storch, *Policing Provincial England*, *1829 - 1856*: *The Politics of Reform*, p.157.

4. 1856年《郡和自治市警察法》与英国地方警察的最后建立

1835年《市镇自治机关法》和1839年《郡警察法》分别是英国自治市和各郡乡村地区建立职业警察制度的重要依据。由于这两个警察法案都不具有强制性,无论是自治市警察,还是各郡地方警察,在组建过程中都没有统一的标准和进度,有些地方甚至还进一步加强了传统的教区治安体制。这在保证地方自治的同时也衍生了一些弊端,如教区之间缺乏配合与统一领导,从而不利于对跨区犯罪和骚动的处理。19世纪40年代,宪章运动继续在各地如火如荼地开展,英国政府采取了强硬措施予以压制,借助军队协助市民治安力量来驱散抗议群众和骚动。19世纪50年代初,地方城镇骚乱出现新的高潮。1852年,斯托克波特发生骚乱;1853年,布莱克伯恩和威根相继发生大规模骚乱。

在这样的形势下,很多治安法官接受了改革者的观点,要求完全废除教区警务员,而代之以新型的警察队伍。他们意识到,一支职业警察队伍可以使混乱的下层民众处于被监控之中,从而起到抑制犯罪之效。托马斯·克拉克说:"实际上,由于我们没有乡村警察,(这造成的)最坏的结果是,社会成年累月地遭受抢劫的困扰,这一事实众人皆知,……如果有一支合适的警察队伍,这样的情形最多维持一个月。"米德尔塞克斯郡的治安法官指出:"在那些偷猎和盗窃横行的地方,除了一支组织良好的警察队伍可以对付它们,不会有别的力量了。"[①]而大伦敦及大城市中已经建立的警察队伍的良好风范、统一的着装、训练有素的工作作风给改革者们留下了深刻印象。这样,职业警察观念在一定程度上获得了统治精英的接受,地方法官的思想开始转变。当时,日益严峻的社会失序问题迫使英国出现了更

---

① David Philips and Robert D. Storch, *Policing Provincial England*, *1829 – 1856*: *The Politics of Reform*, pp.13, 44.

加强烈的改革治安制度、维护社会秩序的呼声,新的立法即将开始,这次立法便是 1856 年的《郡和自治市警察法》(The County and Borough Police Act)。

《郡和自治市警察法》主要依据 1853 年特别委员会的调查报告拟定。这次委员会的成立与帕默斯顿勋爵(Lord Palmerston)的推动密不可分。1852 年 11 月,帕默斯顿勋爵成为内政大臣。他对警察改革也感兴趣,早在 1852 年初,在一个以他为首的签名请愿书中提出,将他所在的布罗德兰兹选区邻近的拉姆西自治市的警察与汉普郡警察局进行合并。① 在被任命为内政大臣后不久,他收到了一封德文郡农场主、前爱尔兰总督福蒂斯丘勋爵(Lord Fortescue)的来信。福蒂斯丘十分关注乡村地区的犯罪及他所在的郡夏季大批出没的强壮的乞丐;他认为目前的社会状况使先辈们建立的执法体制不再适应社会发展的需要,提议在英国建立与爱尔兰皇家警察相类似的治安力量。帕默斯顿把这封信转交给副内政大臣霍雷肖·沃丁顿(Horatio Waddington),他认为解决犯罪及流民问题应由当地的地方法官决定,如果他们认为有必要,可以实施 1839 年《郡警察法》。但是,帕默斯顿认为需要采取进一步的措施。②

1853 年 4 月,辉格党议员 E.R.赖斯(E. R. Rice)与威斯敏斯特、米德尔塞克斯及诺福克地方法官约瑟夫·休姆(Joseph Hume)提出了一份申请,要求任命一个新的议会特别委员会来"考虑在英格兰及威尔士、苏格兰实施更为统一的警察制度的方便之处"③。此调查委员会广泛听取了各方意见,并向议会提交了报告。该报告指出:

(1)《乡村警察法》(即 1839 年《郡警察法》)是旨在委任区警察的

---

① Clive Emsley, The English Police: A Political and Social History, p.49.
② T. A. Critchley, A History of Police in England and Wales, pp.102 – 104.
③ "Select Committee on Police in Counties and Boroughs", in G. M. Young and W. D. Handcock, eds., English Historical Documents, 1833 – 1874, p.656.

法令，在委员会看来没能成功建立一支普遍、统一的警察力量，而一支普遍、统一的警察力量是预防犯罪、维护财产安全所必需的。

（2）在已经实施《乡村警察法》的地区，其侦查逮捕罪犯更为迅速明确，预防犯罪的效率已经得到委员会的认同；在这些地区，维护治安、提高人民习惯的效果明显；流浪人口大量减少，特别是在一些与济贫法委员会临时救济相结合的地区，流浪人口几乎得到完全制止；有效的财产保护，特别是对易遭劫掠的财产保护，在这些业主及地主看来，更倾向于认同警察存在的合理性。因此，在委员会看来，在这些地区采用乡村警察从道德、社会或者经济方面考虑，都被证明了是相当可取的。

（3）根据法令任命的监督警官，在各自的地区通过努力工作，已证实他们作为警官相当有用。但是，在每一个小治安法庭管辖区，任命监督警官并没有能解决教区警务员效率低下的问题；在委员会看来，治安体制主要取决于教区警务员的协助，而教区警务员在保护财产方面被证实没有什么作用，特别是来自较为贫困阶层的警务员，他们在执行迅速侦查及追捕罪犯、维护治安和警察部队所承担的其他任务时显得不合格。

（4）纳税人对于乡村警察部队的实际经费十分清楚，而乡村警察部队所挽回的损失总数却通常不能够被明确衡量。教区警务员的间接及不确定的开支很难被完全确定：委员会已证实，教区警务员的费用远远超出估计的数目。

（5）在同一个郡中的各个不同地区，人口的数量及职业分布的特征都有所不同，因而对于建立警察力量的需求也有所差异，因此需要对警察税进行相应的调整以适应以上这些情况，并需要通过法令予以规定。这些调整将会消除目前实施《乡村警察法》所造成的不公正。

（6）现存所有警察力量因在乡村警察、自治市当局控制的警察或其他地方管辖的警察之间缺乏合作,其效率大大地被降低。因此,为了这些警察力量之间能够相互协作,只有实施统一性法令。在委员会看来,治安目标较小的自治市应该与区或郡合并,较大的自治市的警察应该采取类似的体制管理,接受相邻行政区或郡的领导,并且(**如在这些地区能行得通**)接受同样的监督,这样在其一般性花费方面将会节省一大笔开支。

(7) 乡村警察在保护税收方面的帮助(**到目前为止是部分的、免费的**)和在维护治安方面提供的有效服务,促进了民众遵守法律,降低了起诉费用,有效地保护了每个成员的生命与财产安全,但拥有大量财产的物主受益最多却并没有交纳更多的警察税。因此,委员会认为这是一个值得议会考虑的问题,一些救助是否应由政府承担,为改善及扩充警察力量而拨付经费实际上并没有干预当地警察力量的管理。

(8) 委员会认为,最为可取的是,应该立即制定法律,在整个大不列颠根据统一的原则建立一支有效的警察力量。[①]

从上述1853年委员会向议会提交的报告可以看出,该报告的结论实际上是要求议会制定更为有力的法令,在英国建立一支统一的警察力量。借助这一调查结论,帕默斯顿不失时机地向议会提交了一份议案,要求进一步统一地方警察力量:各郡将必须全部建立警察力量,5个最小的郡将与邻近的郡进行合并,并且将受到政府的督察,郡警察力量将由在地方法官中选举组成的新警察委员会管理。对于各自治市,人口少于2万人的,其警察力量由郡接管;在那些保留警察力量领导权的自治市,其警察局长的权力与治安委员会相比将得以增加。此外,中央政府并不为郡及自治市的警察费用提供财政上的援助。此项议案一出,立刻激起了很多郡的反

---

① "Select Committee on Police in Counties and Boroughs", in G. M. Young and W. D. Handcock, eds., *English Historical Documents*, 1833–1874, pp.656–657.

对。这主要因为，虽然地方治安法官的观念有所转变，但是这项议案所提出的改革方案仍然过于激进，地方治安法官还是不会答应。在他们的抵制下，帕默斯顿于7月宣布撤回议案。

1855年5月，帕默斯顿成为首相，继续致力于地方治安的改革事业。1856年2月5日，帕默斯顿内阁中的内政大臣乔治·格雷爵士（Sir George Grey）向议会提交了《郡和自治市警察法》议案。该议案指出，其目的是"尽可能在地方现存管理制度之上，为各郡和自治市提供一支有效的警察力量"①。在下院，对于该法案的辩论从2月持续到5月底，在《汉萨德议会辩论集》（Hansard Parliamentary Debates）中的相关内容多达80多页。反对该议案的大部分成员主要是自治市议员，他们再次提出与以前一样的"中央化"的威胁及对自治政府权力的侵犯问题。格雷对自治市提出警告，指出政府将不再在它们的邻近地区驻扎小规模的军队，它们现在必须依靠自己的警察力量以维护社会秩序。此外，在辩论中格雷也强调了根据《市镇自治机关法》议会应该肩负的责任。经过激烈辩论，这份议案最终获得通过，成为1856年《郡和自治市警察法》。该法规定：

> ……根据上述女王陛下二年、三年及四年通过的警察法，或者其中一项警察法，在尚未建立警察制度的每个郡，这些郡的治安法官或季审法院的法官们在12月1日召开会议后的1856天时间里，应着手继续在这些郡的全部地区建立足够的警察力量。在已经部分建立警察制度的郡，还须在郡中还没有建立警察制度的剩余地区建立警察制度。为了建立足够的警察力量，这些郡需要委任一定数量的警察，给警察局长及其他警员支付合适的工资，并将其予以公布。这些郡应该把建立警察制度的情况向女王陛下的其中一位国务大臣进行汇报……

---

① *Hansard Parliamentary Debates*，Vol.140，London：Cornelius Buck，1856，p.230.

(3) 根据上述的女王陛下警察法,在任何一个郡的任何区或多个区建立警察制度,在郡中还没有建立警察制度的剩余各区,警察的任命应根据上述这些警察法及本法进行,建立一支统一的警察力量。任何分区警察,或在这些郡中已经建立的警察将进行合并,成为郡警察力量的一部分,并且将在这些郡任命一名警察局长,其采取同样的方式,获得同样的权力,在各郡建立统一模式的警察力量……

……

(15) 根据本法,女王陛下有权自由决定颁发经其亲笔签署的委任状,任命3人担任督察,巡视调查每个郡和自治市所委任警察的效率及其具体工作情况,了解警察法中相关警察任命的条款是否得到正式遵守和实施,并且对警察局(Police Station)、看守所(Charge Room)、单人牢房(Cell)、拘留所(Lock-up)及其他用于治安的设施情况进行巡视检查。任命的每位督察应把这些情况向女王陛下的其中一位国务大臣进行汇报,该国务大臣将把这些汇报情况提交议会讨论。这些督察将被支付工资,其费用由议会拨付的专款提供。督察们的薪金和津贴由女王陛下的财政部委员们决定。

(16) 任何郡和自治市根据上述警察法及本法条款建立警察制度,女王陛下的其中一位国务大臣证明它们的警察在最后的期限也就是9月29日之前其人数和纪律处于有效状态,女王陛下的财政部委员们可以从议会专款中为其拨付经费。拨付的这些经费金额将不得超过郡和自治市警察工资及制服总费用的1/4。如果任何关于郡或自治市的警察情况的证明被扣留,有关郡或自治市的督察报告将送交郡中的法官或自治市的治安委员会,他们有权对本应送交内政大臣的报告进行修改。在任何情况下,类似证明被扣留,上述的治安委员会法官向议会提交情况报告的同时,还需提交一份拒交证明的原因声明。

(17) 根据上次议会人口普查,人口不超过 5 000 人的自治市,没有根据上述警察法及本法与郡中警察进行合并的任何自治市,议会对其警察的工资及制服费用将不予补助。①

1856 年《郡和自治市警察法》规定,所有郡和自治市都必须建立自己的警察队伍,郡和自治市警察的组织建设和日常工作由地方政府和各郡、自治市警察局长共同负责,中央政府对各郡和自治市警察没有直接指挥权,但对其有一定的监督权和控制权。比如,内政大臣负责确立地方警察制度的基本标准,如机构设置、警察工资、装备等,全国统一;每个郡任命警察局长前都要得到内政大臣的批准;内政大臣通过国王任命的督察对郡和自治市的警察工作进行检查,并根据其工作成效从中央财政中拨付经费;各警察局定期将犯罪统计数字上报内政部。内政部从 1857 年开始每年发行治安督察报告并递交议会,各地方警察局必须将所搜集到的犯罪统计数字上报内政部。这个法令的效力一直延续了 100 余年。

1856 年《郡和自治市警察法》之所以能获得通过,除前面提到的地方传统治安制度出现困境、19 世纪 50 年代地方治安法官对警察观念的转变外,还与当时的国内外环境有关。1853 年英俄之间的克里米亚战争爆发后,原驻防于英格兰北部地区的大量军队被调往参战,这样就造成了北部地区军事力量的空虚;而且更让人担心的是,战后复员军人的就业问题及由此导致的犯罪率高涨。这些问题如果不能加以妥善解决,人们担心会再次出现拿破仑战争后那样持续不断的社会动荡。1853 年《劳役惩戒法》(*The Penal Servitude Act*)颁布后,英国的流放制度被废止,国内监狱爆满,大量犯人无处关押,政府只能通过假释许可证将监狱容纳不下的犯人释放。许多罪犯重返社会,增加了英国人的不安全感,这促使他们对政府加

---

① "Police in Counties and Boroughs Act (1856)", in G. M. Young and W. D. Handcock, eds., *English Historical Documents*, 1833 – 1874, pp.662 – 663.

强警力的政策表示支持。19 世纪 40 年代后期,在英格兰爆发革命的恐慌逐渐消失。但是此时,法国的路易斯·拿破仑·波拿巴(Louis Napoleon Bonaparte)当选为法兰西第二共和国的总统,而后成为皇帝。这让英国人重新想起 19 世纪初期法国的军事辉煌及其在欧洲争夺霸主地位的野心。这样,政府中的一部分人开始认为有必要在全英国建立警察体制,以备遭到入侵时作为可能的辅助力量。1852 年 3 月,埃伦伯勒伯爵(Earl of Ellenborough)在上院指出,他希望在全英国建立统一的警察体制的原因之一,就是当保护我们的军队面对敌人进攻不得不撤退时,英国还有一支保护力量。① 此后,格雷伯爵(Earl of Grey)对所提议的新民兵法案进行了批判,认为这只是对拿破仑战争时所采用体制的一种简单的重复;他坚持认为,钱必须得到很好应用,应建立一套爱尔兰模式的全副武装、严格训练的常规警察,这样在战争发生时将更加安全,在和平时期也相当有用。② 地方的警察局长们也有类似的想法。麦克哈迪上尉(Captain McHardy)在向 1853 年特别委员会提交的一份文件中,提出了在全英格兰及威尔士建立一支有效的警察及保卫力量的计划。麦克哈迪的全国警察计划旨在预防海岸警务员们走私。他认为:

> 以总人口与警察 1 000∶1 的比例建立一支受过良好训练的警察队伍,将会出现一支 14 000 人的高效、可敬的防卫力量(**大伦敦警察除外**)。如果发生突发事件,这支部队可以如我们所想象的那样进行扩充,配备武器;并且政府可以自由地进行调遣……在各个小警署招募及训练的警察,可以成为民兵,作为一种应急的力量,其人数占总人口的一定比例,如在 1 000 人中招募 5 人,将会有 70 000 人,再加上 14 000 名常备警察,总数将达到 84 000 人,这样其人数将比目前批准

---

① *Hansard's Parliamentary Debates*,Vol.119,London:Cornelius Buck,1852,p.1227.
② *Hansard's Parliamentary Debates*,Vol.122,London:Cornelius Buck,1852,pp.748-749.

的民兵法征招人数的两倍还多……并且费用比任何其他的体制少很多;招募的这些人员由于与警察保持密切联系,其效率更高,并且能够作为完成或扩充警察或常备军的来源……①

汉普郡的警察局长 W.C.哈里斯上尉(Captain W. C. Harris)也有同样的想法。他以前曾是轻步兵(Light Infantry)的一名军官。他认为他的警察特别适合充当轻武器的部队;他训练他的警察使用武器,他们不仅维持社会治安,而且也可以组成一支国家防卫力量。虽然他认为武器只能在受到入侵威胁,或发生一些严重危害公共秩序的骚乱,或拘捕,并且获得议会的命令时才可发放,但他并不认为给警察配备武器将不利于警察与公众建立起良好关系。②

1856 年《郡和自治市警察法》被视为英国现代警察制度的重要基石,它标志着英国在经历漫长、曲折的改革历程后所达到的一个新的高度。它的出台表明,从 1856 年开始,每个郡都将拥有一支中央与地方合作管理、分担经费的警察队伍。③ 根据这个法令,英国建立了 226 支地方警察力量。大部分郡和一些自治市的警察力量,在 1857 年通过了治安督察的第一次检查。自此,从大伦敦警察厅到城镇的警察机构纷纷建立,尽管各地的警察队伍五花八门,但国家毕竟有了统一的警察制度。如果说《大伦敦警察法》为文职警察力量的建立提供了一种模式,那么 1856 年法令则为全国范围内的警察制度标准化树立了典范。从 1856 年起,中央和地方开始成为分管警察机构的共同伙伴,直至今日。1856 年的《郡和自治市警察法》初步确立起中央政府、地方治安委员会和警察局长的三方领导体制,成为后来 100 多年来英国警察制度的基石。至此,可以说现代警察制度开始真正

---

① Clive Emsley, *The English Police: A Political and Social History*, p.57.
② Clive Emsley, *The English Police: A Political and Social History*, p.57.
③ Gorge Macaulay Trevelyan, *English Social History: A Survey of Six Centuries*, *Chaucer to Queen Victoria*, Harmondsworth: Penguin, 1967, p.543.

在英国全国范围内建立起来。

总之,19世纪以来,面对犯罪浪潮和传统治安力量应对持续不断的民众骚动的代价,英国开始建立起现代警察制度。1829年,内政大臣罗伯特·皮尔创建了大伦敦警察,这是英国历史上第一支统一指挥的、穿制服的、专职的、集中控制的警察队伍。经过1835年《市镇自治机关法》、1839年《郡警察法》、1856年《郡和自治市警察法》,英国建成了大伦敦警察、伦敦城警察、自治市警察和郡警察四种类型的警察队伍,形成了一整套从中央到地方覆盖全国的现代警察制度。从此,社会大众逐渐淡出治安主体领域,政府成为承担治安工作的责任主体。

第五章
英国现代警察制度的影响与特征

1829年9月29日,大伦敦警察首次出现。这些身穿蓝制服的警察,常被民众称为"蓝色魔鬼""生龙虾""皮尔的血腥帮凶""宪兵""英国禁卫军""好杀戮的暴徒"等。在报道大伦敦警察的通俗新闻中,标题中都会用上大家熟悉的、冗长而枯燥的名词,如"专制""压制""残忍""蛮横""暴徒"等。逮捕的罪犯被看作"处于生龙虾双爪残忍紧夹下的"牺牲品。①

---

① Stanley H. Palmey, *Police and Protest in England and Ireland*, 1780-1850, p.309.

一、新警察的主要职能与影响

新警察在建立的最初几年中,遭到各方面势力的打击。面对困难,全体警察没有退缩,他们通过所承担的工作逐渐让英国民众加深了对新警察的了解,由此顺利度过最初的艰难岁月,并获得社会的广泛认同。

1. 预防和打击犯罪

皮尔希望他的新警察能发挥预防犯罪的功能,这在1829年大伦敦警察厅发布的《警察训令》(General Instructions)中得到很好体现。《警察训令》是一份关键性的文件,它在以后的岁月里一直指导着英国警察,成为一份宪法性的精神财富,确定了警察在工作中的行为准则和行事规则,这些规则至今仍然有效。《警察训令》指出:

从现在起就应该明白,我们要达到的主要目标是"预防犯罪"。

警察应朝着这个伟大的目标努力,它会使我们更有效地保护人身和财产的安全,维护社会秩序的稳定,以及实现警察的其他所有目标。而仅在每一个罪犯成功地完成犯罪行为之后再去侦查和施行惩罚,则达不到这样的效果。警察队伍中的每位成员都应时刻牢记、铭记于心,并把它作为行动指南。警官及警员们应尽力通过他们维持治安的行动体现其价值,从而使他们负责的城市中的任何人实施犯罪都极其困难。

如果一个地区经常出现犯罪事件,这必然有理由对该地区警察的行动表现表示怀疑。没有犯罪将被认为是警察治理效果好的最好证明。在安全、秩序井然的地区,该区的警官及警员们将得到奖励及晋升。①

皮尔希望通过警察巡逻街道的过程实现预防犯罪,因为警察在街道上不断出现会给人一种警察无处不在的印象,从而消除犯罪者有机可乘的念头以及得逞的机会。因此,巡逻是新警察的核心工作任务。基于1829年以前教区巡夜看守的效率低下、犯罪的不断增加及缺乏统一的管理,为了弥补治安制度中存在的这些不足之处,新警察建立后立即建立起日夜巡逻制度。最初要求每名警员每隔10分钟对其巡区巡逻一次,但很快发现巡逻的时间因巡区的不同而有所不同。例如,在圣吉尔斯,每名警员完成其巡区巡逻需25分钟,但在早晨及晚上,两人换班时间完成巡逻只要13分钟。在格林威治,巡区范围更大:夜间巡逻是500法定英亩,或783平方英里;而在霍尔本夜间巡逻的范围是3英亩或4英里。到1862年,巡逻的范围平均为160英亩或2 495英里。②

对于通过警察巡逻来预防犯罪的方式,有些人表示怀疑。例如,1842年9月,在伯明翰的一次城镇委员会会议上,一位委员认为:"城镇所需要的是有效的抓贼警察,而不是让小伙子在街道上走来走去。目前的治安力量不能预防抢劫案的发生。"③确实,预防犯罪没有什么标准来很好地加以衡量,正如埃德温·科贝特(Edwin Corbet)对1853年特别委员会所说的

---

① John Kleinig and Yurong Zhang, eds., *Professional Law Enforcement Codes: A Documentary Collection*, Westport, CT: Greenwood Press, 1993, p.27.
② Ronald C. Sopenoff, "The Police of London: The Early History of the Metropolitan Police, 1829-1856", Unpublished Ph.D. Thesis, The Temple University, 1977, p.174.
③ Clive Emsley, *The English Police: A Political and Social History*, p.59.

那样,当一个人将要入室行窃时你不能逮捕他。但是,新警察能够在街道上建立起一种新的秩序及行事标准。这一方面是由于警察的人数多,另一方面还在于这是一项相对简单的任务。新警察在一个地区的建立,总是伴随着对微小犯罪及轻罪分子逮捕的增加:街道小贩、成伙的年轻小混混、妓女及流浪汉们被要求不能在街道上停留;醉汉被带往警务室,他们在这里入睡;闹事的醉汉被强行带走。交通得到了较好的控制;运货马车、出租马车及公共马车的车夫被禁止游荡;疯狂及醉酒驾车、没配缰绳的马车都是警察管辖的事务。在19世纪30年代及40年代,不仅新警察要担负这些职责,而且根据1833年《照明及看守法》建立的治安力量也要如此;罗伯特·谢菲尔德爵士(Sir Robert Sheffield)坚持认为他所在的林肯郡的督察也同样有效。[1]

新警察最擅长的是逮捕街道上的那些轻微犯罪者,也许新警察在街道上的巡逻降低了街道抢劫案的发生。他们在预防夜盗犯罪方面并不怎么成功,这种犯罪与其他形式的财产犯罪不同,夜盗犯罪数量在19世纪下半叶的审判统计数据中有大幅度的增加。从19世纪50年代开始,侦探警察开始出现在通俗文学中,比较突出的有:狄更斯《荒凉山庄》(Bleak House)中的巴克特督察(Inspector Bucket),汤姆·泰勒(Tom Taylor)情节剧《假释犯》(The Ticket-of-Leave Man)中的主人公杰克·霍克肖(Jack Hawkshaw)。在警察自己看来,侦查的重要性次于预防犯罪。1842年6月,梅恩说服当时的内政大臣詹姆士·格雷厄姆(James Graham)授权任命了两名督察及6名警长从事侦查工作。[2] 到1862年时,各分区警察署大约有200名便衣侦探。1869年,埃得蒙·亨德森上校(Colonel Edmund Henderson)接任警察厅长。他认为,过去那种各警察署的一些警员临时充

---

[1] Clive Emsley, *The English Police: A Political and Social History*, p.60.
[2] Phillip Thurmond Smith, *Policing Victorian London: Political Policing*, *Public Order and the London Metropolitan Police*, pp.62 – 63.

当便衣侦探的应急措施实际上并没有起到多大作用,建议每个警察署都应该建立一个由10人组成的侦查小组,而苏格兰场总部的侦探应增至40人以上。警察署的侦探将应付日常的犯罪侦查工作,而总部的侦探则负责重大和特殊案件,或在政府的鼓励下参与调查外国侨民的活动及引渡罪犯等事项。1874年,内政大臣任命了一个部门委员会,专门了解大伦敦警察厅侦查机构的状况、纪律和组织等情况。委员会的报告中建议建立一支统一的与众不同的侦查力量,作为警察机构中的一个特殊部门。它的"构成人员应该有较高的级别,其地位要优于制服警察和犯罪预防机构中的警察",并建议这支队伍由一位担任过地方法官的律师领导。[①] 1878年,犯罪侦查处重新组建,不同于各警察署,它可以直接从苏格兰场或任何一个制服警察中招募成员。到19世纪末,英格兰和威尔士几乎所有的警察局都建立起独立的侦查部门,随着侦查工作的开展,侦查机构内部进一步分化,打击有组织犯罪、毒品犯罪等专门的分支机构相继出现。专门侦查机构的出现和扩大,使得打击犯罪的职能得到进一步增强,侦查部门的侦探成为打击犯罪的主要角色。

新警察不仅担负起预防犯罪、侦查犯罪的重要职责,而且还是重要的公诉人。许多以前因为缺乏法律知识而不愿起诉罪犯或因贫困没钱起诉的受害人现在都可以得到警察的帮助。新警察的产生加强了公民知法、守法的观念,为英国过渡到民主文明的现代国家做好了精神素质方面的准备。

2. 控制阶级秩序,实施新的道德标准

尽管大伦敦警察的首要任务是预防犯罪,但是他们经常被派往各郡处

[①] Philip John Stead, *The Police of Britain*, pp.54-56.

理大规模的骚动。英国虽然没有卷入1830—1848年欧洲大陆国家那样的革命中,但是却出现了19世纪30年代的内部骚动和40年代的饥荒。在镇压骚动及结束严重的混乱状态时,新警察与以前的教区警务员及因突发事件而宣誓就任的临时警察相比,更加有用。在类似事件中,他们也因比军队造成更少的人员伤亡,而被越来越多地运用于镇压骚动。如在1833年的伦敦科尔德巴斯广场骚乱(The Cold Bath Fields Riot)中,虽然这次事件造成了一名警察伤亡,但没有一个示威群众被杀。

警监马丁(Martin)认为,在处理骚动时警察比士兵更可取。他指出,警员可以一只手握警棍,而士兵必须双手握枪,并且没有什么力量来协助他……如果士兵被调派去制止骚动,他被迫要么实行警戒,要么开枪,并且这样做的话很容易给骚动群众带来伤亡,不能很好地逮捕他们。但是马丁也认为,让当地的警员而不是从外地调集力量来处理骚动十分重要。1839年7月,伯明翰发生布尔灵冲突,大伦敦警察赶到时冲突已经发生了一个小时。当地的警察力量可能已经知道谁是捣乱者,马丁认为这些向大伦敦警察扔砖块的人如果知道自己可能被认出来的话,他们可能不会这么做。①

1839年10月,圣莱纳德教区委员会的肖尔迪奇(Shoreditch)起草了一份针对向地方调派大伦敦警察的抗议书:

> 反对往其他地方调派大伦敦警察队伍,这会使大伦敦的教区不能很好地受到保护,而且干涉各郡城镇的治安,应采用通过地方法官宣读《骚乱法》来镇压骚动的传统宪政计划,并运用当地的非军事力量,如果不够可以请求军队的协助②。

但是这些考虑及抗议并没有阻止内政部从伦敦调派小分队去处理新济贫法骚动、宪章派的骚动等民众抗议活动。当骚动发生时,大伦敦警察的小

---

① Clive Emsley, *The English Police: A Political and Social History*, p.55.
② F. C. Mather, *Public Order in the Age of the Chartists*, p.107.

分队通常被要求站在军队的前面制止抗议群众,但他们也经常与军队一起出动,与他们紧密配合。大伦敦警察 G 区的督察乔治·马丁(George Martin),给 1853 年特别委员会提交了一份他被派往地方各郡的详细情况:1837 年选举骚动期间被调往哈德斯菲尔德及迪士伯里,1839 年前往伯明翰,1843 年前往南威尔士。他指出,在每次行动中警察与军队一起出动;在南威尔士,少量士兵与身穿便服的警察驻扎于小的、可疑的、有危险的社区。[1]

虽然运用新警察来镇压骚动比以前的教区警务员及临时警察更加有效,在骚动中他们也比军队造成更少的人员伤亡,但是在骚动现场也存在警察自身的问题。如 1853 年 10 月发生于威根的警察与矿工的冲突中,从兰开夏警察局调来的 10 名警察由一位警长指挥,警长坚决拒绝使用武器,他命令他的部下尽力站在门口控制骚动群众。但是,警察的策略并不总是有效,并且有时警察也会造成骚动群众的人员伤亡。如在 1833 年的伦敦科尔德巴斯广场骚乱中,虽然这次事件造成的伤亡人员是一名警察,特别委员会在调查这起事件中称赞警察能够控制局势,但同时也指出一些警察在焦虑不安及愤怒的情况下过分地使用暴力。在 1848 宪章派的骚动中,大伦敦警察曾出现失去控制、对宪章派的示威者及在路上行走的人进行野蛮暴打的情况。警察野蛮地对待示威群众的现象在 19 世纪不断出现。[2]警察在维护社会秩序的过程中也出现过使用暴力的情况。

警察在维护社会秩序方面,除了具有政治镇压的职能之外,还同时具有实施新的道德标准的职能。社会越发展,文明程度越高,警察的社会管理职能就会越来越加强,政治镇压职能就逐渐削弱,镇压严重混乱及骚动的需求就相对减少。因此,警察通过实施新的秩序标准及街道日常礼仪原

---

[1] David J. V. Jones, *Rebecca's Children: A Study of Rural Society, Crime and Protest*, Oxford: Clarendon Press, 1989, pp.236, 242, 360.
[2] Clive Emsley, *The English Police: A Political and Social History*, p.61.

则来加强对社会的管理。他们以新的社会秩序和道德标准来要求并塑造工人阶级的工作和生活。从这点来说,警察是社会改革家的同盟者。这种街道的干涉活动是一种新的规范,大部分显然与工人阶级社区的许多文化不符,可能会干涉人民群众的工作和日常生活。在工人阶级社区,拥挤及狭窄的生活环境意味着工人们经常在街道上进行娱乐活动;他们可能从街头小贩们的手推车中购买食品,而这些小推车却堵塞了本来就相当拥挤的街道;他们聚集的酒馆可能十分喧闹,而酒馆后面的房间里却可能用于赌博;1853年《赌场法》(The Betting Houses Law)旨在杜绝在酒馆里进行赌博的现象,这样一部分人开始在街道上公开赌博。[1] 在爱尔兰人聚居的社区,爱尔兰人经常把他们乡下的习俗带入英国城市,如在家中养猪、派系争斗等。一部分贫穷的工人阶级为生计所迫,经常从事一些临时性工作。19世纪50年代及60年代,他们经常被与犯罪密切联系在一起;他们经常被新闻记者及其他的评论员描述成特殊群体,与非洲的黑人及美洲的印第安人一样没有多大的区别,需要接受教化。[2]

因此,警察作为"国内传教士"(Domestic Missionary)担负着传播文明及礼貌原则的责任。为了达到这样的目标,警察需要执行一系列的法规。新警察建立之后,对于以前执行的法规,如没收星期天还在出卖的货物、驱赶街道上的小贩及逮捕那些扰乱社会治安的骚动者等,将更加予以严格执行。警察对工人阶级纪律性的要求扩展到他们的休闲生活,而这一点最让群众反感。斗鸡、斗狗、赌博、安息日的狂欢、啤酒店的酗酒、买卖淫秽书籍、嫖妓、在街头兜售商品等都会招来警察,甚至小孩在街道上玩铁环和踢足球也可能被拘捕。亨利·梅休(Henry Mayhew)曾采访街头的小商小贩,他们都表示不喜欢新警察。一位小贩对他说:"我恨警察……他赶我们

---

[1] Mark Clapson, *A Bit of a Flutter: Popular Gambling in English Society, 1823–1961*, Manchester: Manchester University Press, 1992, pp.23–24.
[2] Clive Emsley, *Crime and Society in England, 1750–1900*, London: Longman, 1996, pp.68–80.

走,我们只能到处躲,根本没法摆摊。"①不仅如此,警察还不准街头行业雇用童工。在小贩中间,敢去捉弄或报复警察是值得夸耀的英雄行为。有个小伙子踢了警察被判了12个月监禁,他却高兴地说:"太值得了!"一位警官在1880年回忆说:"大伦敦警察在最开始的时候,执行法律的热情有点高过头了。他们处理了很多琐碎的事情。"②警察试图以道德教化干涉工人阶级的文化生活的努力,却遭到了工人的反抗。警察也十分清楚他们担当教化的角色所面临的问题,因此,大伦敦警察的厅长们及各级警官在命令他们的警察去执行这项任务时相当谨慎。

警察在街道上执行新的道德标准及维持秩序也包括对妓女采取行动。虽然卖淫不是犯罪行为,但是警察面对来自道德改革者们的压力而需要对妓女采取行动,并且他们能依照一系列的法规,如流浪法、改善法及执照法进行执行。1864—1886年通过并实施的三个传染病法③,旨在授权大伦敦警察可以在18个海军及驻军城镇临时派遣小分队,身穿便衣对妓女进行查访,并且让她们接受政府医生的性病检查,从而控制卖淫问题。虽然在大伦敦警察中有一些警官与道德改革者们一样,完全赞成这些法案并且希望建立与欧洲大陆道德警察相类似的治安力量,但也有人抵制这种极端的提议,因此在伦敦的许多街道采取了折中的措施。④ 此外,对卖淫者采取行动时,特别是在执行传染病法时,警察与工人阶级经常出现冲突。警察

---

① David Taylor, *The New Police in Nineteenth, Century England: Crime, Conflict and Control*, p.105.
② J. J. Tobias, *Crime and Industrial Society in the Nineteenth Century*, London: Penguin, 1967, p.66.
③ 这三个法案分别于1864年、1866年及1869年通过。前两个法案的持续时间很短,第三个法案延续到1883年,直到1886年才被废除。关于这三个法案的讨论,具体参见 Paul McHugh, *Prostitution and Victorian Social Reform*, London: Croom Helm, 1980; Robert D. Storch, "Police Control of Street Prostitution in Victorian London: A Study in the Context of Police Action", in David H. Bayley, ed., *Police and Society*, Beverley Hills: Sage Publications, 1977.
④ Stephen Inwood, "Policing London's Morals: The Metropolitan Police and Popular Culture, 1829 – 1850", *The London Journal*, Vol.15, No.2 (1990), pp.129 – 146.

很容易产生误判:他们逮捕妇女并让她们接受羞辱性的政府医生的性病检查,但她们并不一定都是妓女,有可能仅仅是工人阶级妇女,她们正前往某处,只是引起了警察的怀疑。即使在取消了传染病法之后,工人阶级妇女也会遇到被过于"热心"的警员、迫于地方当局或道德警戒团体压力的警员怀疑的危险。

在地方,警察也采取各种措施依法打击卖淫现象,并且有时也会出现把清白的年轻女性看作妓女的误会。在大学开学期间,剑桥存在像驻军城镇及海港类似的问题,即出现大量不属于某一学校的年轻女性。警监威廉·贾格德(William Jaggard)向警察厅长亨利·梅休解释,虽然他的警员在1850年10月初仅能确定121名妓女,但等到大学开学男生到来以后,妓女的人数将会增加……其人数在150至200之间。剑桥的妓女与驻军城镇及海港的妓女相比,层次更高;在贾格德看来,她们绝大多数都是出生于中产阶级家庭的女性,穿戴时髦,总是在街道上闲逛。为了抑制卖淫问题,19世纪中期的警察通常依照1847年城市治安法来执行,要求这些妓女在晚上11点后离开他们所负责的巡区街道,并且不许她们在一些特定的地方闲逛或勾搭过往的行人……如果她们不扰乱治安,警察就不会闯入房子干涉她们。剑桥警察局长还从邻近郡的警察力量借调一些机智的年轻警察,以便让妓女对他们进行勾引,然后将这些女性成功起诉,他希望通过这种方式能对其他的妓女产生威慑作用。①

总之,新警察在处理抗议集会的方法上具有一定的技巧性和温和性,而且其无处不在、昼夜巡逻也便于加强社会管理,能够满足政府控制社会治安秩序的要求。自新警察建立以后,维护公共秩序的职责不再由军队承担,而是成为新警察的职责,并且到19世纪下半叶,警察的这种职责逐渐获得社会认同。1885年,弗雷德里克·威廉·梅特兰(Frederic William

---

① Clive Emsley, *The English Police: A Political and Social History*, p.78.

Maitland)指出：

> 目前，英国存在大量根据军事方案建立、有非常高的组织性的警察，他们担负维持秩序、侦查犯罪及逮捕罪犯的责任，这些在我们看来是理所当然的事情，都是相当新鲜的事物，在最近的 60 年间才最终形成；实际上，直到 1856 年，英国才存在法令要求全国建立领薪警察。①

罗伯特·兰沃西及劳伦斯·特拉维斯认为，"或许维持社会秩序是警察的首要职责"，"他们是最明确地承担维护社会秩序职责的机构"。②

3. 辅助服务

新警察除预防和打击犯罪、维护社会秩序以外，还提供一些其他辅助服务。分区警署的巡逻所具有的服务职能是以往的任何执法机构都不具有的。警察不断地巡逻，公众总可以找到警察，而且警察有负责管辖的权力，通常对大部分难题都会采取措施。因此，警察对公众的求助能作出快速反应，其提供信息和服务的范围是非常广泛的。

"警察随叫随到的特点，加上他们必要时可以使用暴力解决问题的能力，使得警察成为解决各种难题的理想'救助机构'。"③店铺老板求助警察赶走沿街叫卖的小贩，牧师希望警察驱散安息日的狂欢活动，邻里间及家庭内部希望警察能化解冲突，甚至有些家长叫警察去对付不听话的孩子。1871 年 3 月，警员亚历山大·亨尼西（Alexander Hennessy）被一位母亲叫去逮捕她 15 岁的孩子凯瑟琳·德里斯科尔（Catherine Driscoll），原因是这

---

① Frederic William Maitland，*Justice and Police*，London：Macmillan，1885，p.105.
② [美] 罗伯特·兰沃西、劳伦斯·特拉维斯 Ⅲ：《什么是警察：美国的经验》，尤小文译，北京：群众出版社，2004 年，第 12—13 页。
③ [美] 罗伯特·兰沃西、劳伦斯·特拉维斯 Ⅲ：《什么是警察：美国的经验》，第 11 页。

个孩子偷衣服。① 1883年10月,伍斯特郡警察局的警员托马斯·克拉克(Thomas Clark)遭到训斥,原因是他不该答应霍利斯先生(Mr. Hollis)的请求,给他旷课、夜不归宿的儿子一顿暴打。② 警察不愿意卷入家庭事务及争端,除非这些争端发生在公共场合或非常严重。然而,当有暴力倾向的丈夫或父母的行为超过所能接受的程度时,警察通常能够满足这些寻求帮助人的需要,而采取行动。

他们还帮助寻找和收容迷路的小孩。有的贫困家庭甚至故意让自己的孩子迷路来让孩子享受到在警察局有吃有喝有玩的待遇。③ 一些警察部队也开始建立慈善基金,用于对穷人进行救助,大部分是给他们提供衣服及鞋子。在19世纪70年代末80年代初,兰开夏警察局的两名警监在他们的警区设立施食处,以赈济贫困的小孩,为他们提供衣物,甚至安排他们在夏天进行短途旅行。警监理查德·杰维斯(Richard Jervis)认为这些是他们的职责,警察除了预防及打击犯罪外,还有一些其他的事情需要去做。杰维斯筹集到的资金最初来自警察运动会,用于捐助当地的医院、当地照顾及保护年轻女子协会(The Local Society for the Care and Protection of Young Girls)及用于救助斯凯尔默斯代尔矿工的寡妇及孤儿。1893年,北安普敦自治市的警察建立了慈善协会;同一时期,在利物浦也建立了警察资助衣物协会(Police-Aided Clothing Society)。除了这些帮助外,警员也接受事故现场救助训练。这样当人们受伤时,警察能够在事故现场进行最初的救护。1883年11月,《泰晤士报》曾报道,1 224名大伦敦警察(约相当于其总人数的1/10)从圣约翰救护协会(St. John's Ambulance Association)获得证书,能够进行现场急救。同一时期,伦敦的大部分警察

---

① Clive Emsley, *Crime and Society in England*, 1750-1900, London and New York: Longman, 1987, p.193. 警察亚历山大·亨尼西的日记现保存于大伦敦警察博物馆。
② Clive Emsley, *The English Police: A Political and Social History*, p.80.
③ Clive Emsley, *Crime and Society in England*, 1750-1900, London and New York: Longman, 1987, p.193.

局都配备有救护车。①

关于以上这些警察的辅助服务职能,英国的许多人都认为其相当必要。埃德温·查德威克认为:

> 一支警察力量……必须把其真正的效率及合作行动归功于广大的人民群众。因此,由于其道德上的作用及经济上的价值,认真提供慈善服务及在意外事故或灾难时提供救助成为它(警察力量)的工作,这些相当重要。

他敦促警察局配备担架;如果警察局离河流比较近的话,还应备有水难救生设备。他认为,在人口稠密地区警务室里的外科医生应随时提供救护,并且警察应该接受消防训练。警察提供这些辅助服务,将会得到人民的感激与回报,以减弱其担任看守时带来的敌意。随着警察预防犯罪的职能不断取得成功,辅助的慈善服务职能应该得以增强。麦克哈迪上尉也有与查德威克一样的观点。他向1853年特别委员会解释,警察应该如何担当各种费用及税收的征收员,担当邮递员及道路检查员。他的警员已经开始担负重量及尺码的监督员,在当地卫生委员会的领导下检查妨害行为及普通的出租住房,并且根据济贫法担当济贫官员的助手。麦克哈迪认为,像其他人一样,流民是潜在的犯罪分子;对道路进行巡查、检查普通的出租住房及对临时贫困者进行救济,将成为控制犯罪的一种方式。② 威廉·卡特赖特少校(Major William Cartwright)曾是第一届皇家警察督察的成员之一,他也认为流浪与犯罪密切相关,并且特别赞成警察担当济贫官员的助手。在各自治市及地方各郡,许多警察局长在卡特赖特的敦促下或中央济贫委员会的支持下,安排警员担当了这方面的工作。③

---

① Clive Emsley, *The English Police: A Political and Social History*, pp.81-82.
② Clive Emsley, *The English Police: A Political and Social History*, p.82.
③ Carolyn Steedman, *Policing the Victorian Community: The Formation of the English Provincial Police Forces, 1856-1880*, pp.53-59.

但是，警察担负这些辅助服务也被认为占用了警察太多的时间，偏离了他们正常的工作职责。1880年10月，其中一位警务督察莱格（Hon. H. G. Legge）表达了对这方面的关注。他指出，在坎伯兰郡及威斯特摩兰郡，各级别的警察共有196人，其中有25人正担当济贫官员的助手，而且更为严重的是，他们的济贫工作占用了其正常执行治安任务的一半时间。三年后，北安普敦郡警察局局长詹姆士·凯莉·麦卡勒姆（James Kellie MacCallum）向季审法院提出取消要求其警员担当济贫官员助手的规定：

> 实行这种体制被认为有助于警察预防及侦查犯罪，但它并没有达到这样的效果。对过去许多年的警察记录进行查看，并没有找到犯罪案件是通过这种方式被侦破的例子，而且认为需进行逮捕的人愿意投案自首也是不合情理的。流浪者作为一个群体并不是犯罪分子。在1882年因犯罪遭到起诉的11人中，只有5人是流浪者，而且最近5年的结果也是同样的情况。他也指出，对流浪者进行救济是济贫委员会的法定职责，并且在目前没有增加警察人数的情况下，警察不应在全国范围内被用于这种救济工作。①

除了担当济贫官员的助手外，随着1870年教育法的通过，警察发现他们也需要担当学校学生旷课或逃学事件的处理员，并且要应付逃课学生家长们的要求。1884年4月，在赫特福德郡季审法院的辩论中，出现围绕这项实践的争论。E. 金·福德姆（E. King Fordham）坚持认为，警察很适合承担这些任务，并且只需要提供很少的工资，用这些工资很难找到比他们更好的人员来从事这些工作。然而，警察委员会主席则认为，让警察从事这种工作将使他们更加不受欢迎，而且没有其他的事情比警察从事这些工作更加不受欢迎，因而这样做是不明智的。②

---

① Clive Emsley, *The English Police: A Political and Social History*, p.83.
② Clive Emsley, *The English Police: A Political and Social History*, pp.83-84.

此外，在自治市或各郡，警察还需要承担其他的工作，其任务范围日益扩大。他们既要担当市场税征收员，又要依照《鲑鱼法》(The Salmon Fishery Acts)担当辅助的看守。1871年复活节时，汉普郡警察局长在提交给警察委员会的一份报告中指出，内政大臣的法令可能需要他的警员从事一些其他的工作，他警告这些可能会使财政部停止拨款，特别是担当家畜检查员、牲口收押人员、检查小贩执照人员、郡桥梁检查人员、间接税务局官员的助理及公路监督员助理。[①] 这样，每一支警察力量都需要执行这些额外的工作，直到19世纪末他们的职责范围一直不断扩大，并且城市交通的增长及发展正越来越多地占用警察的工作时间。例如，19世纪80年代，伯明翰市警察不得不调派13名警员用于检查有轨电车及控制交通，并且由于交通事务的日益增加，不得不把16名用于夜间巡逻的警员转为日间执勤。这些工作的一部分以前是由当地政府承担的，因为警察被看作当地政府的仆人，特别是在自治市，所以由警察去承担这些工作。

以上这些辅助服务，充分说明了英国新警察的任务范围日益扩大，他们既是消防队员、济贫官员助手、市场税征集者，又是疏导交通者、抢险救灾者以及处理其他紧急事件的后备力量。这支训练有素、能从事各种专业工作的警察队伍的效率大大超过了以前的临时性警察，他们在社会服务中调解各种社会不平衡因素与社会矛盾，调动社会各方面的力量，从根本上减少和抑制了犯罪现象。[②] 他们进行社会服务的工作培养了公众对警察的认同感，获得了群众的支持。在得到公众认同的同时，警察的专业素质也在不断加强。各种警察训练学校相继成立。《警察服务杂志》的出现以及1857年开始的各地方警察统计汇报犯罪数据的工作使警察进一步专业化。

新警察出现后，人们对警察和侦探的工作很感兴趣，这促进了英国警

---

① Clive Emsley，The English Police: A Political and Social History，p.84.
② 王大伟编著：《英美警察科学：热点、改革与启迪》，第173页。

察和侦探小说的繁荣。著名作家狄更斯就对早期侦探颇有好感,曾在他担任主编的周刊《家常话》(Household Words)上介绍过他们。他的小说《荒凉山庄》中的主人公巴克特督察以查理斯·F.菲尔德警督为原型,这是第一本以侦探为主人公的英国小说。阿瑟·柯南·道尔(Arthur Conan Doyle)的《福尔摩斯探案集》(The Adventures of Sherlock Holmes)更是风靡全世界。公众为纪念罗伯特·皮尔对创立新警察所做的贡献,将警察昵称为"伯比"(即罗伯特的昵称)。①

总之,新警察的出现对维多利亚时期英国社会的稳定和繁荣起到了相当重要的作用。在社会发展中,新警察不仅预防和打击了犯罪,镇压了骚动,维护了社会秩序,而且还承担了一些辅助的服务职能,从而推动了英国社会的发展。今天,警察成了英国社会必不可少的一部分,人们几乎很难想象没有他们存在的状况。警察是政府最显著的代表,对于大部分民众来说,警察是他们经常遇到的人物。犯罪者害怕他们,醉汉、流浪者及驾车者注视着他们,小孩畏惧他们,即使是守法的成年人也敬重这些身穿制服的人员。此外,警察也是刑事司法体制运转的关键。劳伦斯·M.弗里德曼(Lawrence M. Friedman)写道,"诉讼人及法官不抓捕也不能抓捕罪犯",审判及判决只有抓捕罪犯以后才能进行,"警察是整个体制(刑事司法体制)运转的关键"。②

---

① Gorge Macaulay Trevlyan, *English Social History: A Survey of Six Centuries, Chaucer to Queen Victoria*, p.543.
② Lawrence M. Friedman, "Review: The Long Arm of the Law", *Reviews in American History*, Vol.6, No.2 (1978), p.227.

二、英国现代警察制度的特征

1856年《郡和自治市警察法》的通过,令英国各地真正建立起现代警察制度。以英国新警察为中心的治安制度与以前的治安制度相比,具有了执法力量统一化、警察工作职业化、警察职权法治化的特征。因此,以新警察为中心的现代治安制度的建立过程,实际上也是上述特征逐渐实现的过程。

1. 执法力量的统一化

英国实行习惯法,自古以来,英国的司法机关就不统一,职权相互交叉,司法系统相当混乱。在建立新警察之前,英国维护社会治安的人员主要是治安法官、警务员及巡夜看守,而且各个教区都是相互独立的。维护治安没有一个统一的专门机构,而是由军队、审判机关和行政机构共同行动,治安没有从笼统的王权、政务、军务、裁判中分离出来,也就没有形成集中统一的、结构稳定的、职能独立的警察机关。因此,以新警察为中心的治安制度的建立,首先实现了人员的统一化。

在大伦敦地区,1829年大伦敦警察建立以后,虽然各教区的警务员、巡夜看守都被新警察取代,但是治安力量仍然不统一。1829年的《大伦敦警察法》并没有消除大伦敦警区执法中的模糊性,以前所建立的9个领薪警察局仍然独立存在。在新警察建立后,博街警察力量、1792年建立的7个警察局和泰晤士河警察局没有受到任何影响,继续运转。这样,18世纪英国治安制度中存在的问题仍然没有解决,继续存在。林肯、格雷斯、弗尼瓦尔斯旅馆拒绝认为自己是大伦敦警区的一部分。① 同样,也没有人能确定究竟是谁负责维持伦敦码头地区的治安。这一地区是由大伦敦警察负责、泰晤士河警察负责,还是码头公司自己负责？同时,在1829年之后,领薪治安法官与大伦敦警察厅长、以前的9个警察局人员与新警察之间彼此互相争斗,争取内政部的支持。新警察建立时,执法机构中并没有明确界定由谁承担刑事侦查工作。治安法官能够接受把新警察看作对看守制度的一种改进,但不愿意接受新警察担负侦查和逮捕罪犯且拥有执法的职能。治安法官对苏格兰场直接监督管理新警察愤愤不平,控诉及管理警察行为被认为是英国宪法赋予领薪治安法官的责任。

1829—1839年,大伦敦警察厅长与领薪治安法官之间展开了一场争夺新警察队伍行政控制权的斗争。在这十年间,新警察与领薪警察人员之间存在的严重权威问题一直困扰着大伦敦警察厅。负责建立新警察部队的大伦敦警察厅长查尔斯·诺万和理查德·梅恩,一贯坚持取消大伦敦警察之外的其他治安机构,保持双重的警察体制会产生执法权威的双重性及两者之间的相互争斗,从而损害公共利益。② 因此,厅长们颁布法令及决议,规范这支新警察队伍值勤时及平时的行为及形象,使他们呈现出一种令人尊敬的形象。经过几年的努力,对新警察的违宪性、间谍行为及集权的批判声逐渐减弱,新警察开始获得广大民众的认同。1834年和1839年关于大伦敦警察状况的议会特别委员会报告建议,扩

---

① Ronald C. Sopenoff, "The Police of London: The Early History of the Metropolitan Police, 1829–1856", Unpublished Ph.D. Thesis, The Temple University, 1977, pp.69–70.
② Ronald C. Sopenoff, "The Police of London: The Early History of the Metropolitan Police, 1829–1856", Unpublished Ph.D. Thesis, The Temple University, 1977, p.207.

大大伦敦警察的权威，统一大伦敦的治安力量，限制治安法官的职责，让其只承担司法职能。① 到1837年，大伦敦警察已经承担了9个公共事务局的许多治安工作。各种巡逻工作已经统一由大伦敦警察承担，而且骑兵巡逻队也于1837年并入大伦敦警察，接受统一指挥。警察厅长们把这支骑兵巡逻队分成6个小队，用于大伦敦郊区的巡逻任务。因此，1837年后，处于苏格兰场之外承担执法职能人员的就只有博街缉捕队和泰晤士河警察。

1839年，英国议会通过《1839年大伦敦警察法》(The Metropolitan Police Act, 1839)。法令规定，扩大大伦敦警区，其范围包括中央刑事法庭的所有地区，以查令十字路口为中心周围15英里之内的所有教区、选区及城镇(伦敦城排除在大伦敦警区之外)；取消9个公共事务局的执法职能，领薪治安法官以后只担负司法职能；泰晤士河警察局作为一个独立的警区并入大伦敦警区之内。法案增加了统一基金②对警察经费的投入，允许警察厅长们自由决定扩大部队的人数。除了法案规定的扩大警察力量之外，警察厅长们还扩展了新警察所担负的职责。警员开始承担侦查、消防、交通运输及执行《普通出租房屋法》的任务。③

为了维护这些新纳入大伦敦警区的地区社会治安力量，理查德·梅恩建立了7个新的警区。1829年后，大伦敦警区的警员人数逐渐增加。1829年，由最初招募的1 000人增加到1830年年底时的3 000人。1830—1838年，警员人数从3 280人增加到3 444人，平均每年不超过20人。到1840年1月，警员人数增加到4 271人；1848年达到5 000人；1857年达到

---

① Ronald C. Sopenoff, "The Police of London: The Early History of the Metropolitan Police, 1829-1856", Unpublished Ph.D. Thesis, The Temple University, 1977, pp.207-208.
② 统一基金，指英国政府支付公债利息、王室年金等的基金。
③ "The Metropolitan Police Act (1839)", Halsbury's Statutes of England, Vol.25, pp.247-254.

6 000 人。① 这样,在大伦敦地区(伦敦城除外)形成了统一的执法力量。

在地方,在 1856 年《郡和自治市警察法》通过之前,维护社会治安的力量也是多种多样的。当时维护社会秩序的人员,有原有的警务员,有根据 1835 年《市镇自治机关法》及 1839 年《郡警察法》建立的警察,还有根据地方法、《照明及看守法》、自愿筹款及济贫税建立的治安人员,而且各个教区之间也是彼此孤立的。1856 年《郡和自治市警察法》通过以后,这些治安力量都没有了存在的空间。如果说《大伦敦警察法》为统一集中的文职制服警察制度的建立提供了一种模式,那么 1856 年《郡和自治市警察法》则为全国范围内的警察制度标准化树立了典范。从 1856 年起,中央和地方开始成为分管警察机构的共同伙伴,直至今日。

2. 警察工作的职业化

"职业"(profession)一词的含义是"个人在社会中所从事的作为主要生活来源的工作""专业的;非业余的"。② 在新警察建立之前,维护社会治安的治安法官、警务员都是没有报酬的职务。法官在自己家里开庭;警务员一旦完成自己的职责,就回去做自己的工作。当时的警务员都是轮流担任,任期一年。

1829 年新警察建立后,要想成为一名警察,必须经过招募、培训、见习三个阶段。要使新警察区别于以前的治安力量,必须首先把好进人关。皮尔认识到,让警察有效执法、队伍优良的根本措施是把好进人关。招募警察事关重大,标准必须严格,必须严格把关,不能让素质不好、品格不良、水

---

① Ronald C. Sopenoff, "The Police of London: The Early History of the Metropolitan Police, 1829 – 1856", Unpublished Ph.D. Thesis, The Temple University, 1977, p.207.
② 中国社会科学院语言研究所词典编辑室编:《现代汉语词典》(第 7 版),北京:商务印书馆,2016 年,第 1683 页。

平低劣、行为不端、浮躁不专的人进入警察队伍,要有严格的录取审查程序。只有把招募关把好了,招募到优秀人才,才能省去以后的诸多麻烦。为此,诺万和梅恩制定了严格的招募标准和程序。① 这个标准包括面试、体检、文化测试、背景及品行调查。对新警察的身体状况、年龄、婚姻状况、家庭背景、个人品行及生活习惯等都有严格要求。② 如正式的招募标准规定,警察身高至少 5 英尺 9 英寸,年龄要求在 18 至 35 岁之间,性别为男性,家庭状况要求其孩子不得多于 3 个,文化程度方面要求具有基本的读写能力。新警察应当是年轻的、身体健康的、强壮的、有耐心的、能读写的男性。③ 其选拔程序如下:想当警察的人需要向警察局提出申请。为了确保新警察的品行没问题,招募者将询问申请者的职业、地址、长辈等情况,并要求提供至少两份担保书。如果申请者以前是在政府部门工作,将被要求其原单位出具一份其工作表现的证明。警察局将派专人去调查申请者及其保证人所提供内容的真实性,核实保证书和推荐书及其签名的真实性,推荐人需要证明自己与被推荐人确实是一直在一起工作。资格审查后,将进行各种检查和测试,包括身体检查、文化程度测试等,各方面表现都很优秀的申请者才有机会当警察。为确保新警察的质量,诺万和梅恩还亲自对每一位新警察把关,许多申请者因为无法通过简单的文化测试或是体检而不能进入警察队伍。据统计,只有 1/3 的申请者最终进入警察队伍。半个世纪以后,大伦敦警察的主任医师亚历山大·麦凯勒(Alexander MacKeller)估计,在对申请者进行的体检中,他否决了将近一半的人员。他认为,对申请成为警察人员的体检远远比军队征募

---

① Haia Shpayer-Makov, *The Making of a Policeman: A Social History of a Labour Force in Metropolitan London*, 1829 - 1914, pp.33 - 36.
② Haia Shpayer-Makov, *The Making of a Policeman: A Social History of a Labour Force in Metropolitan London*, 1829 - 1914, pp.36 - 41.
③ Haia Shpayer-Makov, *The Making of a Policeman: A Social History of a Labour Force in Metropolitan London*, 1829 - 1914, p.34.

体检更为严格。①

1829年大伦敦警察初创时,并没有正式的培训期,新警察在工作时间向其上司学习警察的职责。后来警察当局意识到,新警察需要有一个学习期来完成警察生涯的知识技能储备,当局需要对他们进行专门培训,使他们在角色意识、知识和技能等各个方面为成为一名正式的警察打下良好基础。在培训期间,其工资照常领取,但比正式警察的稍微低些。教员由高级警官担任,给每个学员发一本培训材料。由于条件有限,只有两周的培训时间,且大部分时间是操练与剑术练习,仅有两个下午由一位警监讲课,然后警察们背诵一些法律条文。而《警察训令》则是每个新警察都必须学习的,里面既有当警察的基本准则,也有相关的法律知识。但更多的知识和技能是在其实际工作中获得的。

初始培训结束后,新警察并不能马上单独执行警察任务,必须先进行见习,等见习期满、考核合格后才能成为正式的有执法资格的警察,这进一步确保了警察的质量。皮尔从一开始就确立了警察见习制度,也确立了由有经验的老警察带新警察的制度。招募的新警察在接受完有关警察的职责、任务及法律方面的培训后,还将在一位"师傅"警察的带领下巡逻一周时间,积累实际工作经验,在合格后才能回到自己的工作岗位。在随后两年的见习期里,他们还会被正式授课,进一步了解警察工作,其中期满考核合格者才能成为正式的警察。

除了把好进人关、给予必要的培训和见习外,皮尔还重视通过严格的管理和严厉的纪律约束来从一开始就塑造起一支纪律严明、管理规范的警察队伍。皮尔为警察队伍设立的警员、警长、督警、警监、局长、厅长的科层式警衔制度为严格管理奠定了基础。上一级警察对下一级警察拥有领导、管理的权力,可以决定是否对下一级警察的违纪行为进行处

---

① Clive Emsley, *The English Police: A Political and Social History*, pp.199-200.

罚,可以决定下一级警察谁能晋升,因此在警察内部形成了一个强大的控制体系。

在新警察建立初期,厅长面临的最大问题是警察的纪律问题。警员们不敢放松对自己的纪律要求,警察局不断地解雇和雇用警察,似乎是一个无尽头的事务。1830—1838年,大约有5 000名警察被开除、6 000名警察辞职,被解雇的主要原因是在执行任务时喝酒,而辞职者则是因为找到了报酬更高且轻松的工作。① 在1830年9月29日至1831年12月31日,伦敦被辞退的警察人数为1 586人,远远超过同一时期辞职人数的736人。② 1834年诺万和梅恩在给议会的报告中指出,1830年招募的2 800名警察中到1834年就只有562人还继续在警察局工作,其中被开除的人中约有4/5是由于酗酒,其他原因包括不胜任工作、纪律松懈、行为失当。③

在地方各郡警察的建立过程中,对警察的招募、培训、见习也采用了大伦敦的做法,以确保新警察的素质。经过一段时间的发展,英国维护治安就有了一支专职的队伍,这一点在有的学者看来是现代警察制度出现的条件之一。

3. 警察职权的法治化

警察职权是相对于公民权利而言的,警察职权的存在是为了保护公民的自由或限制公民的自由,其来源和出处是警察职权使用合理化和有效性的基础性环节。警察的权力授之于法律并需在工作中执行法律,所以法治化是保证其合理化、有效性的关键。在现代警察制度建立的过程中,警察

---

① Philip John Stead, *The Police of Britain*, pp.44 - 45.
② Haia Shpayer-Makov, *The Making of a Policeman: A Social History of a Labour Force in Metropolitan London*, 1829 - 1914, p.166.
③ Clive Emsley, *The English Police: A Political and Social History*, p.200.

职权出自于法律,警察在行使职权中更多的是执行法律,这些正是其现代性的特点。

在现代警察制度建立之前的传统社会,当时的治安任务主要是由未领薪的教区警务员承担,并接受未领薪的治安法官的松散监督。警务员平时在教区中巡逻,遇到有人呼喊求救时就前去抓捕。有时他会在上级命令之下去抓人;对臭名昭著者,他可以由自己来决定是否予以逮捕,而不需要上级的命令。如果需要到重罪嫌疑犯家中去逮捕,在必要的情况下,他们可以采取破门而入的手段。对逃跑的重罪嫌疑犯,教区警务员负责暂时扣押他们的财产,并且向其他郡发出通告,以帮助他抓捕逃犯。① 教区警务员还要看管犯罪嫌疑人,直到将他们带到治安法官处。教区中发生骚动和暴动,教区警务员要前去镇压。他们还掌管村中的足枷、囚笼、鞭笞柱和马桶椅(一种刑具)。这时,传统的集体担负治安工作的遗风仍然保留着,以上这些教区警务员需执行的任务,其他村民都有义务来帮助他完成,如果逃避此项义务,就要被处以罚款。教区警务员还要协助验尸官调查不明死因的尸体,有时要提供一个或两个村民到验尸官调查团中去协助调查。为将罪犯惩治到底,教区警务员还要出席各类法庭,比如郡守法庭、庄园法庭和百户区刑事法庭等,他们要在法庭上作为证人提供犯人的各种违法犯罪证据。因此,警务员的治安工作在法律上是不严格的,其行使职权主要不是来自法律,而是由其自行决定。这一方面导致了警察职权、警察行为的随意性,另一方面表现为私刑普遍存在。大量被认为是破坏统治秩序和危害社会治安的行为是靠私刑解决的。在这种背景下,对公民人身的强制权,对社会秩序和治安的维护,还没有以法律约束的形式集中于警察手中。随着人权思想及法治观念日益为社会成员所认同,拒斥私刑制度,要求人身强制权、社会秩序维护等统一由国家的警察力量依法运行的呼声日益高

---

① Joan R. Kent, *The English Village Constable*, 1580 – 1642: A Social and Administrative Study, p.26.

涨,于是,建立在法律基础上的统一的专门的国家警察行政力量的出现成为发展必然。

现代警察职权的法治化具体表现为以下两个层面:一是警察机关的建立、警察职权范围的确立都是以宪法或法律法规为依据的。二是,也是更重要的表现,警察职权的行使即警察行为本身必须是基于法律的,警察职权由法律规定,属于特定的警察机关和人员;警察职权内容有法律的具体规定,人身强制、侦查、拘传、审讯等警事行为都是由特定的警察群体承担的,任何无警察职权的机关和人员都没有这样的权力。说到底,在警察实现其执行法律、打击和预防犯罪行为职能的过程中,法律处于核心地位:法律赋予警察以权力,警察打击犯罪是对法律赋予的权力的应用,而其维护秩序也同样以法律作为支撑和依托。

英国现代警察制度的建立都有法律作为蓝本。根据1829年《大伦敦警察法》,在大伦敦及其周边地区(伦敦城除外)建立一支新的警察队伍,由两名治安法官指挥,直接向内政大臣负责。这两名治安法官不再承担司法裁判职责,专心从事维持治安、犯罪预防、犯罪侦查和关押罪犯的工作;此外,还设立财政主任,负责征收以前用于教区警务员开支的税收,管理警察厅的房屋建造、装备和财政。同时赋予警察以逮捕权,警察在执勤期间,有权逮捕所有散漫、游手好闲及目无法纪的人员,这些人可能会扰乱社会治安,或被怀疑会做出违法行为。[①] 此后,经过1835年《市镇自治机关法》、1839年《郡警察法》、1856年《郡和自治市警察法》,最终在地方各郡及自治市建立起了新警察制度。

皮尔等人深知,警察肩负着执行法律和维护秩序的神圣职责,执法者、护法者必须首先遵守法律,所以他们制定了严格的规章制度和制裁措施,以规范警察的职务行为,约束警察自由处置权的行使,并鼓励民众告发滥

---

① *Halsbury's Statutes of England*,Vol.25,pp.239-247.

用权力的警察。大伦敦警察建立后,为了规范队伍管理,保证这个全新的警察组织中的每位成员能努力、有效地工作,皮尔审定颁布了《警察训令》,也被称作"罗伯特·皮尔警务原则"。皮尔在其中提出的九条原则,确立了警察作为一种职业在社会中的位置,成为警察的精神指南。这九条原则具体如下:

(1) 警察存在的基本任务是预防犯罪和维持社会秩序。

(2) 警察履行他们职责的能力要依靠社会公众对警察行动的支持。

(3) 如果自愿遵守法律的公众自愿与警察合作,警察就必须确保和维护公众的尊严。

(4) 公众与警察合作的程度是与警察减少使用武力的必要性相联系的。

(5) 警察要寻求和赢得公众的尊敬与爱戴,不是依靠迎合公众的舆论,而是依靠长期的公正执法。

(6) 警察必须遵守法律的有关规定使用武力,并且必须是在提醒、劝告、警告等措施都无效时才可以使用。

(7) 警察应当始终与公众保持良好关系,尊重"警察就是公众,公众就是警察"的历史传统;警察仅仅是公众中的一员,必须全心全意履行他所担负的确保每个社会公众利益的职责。

(8) 警察必须严格按照法定程序履行他们的职责,不能有任何越权行为。

(9) 警察绩效的评估依据是犯罪率和社会秩序混乱情况,而不是警察采取了多少可见的行动来对付犯罪。[①]

---

① *Sir Robert Peel's Nine Principle*,http://nwpolice.org/peel.html.

皮尔在《警察训令》中提出的九条原则,主要涉及警察在所有场合都应该使他的行为有足够的合法性支持。在新警察建立初期,《警察训令》成为每个警察必须学习和掌握的内容。它被印成小册子发给每个警察,让他们知道应该仿效的榜样,同时也包含了警察最需要了解的法律知识,如与逮捕有关的相关权力,以指导他们的实际工作。在以后的岁月里,《警察训令》所确立的准则一直是英国警察的立身之道,指导着英国警察,成为一份宪法性的精神财富。此外,皮尔提出的以上原则,奠定了警察历史上的行为框架,此后一直为大多数国家的警察机构所遵从。菲利浦·约翰·斯特德(Philip John Stead)在论述英国警察制度对世界的影响时指出:"它(英国警察)与所有自由民主制国家警察的共同之处就在于,警察被置于法律之下,对法律负责,并且成为法律所确定的自由的监护者。"[1]J.J.托拜厄斯(J. J. Tobias)指出,英国维护秩序的官员可以实施逮捕或使用暴力,但只有在严格遵循各项法律而且使用暴力既合理又必要时,他们才可以如此。程序失当或者使用不必要的暴力,都可以成为平民起诉他们的理由。[2]

总之,以新警察为中心的治安制度通过执法力量的统一化、警察工作的职业化、警察职权的法治化,实现了警察从非正规走向正规,从业余走向专职,从分散走向统一,从而建立起真正现代意义上的警察制度。英国建立现代警察制度后,美国和其他资本主义国家竞相仿效,逐渐形成了各自的现代警察制度。

---

[1] Philip John Stead, *The Police of Britain*, p.168.
[2] J. J. Tobias, "Police and Public in the United Kingdom", *Journal of Contemporary History*, Vol. 7, No.1-2 (1972), p.229.

结　语

维护社会秩序,控制和打击犯罪,保障社会公共安全,是国家的基本职能。但是,在每个国家的历史发展过程中的各个不同阶段,维护社会治安的制度各不相同。具体到英国的历史中,18世纪中期至19世纪中期的这段时间是英国历史上的剧变时期,是由传统农业社会向工业社会的转型时期。在这一时期,伴随着工业革命和城市化的不断推进,英国的政治、经济及社会都发生了结构性的变化,同时也出现了严重的治安问题。面对这种情况,英国的治安制度由社区自保制度向现代警察制度演进。

1. 转型时期英国治安制度演进的特点

第一,演进的动力:合力的作用。

18世纪以前的英国传统社会采取的是一种以社区自保为基础的治安制度。这种制度是由地方社会精英(治安法官、警务员)领导,广大民众参与的集体治安制度,它强调社会力量(个人)在维护社会治安中的主导作用。实行这种制度,主要是由于中世纪的社会里不存在古典或现代意义上的"公共领域"和"私人领域"的对立模式。在封建领主所有权(以及由此派生出来的采邑所有权)作为一切统治权的总和的前提下,公权与私权这对矛盾并不存在。哈贝马斯引用布鲁纳的话说明了这一情形:

> 如果我们把国家看作公共领域,那么,我们在庄园和领主所行使的权力中遇到的就是一种次一级的公共权力,相对于国家的支配权力,它是一种私有权,但是,它和现代私法制度所规定的私有权是截然不同的。因此,在我看来,"私人所有权"和"公共所有权"在封建社会显然是融为一体的,它们同源同宗,都依附于土地,因此,也可以把它们当作私有权对待。[①]

---

① [德]哈贝马斯:《公共领域的结构转型》,曹卫东等译,上海:学林出版社,1999年,第5页。

伴随着经济与社会的发展，公域与私域、公权与私权开始出现分界，这就必然要求在维护社会治安力量方面作出相应的变革。然而，18世纪的英国社会仍然主要依靠社会力量来维持治安，公私不分，导致了原有的治安制度出现发展困境。这一方面是由于社区自保治安制度本身出现危机，此时的警务员、巡夜看守请人代替，治安法官腐败；而且由于人口流动加快，社区自保治安制度存在的基础被破坏。另一方面，自18世纪中期以来，随着工业革命和城市化的不断推进，高层次的社会发展要求分工明确、各部门各司其职，多种行业出现职业化的趋势，因此以前那种警察职能分散、多部门和各级官僚都行使警察权的状况已不符合现时的发展要求；此外，工业革命和城市化给英国社会带来了一系列的治安问题，如犯罪浪潮、公众骚动等，这些问题暴露出中世纪形成的那套以社区自保维持社会治安秩序的制度从结构上已难以适应社会发展的需要，迫切需要采取有效的措施加以解决。因此，英国经济和社会的发展变化是英国治安制度演进的根本原因，决定了治安问题原因和性质的变化，而治安问题原因和性质的变化又决定了从社区自保向以现代警察制度为核心内容的现代治安制度转变的必然性。

社会精英对犯罪及骚动的认识是治安制度演进的直接动力。伦德曼指出："在有机组成的社会中，只有精英才拥有推动社会变化的能力与资源。"[①]在他看来，非社会精英或社会上的相对无权力的人，并没有设立警察、维持社会秩序的能力。因此，警察是随着精英对于社会控制组织必要性认识的发展而发展的。当社会中掌握权力的人认为社会上出现的犯罪及混乱威胁到他们的社会地位时，他们开始通过设立警察力量以保护自己受到威胁的利益。

自18世纪下半叶以来，伴随工业革命的不断推进，英国的城市化也

---

① ［美］罗伯特·兰沃西、劳伦斯·特拉维斯Ⅲ：《什么是警察：美国的经验》，第38页。

得到了迅速发展。工业化的大生产促进了工业化大城市的产生,与城市化结伴而来的是城市贫困阶层的扩大和犯罪率的迅速增长,失业、贫困、酗酒、混乱是当时城市的典型写照,抢劫盗窃、杀人放火、车匪路霸屡见不鲜,犯罪现象在贫民区迅速蔓延。此外,18世纪末19世纪初,随着资本主义生产关系的确立和社会化大生产的迅速发展,资本主义制度下的社会关系和阶级结构也经历了一场大变革。英国社会各阶层在这场历史大嬗变中重新寻找自己的位置,他们之间的矛盾不断激化,群众骚动不断,从农业的乡村社会向工商业的城市社会转变的过程使英国陷入了秩序危机状态。大规模的骚动事件比比皆是,比如戈登骚乱、彼得卢事件等。与任何社会的统治阶层一样,英国的精英们也希望把犯罪、骚动控制在不危及大局、可以容忍的范围之内。法国式的警察制度的确能有效地维护社会治安秩序,但在英国却不适用,因为其自由主义思想和地方自治传统源远流长,任何强化国家权力的举措都会遭到质疑与抵制。在大约80年的时间里,英国政府官员及警察改革者一直试图通过改革传统的治安制度来应付不断增长的犯罪和骚动局面。巡夜看守和警务员开始领薪,治安人员开始接受司法官员的控制,人数增多,任务更加明确,但最终都没能有效地维持秩序和阻止犯罪。越来越严重的社会动荡局面使统治者清楚地意识到,依靠对旧的治安调控机构进行修修补补以维护社会治安是远远不够的。为此,必须创建一支全新的职业警察队伍:

> 当犯罪和骚动猖獗,当犯罪的缘由被视作"危险阶级"的时候,统治阶级便呼吁创建正规警察。……当有机社会的统治者把犯罪和骚动视为对他们权力和地位的威胁时,正规警察便诞生了。①

---

① [美]罗伯特·兰沃西、劳伦斯·特拉维斯Ⅲ:《什么是警察:美国的经验》,第39页。

此外，政治哲学的渐变是转型时期治安制度演进的思想基础。一个国家在一定时期所实行的社会政策，总会受到这一时期社会思潮的影响，英国也不例外。这一时期英国实行的一系列社会政策，都受到英国古典自由主义思想的影响。

在工业化开始之前，受家长制价值规范的影响，作为地方社区家长的地方官员（治安法官、警务员）及各户户主，有义务维护社会公共秩序，镇压各类骚动，逮捕各类罪犯。① 工业化进程开始后，占统治地位的改革理论转变为自由主义思想，强调经济上的自由贸易和政治上的个人主义，其核心是自由放任，政府机构越小越好，国家干预越少越好。尤其是到18世纪末，亚当·斯密《国富论》的发表使得英国历史上的自由主义传统正式占据了主导地位，该书成为国家的政治哲学。自由放任思想不仅决定了英国政府在经济领域的活动，而且也导致了英国政府在众多政治领域不作为。在19世纪初期和中期，自由放任思想的内涵发生了细微变化，这一时期的自由主义思想更多地带有功利主义的色彩。边沁提出趋乐避苦是人的天性，能给个人或社会增加幸福的道德行为便符合功利主义原则，倡导追求"最大多数人的最大幸福"。此外，他又主张国家应行使其社会职能，强调国家干预的作用。后来边沁的学生正是发挥了边沁思想中的这一部分内容——强调国家干预的作用，如查德威克在1839年皇家调查委员会的报告中有关建立警察的论述。此后，约翰·密尔在继承古典自由主义思想、修正边沁功利主义思想的基础上对自由放任理论进行了修正。密尔仍然坚持自由放任理论的基本原则，认为政府应该保护个人自由，奉行不干涉政策。与此同时，他也看到市场的缺陷，意识到完全的自由放任会给社会发展带来不良后果。为此，他提出政府适度干预的主张："社会事务最好是由私人自愿地去做。然而，应当补充一句，政府干预实际上并非无论如何

---

① 李培锋：《呼唤丢失的价值规范——社会转型时期英国民众的抗议活动(1700—1820)》，第6—11页。

不能超出其固有的适用范围。在某一时期或某一国家的特殊情况下,那些真正关系到全体利益的事情,只要私人不愿意做(而并非不能高效率地做),就应该而且也必须由政府来做。"①因此,密尔成为自由主义思想史上第一个将自由放任与政府干预调和在一起的人,其思想为国家更加积极地介入社会生活和经济事务奠定了理论基础。

无论是斯密、边沁还是密尔,他们都对当时的英国政府产生了非常深刻的影响。这不仅体现在他们的学说拥有大批的追随者上,而且更为重要的是他们的学说事实上已经由个人的理论上升为国家的政治哲学,政府众多部门中遍是深受其影响的信徒,他们在各自的领域中践行着这些思想。而密尔本人甚至在19世纪中期获得下院的席位,他的学说顺理成章地进入权力的上层。因此,在这样的政治哲学尤其是密尔的"自由放任+国家干预"哲学的影响下,英国政府针对治安问题也开始了逐渐建立现代警察制度的尝试,国家开始成为维护社会治安职责的主体。因此,1750—1856年英国治安制度的演进是工业社会发展的必然要求,是统治阶级加强社会调控的必然结果,也体现了这一时期英国政治哲学的演变历程。

第二,演进的模式:博弈与融合。

面对18世纪以来的传统治安制度危机及治安状况恶化,英国总体上出现了两种解决的思路和措施:一是在自由宪政的传统上,对传统的治安制度加以调整;二是对原有的宪政原则进行更改,建立中央集中管理、统一的专职治安力量,即法国式的职业警察。在1856年英国最终建立现代警察制度之前,这两种解决的思路和措施之间的博弈一直伴随着英国治安制度演进的全过程。

随着工业革命的不断推进,中产阶级的力量不断发展壮大、财产不断增加。随着经济势力的增强,他们必然要求扩大政治上的权力,要求建立

---

① [英]约翰·穆勒:《政治经济学原理及其在社会哲学上的若干应用》(下卷),胡企林等译,北京:商务印书馆,1991年,第570页。

有效的治安力量来保护其财产及人身安全;而此时,把持社会治安权力的是传统的社会精英(主要是土地贵族),他们通过传统的方式,如自己的仆人、治安协会来保护自己的财产及人身安全,不需要对传统治安力量进行改革,而且建立专职警察会增加他们的财政负担(英国的赋税制度主要是对有产者征税),削弱他们在社会治安过程中的强势地位。这样,必然导致了传统势力与新兴阶层(中产阶级)的矛盾。

自古以来,英国就具有浓厚的地方自治传统,这也是其维护自由的基础。在传统的农业社会,社会成员的流动性比较小,因此采取社区自保能很好地维护治安,执法权也被限制在一定的社区范围内(教区)。但自工业革命与城市化发展以来,人员流动加快,原有的社区自保治安制度的基础被破坏,同时新出现的治安问题的恶化迫切需要建立中央控制的统一的治安力量,这必然会加强中央集权,削弱地方权力,令中央与地方之间出现矛盾。

因此,综观这次演进的过程,我们可以得出结论,英国现代警察制度的建立过程就是通过传统与现实之间、自由与秩序之间(宪政问题)、传统势力与新兴阶层(中产阶级)之间、中央与地方之间(究竟由谁来控制新警察,新警察职能、费用及其效率)的博弈与融合,最终在英国建立起新型的现代治安制度的过程。因此,克莱夫·埃姆斯利指出:"警察改革与其他的许多改革一样,是一个缓慢的过程,这中间包括尝试、争论及妥协,经过不断的争论、反复尝试,各种治安模式相互博弈与融合。"[①]

第三,演进的结果:在传统与现代之间。

1750—1856年英国治安制度的演进是工业革命时代的产物,它适应了时代的发展要求,因此也就被深深地打上了那个时代的烙印,具有了执法力量统一化、警察工作职业化及警察职权法治化的现代警察制度的特

[①] Clive Emsley, *The English Police: A Political and Social History*, p.42.

征。但是,新警察的产生不可避免地会受其所植根的土壤——英国传统的影响,因此,英国现代警察制度也就必然会具有不同于欧洲大陆国家的特征,是一种英国式的治安制度,这主要表现在以下几个方面。

(1)建警思路。在英国,治安和预防犯罪的任务本来就是由公众自觉承担的,安全和秩序一直被看作公民自治的内容。英国政府基于这种警民合一和公众自由的历史传统而建警,自然要将其与军事力量区别开来,赋予其文职属性。

(2)组织管理制度。自诺曼征服以来,由于英国王权的"有限性"及普通法的传统,英国形成了地方自治的传统。因此,除大伦敦警察外,其他地方的警察都不直接受制于中央政府,而是由地方政府负责组织和管理。中央政府通过提供财政上的支持,包括诸如工资、服装、津贴以及其他办公必需的条件,实现警察工作在全国的统一。但是中央政府无权直接对地方警察发号施令,各地方的警察局长在很大程度上享有独立于任何政党的权力。这是英国宪政的一个重要体现,也是防范警察违法的一项重要措施。

(3)权力运作及警务风格。英国是一个崇尚个人自由的国度,形成了一种传统观念:一是警察不可以过度集中;二是警察不可以军事化,否则就会威胁公众的基本权利和国家的民主生活。这就决定了英国警察的警务风格,即平民化、非军事化的特征及服务型的警务风格。"最小使用武力原则"便是对英国警务风格的最好诠释。[①] 1829年6月,英国内政大臣罗伯特·皮尔在组建大伦敦警察时,为了改善警民关系、树立良好的警察形象,实行了"最小使用武力原则"。英国警察在执勤时,除规定佩枪的警种外,一般都不携带枪支,仅带一根约一英尺长、藏在特殊设计的警裤袋内的木质警棍。

因此,综观英国治安制度演进的历史,我们可以清晰地看到英国治安

---

① 马亚雄编著:《世界警察导论》,第41页。

制度具有较大的灵活性,总会随着社会转型的需要而发生变化。在一个进步的国家,变动是持续不断的。问题不是是否应该阻挡这种不可避免的变动,而是这种变动应该在规范、习惯、法律和传统的范围内进行。① 在演进过程中,虽然这种变化总是落后于社会发展的实际要求,非常缓慢,但却比较平稳。在这种变化中,治安改革在适应社会发展的同时也体现了英国的传统,并呈现出连续性、渐进性和原创性的特点。

2. 英国新警察的本质及其历史地位

如何评价英国新警察的历史地位？英国学者对此有以下两种不同的意见:一种是认为新警察的产生是有远见的进步改革的成果;另一种则认为英国新警察是国家和资产阶级权力的工具,保护资产阶级的财产、控制无产阶级是警察的责任,因而带有一定的反动性。

以上这两种观点,分别看到了英国新警察的进步意义和阶级实质。确实,英国新警察的建立,从政治上保证了资本控制劳动,以维护资本主义这种经济生产方式。但是仅仅把警察看作资产阶级的代理人又简单化了,因为警察的产生毕竟是适应了时代发展的需要,代表了文明进步的方向。警察的性质决定了警察本身就是一个矛盾体,他们也是靠出卖劳动为生,也被禁止建立代表其利益的组织。他们也会以罢工来反抗压迫,例如伦敦警察出于对低工资、休息时间不够的不满,曾于1872年、1890年组织过罢工。警察职业的社会地位并不高,作为普通的劳动者,新警察也有自己的基本权利要求。由于长期在各种恶劣天气下值勤,警察的职业病也逐渐出现,不少警察都患有气管炎等呼吸道疾病。在1840年至1860年间,有约1/4的大伦敦警察因病退而领取了生活补助金。② 总之,我们应该一分为

---

① Tresham Lever, ed., *The Letters of Lady Palmerston*, London: John Murray, 1957, pp.16-17.
② Clive Emsley, *Crime and Society in England*, 1750-1900, New York: Longman, 2005, p.192.

二地看待英国新警察,既看到他们为资产阶级服务的本质,又必须承认他们所具有的进步属性。

1829—1856年英国建立的新警察是具有专门警察机关、固定警察人员,即有固定外在形式的新型资本主义警察,他们是警察史上的一个重大发展,有效地实现了警察权力"有限"与"有为"的平衡,是西方文明史上的一个重大进步。在世界警察发展史上,一些国家警察权力过于强大,成为政府专制的工具,严重侵犯了公民的自由;而个别国家又由于警察权力过小,不能有效地打击犯罪、维护社会秩序的稳定,也无助于公民自由的实现。就其职能的本质而言,警察是自由社会的异端。① 正因为如此,菲利浦·约翰·斯特德明确指出:"对于民主制度来说,警察权力过于强大固然不好,但警察力量不够强大也同样是危险的。这两种极端都会损害国民的自由,因此必须时刻警醒以保持这种平衡。"②英国著名的法官和法学家丹宁勋爵在谈到人身自由时,指出:

> 当然,人身自由必定与社会安全是相辅相成的。我说的社会安全是指我们所生活的社会中的治安和良好秩序。倘若一个正直的人可以受到杀人犯或盗贼的侵害,那么他的人身自由就分文不值了。每一社会均须有保护本身不受犯罪分子危害的手段。社会必须有权逮捕、搜查、监禁那些不法分子。只要这种权力运用适当,这些手段都是自由的保卫者。但是这种权力也可能被滥用。而假如它被人滥用,那么任何暴政都要甘拜下风。③

在英国,由于英国现代警察是建立在悠久的法治传统之上的,每一位警察都必须严格执法,一旦有不法行为就要承担法律责任;而且英国现代

---

① Herman Goldstein, *Policing a Free Society*, Cambridge: Ballinger Publishing Company, 1977, p.1.
② Philip John Stead, *The Police of Britain*, p.168.
③ [英]丹宁勋爵:《法律的正当程序》,第86页。

警察自组建之初就奉行"赞同式警务",用"威望"而非"权力"来武装警察,迫使他们要获取民众的支持。① 这样,一方面使英国警察受法治和民意的限制,其权力不会膨胀;另一方面又使他们因得到法律的认可与民意的支持可以顺利开展警务,从而能够兼得维护好社会秩序与提升公民自由这两大警务优点,这一点被警察史学家克里奇利称为英国警察制度所创造的"一份无价的国家遗产"②。因此,英国在治安制度方面实现了"自由"与"秩序"的动态平衡,为19世纪维多利亚时期的繁荣提供了一个稳定的社会环境,最终建立起自由秩序的现代社会。

英国建立现代警察制度后,美国和其他资本主义国家竞相仿效,逐渐形成了其各自的现代职业警察制度。19世纪下半叶,加拿大、澳大利亚、新西兰以及英国在亚洲和非洲的许多殖民地也先后以英国警察为模式组建了统一的职业警察队伍。可见,英国新警察的建立不仅对英国国内的政治经济生活产生了重大影响,也对国际社会产生了深远影响。

---

① T. A. Critchley, *A History of Police in England and Wales*, p.xiv.
② T. A. Critchley, *A History of Police in England and Wales*, p.xiii.

参考文献

一、英文文献

(一) 基本史料

1. Cook, Chris and John Stevenson, *British Historical Facts*, 1760 – 1830, London: Macmillan, 1980.

2. Douglas, David C., *English Historical Documents*, Vol.1 – 10, London and New York: Routledge, 1996.

3. *Halsbury's Statutes of England*, Vol.21, Vol.25, London: Butterworth, 1970.

4. *Hansard's Parliamentary Debates*, Vol.21, London: Thomas Curson Hansard, 1829.

5. *Hansard's Parliamentary Debates*, Vol.45, London: Thomas Curson Hansard, 1839.

6. *Hansard's Parliamentary Debates*, Vol.48, London: Thomas Curson Hansard, 1839.

7. *Hansard's Parliamentary Debates*, Vol.140, London: Cornelius Buck, 1856.

8. *Hansard's Parliamentary Debates*, Vol.142, London: Cornelius Buck, 1856.

9. Kleinig, John and Yurong Zhang, eds., *Professional Law Enforcement Codes: A Documentary Collection*, Westport: Greenwood Press, 1993.

10. Lawrence, Paul, ed., *The Making of the Modern Police*, 1780 – 1914, Vol.1 – 6, London and New York: Routledge, 2014.

11. Mitchell, B. R. and Phyllis Deane, *Abstract of British Historical Statistics*, Cambridge:

Cambridge University Press, 1962.

12. Select Committee, "First Report of the Commissioners Appointed to Inquire as to the Best Means of Establishing an Efficient Constablury Force in the Counties of England and Wales", *Parliamentary Papers*, Vol.19, 1839 (169).

13. Select Committee, "The 1818 Select Committee's Reasons for not Recommending Change", *Parliamentary Papers*, Vol.8, 1818 (423).

14. Select Committee, "The Continuing Fear of the Police Is a Threat to Liberty Prevents Reform", *Parliamentary Papers*, Vol.4, 1822 (440).

15. Select Committee, "The Recommendation of the 1828 Select Committee", *Parliamentary Papers*, Vol.6, 1828 (533).

16. Select Committee, "Second Report from the Select Committee on Police", *Parliamentary Papers*, Vol.36, 1853 (715).

17. *The Statutes at Large: From the Magna Charta to the End of the Reign of King Henry the Sixth*, Vol.1, London, 1786.

(二) 18、19 世纪文献

1. A Citizen of London, but No Magistrate, *Oberservations on a Late Publication: Intitled a Treatise on the Police of the Metropolis by Patrick Colquhoun*, London: R. Shaw, 1800.

2. Colquhoun, Patrick, *A Treatise on the Police of the Metropolis*, London: H. Fry, 1796.

3. Colquhoun, Patrick, *An Account of a Meat and Soup Charity: Established in the Metropolis, in the Year 1797*, London: H. Fry, 1797.

4. Fielding, Henry, *A Charge Delivered to the Grand Jury, at the Sessions of the Peace Held for the City and Liberty of Westminster, &c., on Thursday the 29th of June, 1749*, London: A. Millar, 1749.

5. Fielding, Henry, *An Enquiry into the Causes of the Late Increase of Robbers, &c.: With Some Proposals for Remedying This Growing Evil*, London: A. Millar, 1751.

6. Fielding, John, *A Plan for Preventing Robberies Within Twenty Miles of London*,

London: A. Millar, 1755.

7. Fielding, John, *An Account of the Origin and Effects of a Police Set on Foot by His Grace the Duke of Newcastle in the Year 1753: Upon a Plan Presented to His Grace by the Late Henry Fielding*, London: A. Millar, 1758.

8. Madan, Martin, *Thoughts on Executive, with Respect to Our Criminal Law, Particularly on the Circuits*, London: J. Dodsley, 1785.

9. Philo-Patria, *A Letter to Henry Fielding, Esq., Occasioned by His Enquiry into the Causes of the Late Increase of Robbers*, London: M. Cooper, 1751.

10. Potter, John, *Thoughts, Respecting the Origin of Treasonable Insurrection to Which Are Added, Hints for a Plan of Parochial Police*, London, 1803.

11. Williams, David, *A Plan of Association, on Constitutional Principles, for the Parishes, Tithings, Hundreds and Counties of Great Britain*, London: G. Kearsley, 1780.

(三) 专著

1. Armitage, Gilbert, *The History of the Bow Street Runners, 1729–1829*, London: Wishart, 1932.

2. Ascoli, David, *The Queen's Peace: The Origins and Development of the Metropolitan Police, 1829–1979*, London: Hamish Hamilton, 1979.

3. Bailey, Victor, ed., *Policing and Punishment in Nineteenth Century Britain*, New Brunswick: Rutgers University Press, 1981.

4. Barrett, Andrew and Christopher Harrison, eds., *Crime and Punishment in England: A Sourcebook*, London: UCL Press, 1999.

5. Battestin, Martin C. and Ruthe R. Battestin, *Henry Fielding: A Life*, London: Routledge, 1989.

6. Bayley, David H., *Patterns of Policing: A Comparative International Analysis*, New Brunswick: Rutgers University Press, 1985.

7. Beattie, J. M., *Crime and the Courts in England, 1660–1800*, Oxford: Clarendon Press, 1986.

8. Cowley, Richard, *A History of the British Police: From Its Earliest Beginnings to the

Present Day, Stroud: The History Press, 2011.

9. Critchley, T. A., *A History of Police in England and Wales*, Montclair: Patterson Smith, 1978.

10. Darvall, Frank Ongley, *Popular Disturbances and Public Order in Regency England*, London: Oxford University Press, 1969.

11. Dunston, Gregory J., *Whores and Highwaymen: Crime and Justice in the Eighteenth-Century Metropolis*, Hook: Waterside Press, 2014.

12. Eastwood, David, *Governing Rural England: Tradition and Transformation in Local Government, 1780–1840*, Oxford: Oxford University Press, 1994.

13. Emsley, Clive, *Crime and Society in England, 1750–1900*, New York: Longman, 2005.

14. Emsley, Clive, *Policing and Its Context, 1750–1870*, London: Macmillan, 1983.

15. Emsley, Clive, *The English Police: A Political and Social History*, London and New York: Longman, 1996.

16. Emsley, Clive and Haia Shpayer-Makov, eds., *Police Detectives in History, 1750–1950*, Aldershot: Ashgate, 2006.

17. Emsley, Clive, *The Great British Bobby: A History of British Policing from the 18th to the Present*, London: Quercus, 2009.

18. Farrell, Audrey, *Crime, Class and Corruption: The Politics of the Police*, London: Bookmarks, 1992.

19. Gatrell, V. A. C., Bruce Lenman and Geoffrey Parker, *Crime and the Law: The Social History of Crime in Western Europe Since 1500*, London: Europa Publications Ltd., 1980.

20. Godfrey, Barry and Paul Lawrence, *Crime and Justice Since 1750*, London and New York: Routledge, 2015.

21. Gould, Robert W. and Michael J. Waldren, *London's Armed Police: 1829 to the Present*, London: Arms and Armour Press, 1986.

22. Gray, Drew D., *Crime, Policing and Punishment in England, 1660–1914*, London and New York: Bloomsbury Academic, 2016.

23. Harris, Andrew T., *Policing the City: Crime and Legal Authority in London, 1780-1840*, Columbus: Ohio State University Press, 2004.

24. Hay, Douglas, et al., eds., *Albion's Fatal Tree: Crime and Society in Eighteenth-Century England*, London: Allen Lane, 1975.

25. Hay, Douglas and Francis Synder, eds., *Policing and Prosecution in Britain, 1750-1850*, Oxford: Clarendon Press, 1989.

26. Howe, Ronald, *The Story of Scotland Yard: A History of the C.I.D. from the Earliest Times to the Present Day*, London: A. Barker, 1965.

27. Howell, David W., *Crime, Protest and Police in Modern British Society*, Cardiff: University of Wales Press, 1999.

28. Jones, David, *Crime, Protest, Community, and Police in Nineteenth-Century Britain*, London: Routledge and Kegan Paul, 1982.

29. Kent, Joan R., *The English Village Constable, 1580-1642: A Social and Administrative Study*, New York: Oxford University Press, 1986.

30. King, Joseph F., *The Development of Modern Police History in the United Kingdom and the United States*, New York: Edwin Mellen Press, 2004.

31. King, Peter, *Crime and Law in England, 1750-1840: Remaking Justice from the Margins*, Cambridge: Cambridge University Press, 2006.

32. King, Peter, *Crime, Justice and Discretion in England, 1740-1820*, Oxford: Oxford University Press, 2000.

33. Landau, Norma, ed., *Law, Crime and English Society, 1660-1830*, Cambridge: Cambridge University Press, 2002.

34. Lee, W. L. Melville, *A History of Police in England*, London: Methuen, 1901.

35. Leslie-Melvilleand, Ronald, *The Life and Work of Sir John Fielding*, London: Lincoln Williams Ltd., 1934.

36. Linebaugh, Peter, *The London Hanged: Crime and Civil Society in the Eighteenth Century*, Cambridge: Cambridge University Press, 1992.

37. Mather, F. C., *Public Order in the Age of the Chartists*, Manchester: Manchester University Press, 1959.

38. Miller, Wilbur R., *Cops and Bobbies: Police Authority in New York and London, 1830-1870*, Chicago: University of Chicago Press, 1977.

39. Moylan, John, *Scotland Yard and the Metropolitan Police*, London: Putnam, 1929.

40. Palmer, Stanley H., *Police and Protest in England and Ireland, 1780-1850*, Cambridge and New York: Cambridge University Press, 1988.

41. Philips, David and Robert D. Storch, *Policing Provincial England, 1829-1856: The Politics of Reform*, London and New York: Leicester University Press, 1999.

42. Radzinowicz, Leon, *A History of English Criminal Law and Its Administration from 1750*, Vol.1-5, London: Stevens and Sons Ltd., 1948-1968.

43. Rawlings, Philip, *Policing: A Short History*, London and New York: Routledge, 2012.

44. Reiner, Robert, *The Politics of the Police*, Hemel Hempstead: Harvester Wheatsheaf, 1992.

45. Reith, Charles, *A Short History of the Police*, Oxford: Oxford University Press, 1948.

46. Reith, Charles, *British Police and the Democratic Ideal*, London: Oxford University Press, 1943.

47. Reynolds, Elaine A., *Before the Bobbies: The Night Watch and Police Reform in Metropolitan London, 1720-1830*, Basingstroke: Macmillan, 1998.

48. Rude, George, *Hanoverian London, 1714-1818*, London: Secker and Warburg, 1971.

49. Shpayer-Makov, Haia, *The Making of a Policeman: The Social History of a Labour Force in Metropolitan London, 1829-1914*, Burlington: Ashgate, 2001.

50. Skyrme, Thomas, *History of the Justices of the Peace*, Chichester: Barry Rose, 1994.

51. Stead, Philip John, *The Police of Britain*, New York: Macmillan, 1985.

52. Steedman, Carolyn, *Policing the Victorian Community: The Formation of English Provincial Police Forces, 1856-1880*, London: Routledge and Kegan Paul, 1984.

53. Stevenson, John, *Popular Disturbances in England, 1700-1832*, London and New York: Longman, 1992.

54. Taylor, David, *The New Police in Nineteenth-Century England: Crime, Conflict and Control*, Manchester: Manchester University Press, 1997.

55. Taylor, David, *Crime, Policing and Punishment in England, 1750–1914*, New York: St. Martin's Press, 1998.

56. Thompson, F. M. L., *The Cambridge Social History of Britain, 1750–1950*, Vol.3, Cambridge: Cambridge University Press, 1990.

57. Tobias, J. J., *Crime and Police in England, 1700–1900*, New York: St. Martin's Press, 1979.

58. Tobias, J. J., *Nineteenth Century Crime: Prevention and Punishment*, Newton Abbot: David and Charles, 1972.

59. Waddington, P. A. J., *Liberty and Order: Public Order Policing in a Capital City*, London: UCL Press, 1994.

60. Williams, Chris A., *Police Control Systems in Britain, 1775–1975*, Manchester and New York: Manchester University Press, 2014.

(四) 未刊学位论文

1. Balch-Lindsay, Virginia Suzanne, "An Orderly Metropolis: The Evolution of Criminal Justice in London, 1750–1830", Unpublished Ph.D. Thesis, Texas Tech University, 1998.

2. Devereaux, Simon Paul Ross, "Convicts and the State: The Administration of Criminal Justice in Great Britain During the Reign of George Ⅲ", Unpublished Ph.D. Thesis, University of Toronto, 1997.

3. Sanderson, Robert, "The Development of the London Metropolitan Police, 1785–1829", Unpublished M.A. Thesis, The University of Texas at Arlington, 1993.

4. Smith, Philip Thurmond, "The London Metropolitan Police and Public Order and Security, 1850–1868", Unpublished Ph.D. Thesis, Columbia University, 1976.

5. Sophenhoff, Ronald C., "The Police of London: The Early History of the Metropolitan Police, 1829–1856", Unpublished Ph.D. Thesis, The Temple University, 1977.

（五）期刊论文

1. Broeker, Galen, "Robert Peel and the Peace Preservation Force", *The Journal of Modern History*, Vol.33, No.4(1961).
2. Brundage, Anthony, "Ministers, Magistrates and Reformers: The Genesis of the Rural Constabulary Act of 1839", *Parliamentary History*, Vol.5, No.1 (1986).
3. DeMotte, Charles, "Policing Manchester in the Nineteenth Century", *Police Studies*, Vol.7, No.3 (1984).
4. Eastwood, David, "Men, Morals and the Machinery of Social Legislation, 1790 - 1840", *Parliamentary History*, Vol.13, No.2(1994).
5. Emsley, Clive, "Arms and the Victorian Policeman", *History Today*, Vol.34, No.11 (1984).
6. Greenberg, Janelle R. and Martin S. Greenberg, "Crime and Justice in Tudor-Stuart England and the Modern United States: The More Things Change, the More They Stay the Same", *Law and Human Behavior*, Vol.6, No.3 - 4 (1982).
7. Hart, Jenifer, "Reform of the Borough Police, 1835 - 1856", *The English Historical Review*, Vol.70, No.276 (1955).
8. Hay, Douglas, "Crime and Justice in Eighteenth and Nineteenth Century England", *Crime and Justice*, Vol.2 (1980).
9. Innes, Joanna and John Styles, "The Crime Wave: Recent Writing on Crime and Criminal Justice in Eighteenth-Century England", *The Journal of British Studies*, Vol.25, No.4 (1986).
10. Jones, D. J. V., "The New Police, Crime and People in England and Wales, 1829 - 1888", *Transactions of the Royal Historical Society*, Vol.33 (1983).
11. Jones, David J. V., "Law Enforcement and Popular Disturbances in Wales, 1793 - 1835", *The Journal of Modern History*, Vol.42, No.4 (1970).
12. Lyman, J. L., "The Metropolitan Police Act of 1829: An Analysis of Certain Events Influencing the Passage and Character of the Metropolitan Police Act in England", *The Journal of Criminal Law, Criminology and Police Science*, Vol.55, No.1 (1964).

13. Miller, William Watts, "Party Politics, Class Interest and Reform of the Police, 1829–1856", *Police Studies*, Vol.10, No.1 (1987).
14. Philips, David, "A 'Weak' State? The English State, the Magistracy and the Reform of Policing in the 1830s", *The English Historical Review*, Vol.119, No.483 (2004).
15. Poole, Robert, "The March to Peterloo: Politics and Festivity in Late Georgian England", *Past and Present*, Vol.192, No.1 (2006).
16. Reiner, Robert, "Police Research in the United Kingdom: A Critical Review", *Crime and Justice*, Vol.15 (1992).
17. Simpson, H. B., "The Office of Constable", *The English Historical Review*, Vol.10, No.40 (1895).
18. Sopenoff, Ronald C., "The Victorian Policeman's Lot", *Police Studies*, Vol.1, No.4 (1978).
19. Storch, Robert D., "Crime and Justice in 19th-Century England", *History Today*, Vol.30, No.9 (1980).
20. Storch, Robert D., "The Policeman as Domestic Missionary: Urban Discipline and Popular Culture in Northern England, 1850–1880", *Journal of Social History*, Vol.9, No.4 (1976).
21. Styles, John, "Sir John Fielding and the Problem of Criminal Investigation in Eighteenth-Century England", *Transactions of the Royal Historical Society*, Vol.33 (1983).
22. Swift, R. E., "Policing Chartism, 1839–1848: The Role of the 'Specials' Reconsidered", *The English Historical Review*, Vol.122, No.497 (2007).
23. Taylor, David, "Melbourne, Middlesbough and Morality: Policing Victorian 'New Towns' in the Old World and the New", *Social History*, Vol.31, No.1 (2006).
24. Terry, W. Clinton III and Karelisa V. Hartigan, "Police Authority and Reform in Augustan Rome and Nineteenth-Century England: Localizing and Nationalizing Police Work in Traditional and Modern Societies", *Law and Human Behavior*, Vol.6, No.3–4 (1982).

二、中文文献

(一) 专著

1. 陈曦文、王乃耀主编:《英国社会转型时期经济发展研究:16世纪至18世纪中叶》,北京:首都师范大学出版社,2002年。
2. 陈晓辉:《英国警察制度研究》,长春:吉林大学出版社,2012年。
3. 程汉大、李培锋:《英国司法制度史》,北京:清华大学出版社,2007年。
4. 程汉大主编:《英国法制史》,济南:齐鲁书社,2001年。
5. 邓正来、[英] 亚历山大编:《国家与市民社会:一种社会理论的研究路径》,北京:中央编译出版社,1999年。
6. 胡大成、周家骧等:《警察政治学——警察的政治分析》,南京:南京大学出版社,2004年。
7. 李涛:《警察职业变革与警察教育:英国现代警察教育的形成与演变》,北京:中国人民公安大学出版社,2013年。
8. 李温:《英国警察法历史发展与当代改革研究》,哈尔滨:黑龙江人民出版社,2009年。
9. 刘锦涛:《中英创建近代警察制度比较研究》,北京:法律出版社,2014年。
10. 钱乘旦:《第一个工业化社会》,成都:四川人民出版社,1988年。
11. 钱乘旦:《工业革命与英国工人阶级》,南京:南京出版社,1992年。
12. 钱乘旦、陈晓律:《英国文化模式溯源》,上海:上海社会科学院出版社,2003年。
13. 钱乘旦、许洁明:《英国通史》,上海:上海社会科学院出版社,2002年。
14. 钱乘旦主编:《英国通史》(1—6卷),南京:江苏人民出版社,2016年。
15. 宋万年、宋占生等主编:《外国警察百科全书》,北京:中国人民公安大学出版社,2000年。
16. 汪勇:《警察勤务论》,北京:中国人民公安大学出版社,2001年。
17. 汪勇编著:《警察巡逻勤务教程》,北京:中国人民公安大学出版社,2000年。
18. 王大伟编著:《英美警察科学:热点、改革与启迪》,北京:中国人民公安大学出版社,1995年。

19. 王大伟主编:《欧美警察科学原理:世界警务革命向何处去》,北京:中国人民公安大学出版社,2007年。
20. 王觉非编:《英国政治经济和社会现代化》,南京:南京大学出版社,1989年。
21. 王觉非主编:《近代英国史》,南京:南京大学出版社,1997年。
22. 吴必康主编:《美英现代社会调控机制:历史实践的若干研究》,北京:人民出版社,2002年。
23. 夏菲:《论英国警察权的变迁》,北京:法律出版社,2011年。
24. 薛向君:《英国现代警察的治理与问责》,北京:知识产权出版社,2013年。

(二) 译著

1. [英]埃瑞克·霍布斯鲍姆:《匪徒:秩序化生活的异类》,李立玮、谷晓静译,北京:中国友谊出版公司,2001年。
2. [英]彼得·乔伊斯:《警务发展与当代实践》,曹志建译,北京:知识产权出版社,2015年。
3. [美]戴维·亚瑟·琼斯:《犯罪学的历史》,郭建安、宋金莹等译,北京:法律出版社,2019年。
4. [英]丹宁勋爵:《法律的正当程序》,李克强、杨百揆、刘庸安译,北京:群众出版社,1984年。
5. [英]E.P.汤普森:《英国工人阶级的形成》(上、下册),钱乘旦等译,南京:译林出版社,2001年。
6. [德]恩格斯:《英国工人阶级状况》,中共中央马克思恩格斯列宁斯大林著作编译局译,北京:人民出版社,1956年。
7. [英]菲利浦·约翰·斯特德:《英国警察》,何家弘、刘刚译,北京:群众出版社,1989年。
8. [英]H.T.狄金森:《十八世纪英国的大众政治》,陈晓律等译,北京:商务印书馆,2015年。
9. [德]哈贝马斯:《公共领域的结构转型》,曹卫东等译,上海:学林出版社,1999年。
10. [英]肯尼迪·O.摩根主编:《牛津英国通史》,王觉非等译,北京:商务印书馆,1993年。

11. ［美］路易斯·谢利:《犯罪与现代化》,何秉松译,罗典荣校,北京:中信出版社,2002 年。
12. ［英］罗伯特·赖纳:《警察的政治学分析》,但彦铮译,北京:知识产权出版社,2017 年。
13. ［英］罗伯特·雷纳:《警察与政治》,易继苍、朱俊瑞译,北京:知识产权出版社,2008 年。
14. ［英］麦高伟、杰弗里·威尔逊主编:《英国刑事司法程序》,姚永吉等译,何家弘审校,北京:法律出版社,2003 年。
15. ［法］米歇尔·福柯:《规训与惩罚:监狱的诞生》,刘北成、杨远婴译,北京:生活·读书·新知三联书店,1999 年。

(三) 工具书

1. ［英］戴维·M.沃克:《牛津法律大辞典》,李双元等译,北京:法律出版社,2003 年。
2. 宋雷主编:《英汉法律用语大辞典》,北京:法律出版社,2005 年。
3. 新华通讯社译名室编:《英语姓名译名手册》(第 4 版),北京:商务印书馆,2004 年。
4. 刑维琳、张燕玲等编:《英国地名录》,北京:中国地图出版社,1990 年。
5. ［英］约翰·坎农主编:《牛津英国历史辞典》,孙立田、庞玉洁等译,北京:人民出版社,2018 年。

(四) 已刊论文

1. 程汉大、李培锋:《社区自保·专业警察·警民联防——英国治安制度演进三部曲》,《山东科技大学学报》2006 年第 2 期。
2. 李温:《英国现代警察制度的产生、发展及其现行体制》,《北京人民警察学院学报》2006 年第 2 期。
3. 谢闻歌:《英美现代警察探源及其社会调控职能透析》,《世界历史》2000 年第 6 期。

(五) 未刊学位论文

1. 李光迪:《16—17 世纪英格兰乡村警役研究》,河北大学未刊硕士学位论文,2013 年。

2. 李培锋:《呼唤丢失的价值规范——社会转型时期英国民众的抗议活动(1700—1820)》,南京大学未刊博士学位论文,2002年。

3. 孙飞飞:《十六世纪末叶到十七世纪中叶的英国治安官制度研究》,河南大学未刊硕士学位论文,2008年。

4. 王力:《论英国现代职业制服警察的起源与影响》,中国人民公安大学未刊硕士论文,2015年。

5. 许志强:《英国工业化时期的犯罪治理研究(1780—1860)》,中国社会科学院未刊博士学位论文,2012年。

6. 杨松涛:《14—18世纪英国的犯罪与地方社会秩序》,天津师范大学未刊硕士学位论文,2008年。

7. 杨松涛:《中央化与地方化:18—19世纪英国刑事司法变革——以治安法官为中心的考察》,中南财经政法大学未刊博士学位论文,2008年。

8. 易秋芳:《英国工业革命时期的社会治安问题和新警察的产生》,北京大学未刊硕士学位论文,1999年。

9. 张震旦:《英国工业化社会转型时期的治安体制研究》,南京大学未刊博士学位论文,2013年。

三、相关数据库、网站

1. 国际文献网(the Internet Archive):http://www.archive.org.

2. PQDT博硕士论文库(ProQuest Dissertations and Theses):http://proquest.umi.com.

3. 18世纪作品在线(ECCO):http://galenet.galegroup.com/servlet/ECCO.

4. 维基百科(Wikipedia):http://en.wikipedia.org.

5. 西文过刊全文数据库(JSTOR):http://www.jstor.org.

6. 西文人文社科过刊全文数据库(PAO):http://pao.chadwyck.co.uk.

7. 英国历史在线(British History Online):http://www.british-history.ac.uk.

8. 英国议会辩论集在线(House of Commons Debates Online):http://www.library.wisc.edu/guides/govdocs/british/debates.htm#hcweb.

9. 英国国会下议院议会文件:http://parlipapers.proquest.com/parlipapers.

译名对照

A

阿尔弗雷德大帝(Alfred the Great)

《阿米莉娅》(Amelia)

阿斯科利,戴维(David Ascoli)

埃德加(Edgar)

埃德蒙(Edmund)

埃姆斯利,克莱夫(Clive Emsley)

安德森(Anderson)

安妮女王(Queen Anne)

奥格尔索普,詹姆士将军(General James Oglethorpe)

奥古斯都(Augustus)

B

巴克斯顿,托马斯·福韦尔爵士(Sir Thomas Fowell Buxton)

巴尼特协会(The Barnet Association)

巴特斯廷夫妇(Martin C. Battestin and Ruthe R. Battestin)

《白厅晚间邮报》(Whitehall Evening Post)

百户区(Hundred)

"宝贝"(Bobbies)

贝德福德公爵(Duke of Bedford)

贝蒂,J.M.(J. M. Beattie)

贝林厄姆,约翰(John Bellingham)

彼得森,约翰(John Petersen)

边沁,杰里米(Jeremy Bentham)

波尔顿勒菲尔德协会(The Poulton-le-Fylde Association)

波特,约翰(John Potter)

波伊斯,托马斯(Thomas Powys)

伯德特,弗朗西斯爵士(Sir Francis Burdett)

伯顿,弗朗西斯(Francis Burton)

伯克(Burke)

伯灵顿老街(Old Burlington Street)

博街缉捕队(The Bow Street Runners)

布莱克博罗,威廉(William Blackborow)

《布莱克法案》(*The Black Act*)

布莱克斯通,约翰(John Blackstone)

布兰克,克劳德·雷(Claude Le Blanc)

布雷瑟顿协会(The Bretherton Association)

布里斯伯恩,约翰(John Brisbourne)

布鲁厄姆,亨利(Henry Brougham)

布伦士威克俱乐部(Brunsivick Club)

布伦特福德(Brentford)

布罗德黑德,亨利(Henry Broadhead)

布洛姆斯贝里(Bloomsbury)

C

财政主任(Reciever)

查德威克,埃德温(Edwin Chadwick)

常备军(The Standing Army)

常居人口(principal inhabitants)

城镇会议(Township Meeting)

《出租马车法》(The Hackney Carriage Act)

传统学派观点或辉格学派观点(The Orthodox or Whig Interpretation)

村庄(Hamlet)

D

达德利伯爵(Earl of Dudley)

大法官(The Lord Chancellor)

大伦敦警察(Metropolis Police)

大伦敦警区(District of the Metropolis)

大英博物馆(The British Museum)

大陪审团(The Great Jury)

《大众广告报》(Public Advertizer)

戴维,托马斯(Thomas De Veil)

当地照顾及保护年轻女子协会(The Local Society for the Care and Protection of Young Girls)

德拉马尔,尼古拉斯(Nicolas Delamare)

德特福德(Deptford)

邓达斯(Dundas)

迪克森,理查德(Richard Dickson)

笛福,丹尼尔(Daniel Defoe)

地方法官(Magistrates)

地方民兵(Posse Comitatus, power of the county)

地方长官(Governors)

《都柏林警察法》(The Dublin Police Act)

督察(Inspecteur)

独立消防保险公司(Independent Fire Insurance Companies)

《赌场法》(The Betting Houses Law)

《杜松子酒法》(The Gin Act)

F

反谷物法骚乱(The Corn Bill Riots)

菲尔丁,亨利(Henry Fielding)

菲利普斯,大卫(David Philips)

弗利特监狱(The Fleet Prison)

福克斯,查尔斯·詹姆士(Charles James Fox)

福克斯,亨利(Henry Fox)

福特,理查德(Richard Ford)

负毯者进军运动(The March of the Blanketeer)

G

《改进大伦敦及附近地区警察法案》(Act for Improving the Police in and near the Metropolis)

戈登骚乱(The Gordon Riots)

"格拉夫顿"号(H.M.S. Grafton)

格雷,乔治爵士(Sir George Grey)

格雷顿,约翰(John Gretton)

格雷夫森德(Gravesend)

格林威治(Greenwich)

《公共广告报》(Public Advertiser)

公共事务局(Public Office)

国防部长(The Minister of War)

国内传教士(Domestic Missionary)

H

哈德斯菲尔德暴动(The Huddersfield Rising)

哈德威克,菲利普·洛德(Philip Lord Hardwicke)

哈里奥特,约翰(John Harriot)

哈米特,奥德曼(Alderman Hammet)

海,道格拉斯(Douglas Hay)

海事警察(Marine Police)

赫克瑟姆民团骚乱(Militia Riot at Hexham)

呼喊追捕(Hue and Cry)

怀尔德,乔纳森(Jonathan Wild)

怀尔德曼,威廉(William Wildman)

怀特贝尔法学院(The White Bear Inn)

怀特查珀尔警察局(Whitechapel Office)

《荒凉山庄》(Bleak House)

皇家近卫骑兵团(The Life Guards)

皇家骑兵卫队(The Horse Guards)

惠拉特斯,查尔斯(Charles Whinyates)

霍布斯鲍姆,埃瑞克(Eric Hobsbawm)

霍尔,詹姆士(James Hall)

霍尔本(Holborn)

J

基德明斯特(Kidderminster)

几尼(Guinea)

季审法院(Quarter Sessions)

季审法院治安全体会议(The General Quarter Sessions of the Peace)

济贫院(The Poor House)

济贫助理(Overseers of the Poor)

《假释犯》(The Ticket-of-Leave Man)

监护人(guardians)

简易审判权(Summary Jurisdiction)

将军(Major-General)

交易法官(Trading Justice)

教区(Parish)

教区警务员(Parish Constable)

教区委员会(Parish Vestry)

教区委员会执事(The Vestry Clerks)

教区执事(Parish Beadles)

街道管理人(Streetkeepers)

杰劳斯(Jealous)

金斯顿(Kingston)

警察(Police, Coppers)

《警察报》(*Police Gazette*)

警察局长(Chief Constable)

警察厅长(Commissioners of Police)

《警察训令》(*General Instructions*)

警察资助衣物协会(Police-Aided Clothing Society)

警察总监(Lieutenant of Police, Lords of Police)

警监(Superintendent)

警署(Police Station)

警务员(Constable)

警长(Commissaire, Serjeant)

旧王宫广场(The Old Palace Yard)

《郡和自治市警察法》(*The County and Borough Police Act*)

《郡警察法》(*The County Police Act*)

郡民团(County Militias)

K

卡顿,托马斯(Thomas Catton)

卡利斯尔(Carlisle)

卡珀,罗伯特(Robert Capper)

卡特布尼(Cutburn)

看守税(The Watch Tate)

看守所(Lawfull Ocassions,Charge Room)

康农特(Connaught)

考文垂特别行政区(The Liberties of Conventry)

考文特花园(Covent Garden)

科尔德巴斯广场骚乱(The Cold Bath Fields Riot)

科洪,帕特里克(Patrick Colquhoun)

克莱门特旅馆(Clement's Inn)

克里奇利,T. A.(T. A. Critchley)

克里斯琴,爱德华(Edward Christian)

克伦威尔,奥利弗(Oliver Cromwell)

肯辛顿(Kensington)

肯辛顿宫花园(Kensington Palace Gardens)

L

拉特克里夫公路连环谋杀案(The Ratcliffe Highway Murders)

拉西特(Lassiter)

《兰开斯特法官法》(*The Lancaster Justices Act*)

兰开夏(Lancashire)

篮子法官(Basket Justice)

劳教所(House of Correction)

《劳役惩戒法》(*The Penal Servitude Act*)

雷纳,罗伯特(Robert Reiner)

雷诺,伊莱恩·A.(Elaine A. Reynold)

雷伊,约翰(John Wray)

李,W.L.梅尔维尔(W. L. Melville Lee)

里夫斯,约翰(John Reeves)

里格利，E.A.(E. A. Wrigley)

理查德一世(Richard I)

理查蒙德(Richamond)

利昂，拉齐诺维可爵士(Sir Leon Radzinowicz)

利姆豪斯(Limehouse)

连带担保(Frankplege)

林肯律师学院民团队(Lincoln's Inn Militia)

临时警务员(Special Constable)

领地民事法庭(Manoral Courts Leet)

《流浪法》(*The Vagrancy Act*)

卢德主义(Luddism)

伦敦步兵协会(The London Military Foot Association)

《伦敦及威斯敏斯特警察法案》(*The London and Westminster Police Bill*)

《伦敦每日邮报》(*The London Daily Post*)

伦敦司法长官(The Sheriffs of London)

伦敦协会(The London Association)

罗米利，塞缪尔(Samuel Romilly)

M

马登，马丁(Martin Madan)

马丁，科尼利厄斯(Cornelius Martin)

迈尔德梅，威廉爵士(Sir William Mildmay)

麦克唐纳，阿奇博尔德爵士(Sir Archibald Macdonald)

曼斯菲尔德勋爵(Lord Mansfield)

曼斯特(Munster)

梅登海德(Maidenhead)

梅恩，理查德(Richard Mayne)

《每日评论》(*The Daily Journal*)

《每月评论》(*Monthly Review*)

米德尔塞克斯(Middlesex)

《米德尔塞克斯法官法》(The Middlesex Justice Act)

米德尔塞克斯法院(Middlesex's Bench)

民事法庭(Courts Leet)

民团(militia)

《民团法》(The Militia Act)

摩尔(Moore)

莫伊伦,约翰·菲茨杰拉德(John Fitzgerald Moylan)

默里,威廉(William Murray)

N

内政部长(The Secretary of State)

纽波特起义(The Newport Rising)

纽盖特监狱(The Newgate Prison)

《诺丁汉治安法》(The Nottingham Peace Act)

诺斯勋爵(Lord North)

诺万,查尔斯(Charles Rowan)

女王广场(Queen Square)

P

帕尔默,斯坦利·H.(Stanley H. Palmer)

帕默斯顿勋爵(Lord Palmerston)

帕特里,菲洛(Philo-Patria)

派伊,亨利·詹姆士(Henry James Pye)

《叛乱集会法》(The Seditious Meets and Assembles Act)

佩勒姆,亨利(Henry Pelham)

彭尼先生(Mr. Penny)

彭特里奇暴动(The Pentridge Rising)

皮尔,罗伯特爵士(Sir Robert Peel)

皮尔的血腥帮凶(Peel's Bloody Gang)

皮尔们(Peelers)

皮卡迪利(Piccadilly)

皮特,威廉(William Pitt)

珀西瓦尔,斯宾塞(Spencer Perceval)

《破坏机器法》(*The Framebreaking Act*)

普雷斯,弗朗西斯(Francis Place)

普特尼(Putney)

Q

骑兵巡逻队(The Horse Patrol)

迁移理论(The Migration Theory)

轻步兵(Light Infantry)

R

《人民宪章》(*People's Charter*)

日夜守卫制度(The System of Watch and Ward)

入室盗窃(housebreaking)

S

萨福克伯爵(Earl of Suffolk)

萨里郡(County of Surrey)

萨瑟克自治市(The Borough of Southwark)

塞西亚奴隶(Scythian Slaves)

《骚乱法》(*The Riot Act*)

沙德韦尔警察局(The Shadwell Office)

山地斯托治安协会(The Stow-on-the-Wold Police Association)

社会共识模式(a consensual model of society)

社区自保(Communal Self-Policing)

摄政公园(The Regent's Park)

摄政王(Regent)

《绅士杂志》(The Gentleman's Magazine)

什罗普(Salop)

审判庭(The Judicial Tribunal)

圣吉尔斯(St. Giles)

圣潘克拉斯(St. Pancras)

圣乔治广场(St. George's Fields)

圣乔治教堂(The Church of St. George)

圣约翰救护协会(St. John's Ambulance Association)

施耶尔-马科,海(Haia Shpayer-Makov)

十户联保制(The System of Frankpledge)

十户组(Tithing)

十户组长(Tithingman)

史密斯,菲利普·瑟蒙德(Philip Thurmond Smith)

《市镇自治机关法》(The Municipal Corporations Act)

市镇自治机关特别委员会(The Select Committee on Municipal Corporations)

首保(Headborough)

首席摄政官(The Chief Justiciar)

枢密院(The Privy Council)

私法法案(A Private Act)

思拉舍(Thrasher)

斯蒂德曼,卡罗琳(Carolyn Steedman)

斯科特,哈罗德爵士(Sir Harold Scott)

斯科特,约翰爵士(Sir John Scott)

斯帕广场骚乱(The Spa Fields Riots)

斯皮特菲尔兹(Spitalfields)

斯塔福德郡(Staffordshire)

斯托奇,罗伯特·D.(Robert D. Storch)

斯温暴动(The Swing Riots)

《四季评论》(Quarterly Review)

索佩诺弗,C.罗纳德(Ronald C. Sopenoff)

T

泰伯恩门票(Tyburn ticket)

泰勒,戴维(David Taylor)

《泰晤士报》(The Times)

泰晤士河警察(The Thames River Police)

汤普森,E. P.(E. P. Thompson)

特辖区(Liberty)

《特别通缉周刊》(The Weekly or Extraordinary Pursuit)

特顿协会(The Turton Association)

特殊区域(Particular Ward)

滕特登协会(The Tenterden Association)

天主教协会(Catholic Association)

《通缉季刊》(The Quarterly Pursuit of Criminals)

统一登记办事处(Universal Register Office)

统一基金(Consolidated Fund)

徒步骑兵巡逻队(The Dismounted Horse Patrol)

徒步巡逻队(Dismounted Patrolmen)

托管管理人(Trustees)

W

万兹沃斯(Wandsworth)

王国监察官(Censors of the Nation)

王座法庭(King's Bench)

威尔克事件(The Wilkes Affair)

威廉斯,大卫(David Williams)

威廉斯，约翰(John Williams)

威灵顿公爵(Duke of Wellington)

韦尔奇先生(Mr. Welch)

韦平(Wapping)

韦斯顿，J.R.(J. R. Western)

维吉尔斯(Vigiles)

《温彻斯特法令》(The Statute of Winchester)

温德姆(Windham)

文法学校(Grammar School)

沃波尔，霍勒斯(Horace Walpole)

沃登，约翰·霍普金斯(John Hopkins Warden)

沃克斯霍尔(Vauxhall)

沃里克郡(Warwickshire)

沃希普街(Worship Street)

伍德，詹姆士·普莱斯特德(James Playsted Wood)

伍利奇(Woolwich)

《武器保有法令》(Assize of Arms)

X

西德默斯(Sidmouth)

希尔斯伯勒及汤曾德勋爵(Lords Hillsborough and Townshend)

下院大伦敦犯罪状况调查委员会(The Commons' Committee on Crime in the Metropolis)

限制自治团体(Close Corporation)

肖尔迪奇(Shoreditch)

谢里丹(Sheridan)

新格拉韦尔小巷(New Gravel Lane)

新济贫法协会(The New Poor Law Unions)

新教协会(Protestant Association)

新里思综合法(Neo-Reithian Synthesis)

休伯特大主教(Archbishop Hubert)

休伊特,约翰(John Hewitt)

修正学派观点(The Revisionist Interpretation)

选区(Precinct)

血腥法典(The Bloody Codes)

巡夜看守(Watchman)

Y

养盗者(thief-makers)

夜盗(burglary)

伊尔切斯特伯爵(Earl of Ilcchester)

义勇骑兵队(The Yeomanry)

英格兰银行(The Bank of England)

有产者协会(Associations of Men of Property)

预备队(Reserve Force)

Z

治安高级警官(The High Constable of the Peace)

《早晨纪事》(Morning Chronicle)

泽克,马尔文·R.(Malvin R. Zirker)

詹姆士二世党人危机(The Jacobite Crisis)

詹尼森,弗朗西斯(Francis Jennison)

《照明及看守法》(The Lighting and Watching Act)

志愿军团(Volunteer Corps)

志愿主义(Voluntarism)

治安法官(Justice of the Peace, Magistrates of the Police)

治安书记官(Clerks of the Peace)

治安维持官(Custodes Pacis)

治安委员会(The Watch Committee)

治安委员(The Commissioners of the Peace)

中央治安委员会(Central Board of Police)

中央巡回区(Home Circuit)

重罪诉讼协会(Associations for the Prosecution of Felons)

主管(Directors)

助理督察(Subinspectors)

抓贼者(thief-takers)

自治市镇(Incorporated Towns)

后　记

　　回首本书的写作和出版过程，虽历经颇多困难，但幸得许多师友相助，得以顺利与读者见面。本人在此致以诚挚感谢：

　　首先，感谢那些曾给予我无私帮助的老师们。特别要感谢我的导师钱乘旦教授。在我攻读博士学位期间，先生宏阔而纤细的思维、广博而精致的知识体系、循循善诱的教导，让我获益匪浅。先生一丝不苟的严谨作风，时时鞭策着我，使我不敢有丝毫松懈。在博士论文写作阶段，先生给予我见微知著的指点，从论文的构思、逻辑结构，到章节内容和语句表述等各个方面，都提出了许多宝贵意见。先生素来事务繁忙，但总是抓紧时间尽快批阅学生论文，第一时间提出修改意见，以至于常常晚上九点多还未吃饭、十一点多还未休息，我对此深感抱歉。在本书的写作过程中，凝聚着先生的悉心指导，在此，向恩师表示衷心的感谢和真诚的敬意！

　　同时，还要感谢在我攻读博士学位期间给我提供诸多帮助的所有老师。感谢南京大学历史系的杨豫教授、陈晓律教授、沈汉教授、陈仲丹教授等，他们风格各异的授课和指导，使我收获良多；感谢陈晓律教授、陈仲丹教授、许洁明教授、何树教授、胡传胜研究员、姜守明教授、王宇博教授、汪诗明教授、陆伟芳教授、刘成教授、舒小昀教授、刘金源教授、张红副教授、闵凡祥副教授等，他们曾对本书的写作提出过许多宝贵修改建议，给我很大启发;感谢南京大学历史系的于文杰教授、施义慧副教授、李力老师、杨骏老师在学习和生活上给予过我的关照与帮助!

其次,感谢在我成长过程中给予帮助和关照的老师们。感谢湖南科技大学的唐希中教授和张亚东教授,感谢中国人民公安大学的汪勇教授,他们一直在学业上给予我关心与帮助,他们的指导增长了我的见识,拓宽了我的学术视野。感谢吴必康研究员、阎照祥教授、刘景华教授、任士英教授、刘文明教授、龙秀清教授、陈永祥教授等,感谢他们为我指点迷津。

再次,对所有帮助过我的单位领导和同事,师兄、师姐及各位朋友和同学,在此一并表示诚挚感谢!

最后,要衷心感谢我的家人对我的包容与理解。读博期间,家中几遭变故。感谢我的妻子余艳莉女士全力支持我的选择和学业,与我同甘共苦,没有她的牺牲和支持,我是很难坚持完成学业的。感谢我的父母、岳父岳母、兄弟姐妹及其他亲人在物质上和精神上给予过的支持与帮助!

本书能够顺利出版,还要感谢南京师范大学出版社的同仁,尤其是海燕师姐的辛勤付出。

转型时期英国警察制度的研究涉及的领域众多,由于自己的学识水平以及能力有限,疏漏纰缪之处在所难免,在此恳请各位专家和同仁惠予指正,本人将不胜感激。